人物叢書

新装版

南《みな》方《かた》熊《くま》楠《ぐす》

笠井　清

日本歴史学会編集

吉川弘文館

南 方 熊 楠 (63歳, 進講記念)

御製の碑（和歌山県白浜町，南方記念館）

御製の碑の銘は

御　製

雨にけふる神島を見て紀伊の国の

生みし南方熊楠を思ふ

野村吉三郎謹書

熊楠の句は進講の御沙汰を承っての吟詠で

ありかたき御世に樗《あふち》の花盛り

（書は進講の翌年の筆）

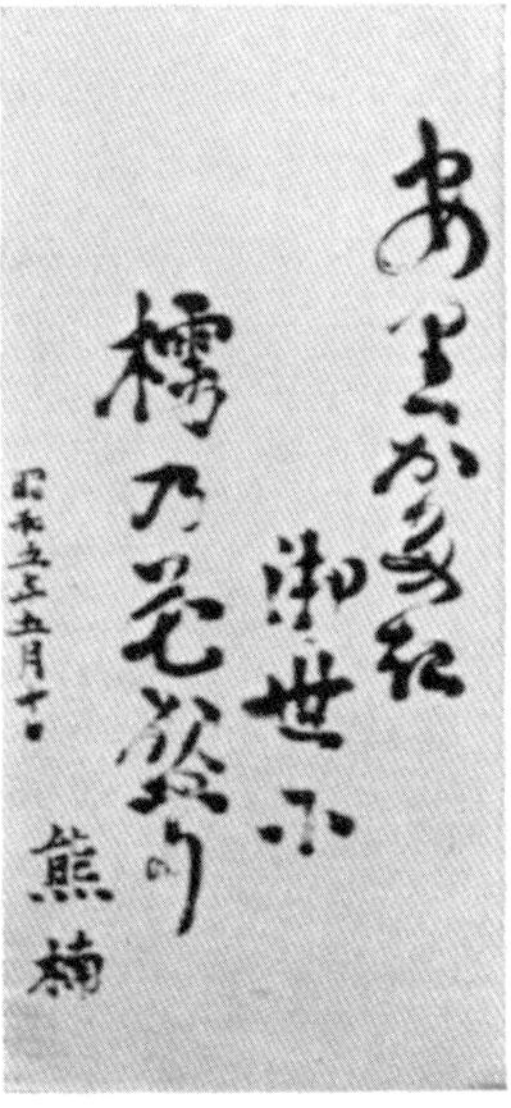

南方熊楠の筆蹟

はしがき

南方熊楠(Minakata Kumagusu)は、非凡な頭脳と体力を兼備した人で、記憶・直観・推理が常人とは異なっていた上に、日夜そのたくましい精力を研究に傾けて終生精進を怠らなかったので、実に幅のひろい国際的な業績を数多く残している。

柳田国男は、「我が南方先生ばかりは、どこの隅を尋ねて見ても、是だけが世間なみといふものが、ちよっと捜し出せさうにもないのである。七十何年の一生の殆ど全部が、普通の人の為し得ないことのみを以て構成せられて居る。私などは是を日本人の可能性の極限かとも思ひ、又時としては更にそれよりもなほ一つ向ふかと思ふことさへある。」(『定本柳田国男集』第二十三巻)としるし、笠《りゅう》信太郎も「南方熊楠をただ日本人の例外と見るのは我々には非常に淋しいことである。この人の特別な環境や性格を掘り起してみると、それが巨大ではあるけれども、必ずしも例外でなく、我々凡人との間をむすびつける幾つもの中間項があるということが確認されるなら、これは、これからの日本人にとって、どんなに大きな自信を与えることになるか知れない」（『南方熊楠全集』の紹介）としるしていて、両識者とも南方を日本人に比類のない例外的な偉傑と見ているのである。また渋沢敬三は、南方に深く傾倒し、その邸の門に「ミナカタ研究所」と標札をかかげていたというし、小泉信三も「そこのしれない学者」として敬愛し、その門下に南方研究に精進するようにとすすめている（『小泉信三先生追悼録』参照）。

南方は慶応三年（一八六七）に生まれているから子規・露伴・漱石などの俊英とともに本年はその生誕一〇〇年にあたり、昭和一六年に没しているので、すでに死後四半世紀を経過することになる。南方は上記の文豪とは異なり、早くも世間一般からは忘れ去られており、一昨年四月、和歌山県白浜に南方熊楠記念館が落成開館され、新聞紙上にもその報道があったが、世人の関心は意外にうすく、大学生などでも、その名さえ知るものは一〇〇人に一人もいないほどである。

筆者は、文科・理科の両面にわたって海外に令名があり、日本文化の水準を高めたこの不世出の偉人が、若い世代の人々からすでに忘却されようとしているのを嘆き、この小伝をしるしたのであるが、南方の伝記の著作もこれまでになかったわけではなく、単行本として刊行されたものでも、つぎの三著がある。

その第一の書は中山太郎の著『学界の偉人南方熊楠』（昭和一八年一月刊）である。中山は民俗学を通じて南方と直接交渉があり、その教導を受けた人であるし、南方門下の人々などから得た資料も加えて編集しているので、参考になるところもあるが、誤伝・誤聞もすこぶる多く、この書は南方を世間にひろく紹介した功とともに、事実とは全く違った伝説を流布《るふ》した罪もまた少なくない。

つぎに平野威馬雄の著『博物学者南方熊楠の生涯』（昭和一九年七月刊）がある。この著は戦争末期に出版された関係もあって愛国者南方が戦時色を以て強調されすぎているし、早急の間の成稿と見えて前後矛盾するところもあって十分なまとまりをなしていない。しかし小畔《あぜ》・上松のごとき南方の生物学上の高弟から直接聞知した理科方面の記述には見るべきものがある上、巻頭の写真一〇数葉と巻末に附した諸資料の翻刻は、今日となっては貴重なものである。

第三に詩人佐藤春夫著の『近代神仙譚』(昭和二七年三月刊)がある。この著は『南方熊楠全集』刊行の間に、同郷の先輩である南方を紹介・宣伝するため編したものである。その漢文句調の賛辞が一種の文芸的美文をなしているが、南方の履歴・業績についての知識が不十分なので内容は案外とぼしく、殊に後半になると南方を離れてしまい、天皇陛下の南紀行幸の記事や、佐藤が宮中に召された時の情景などがくわしく述べられている。ただこの書中、中山の著以来世に誤り伝えられていた南方と孫文との関係を考察して、誤伝の生じた理由を述べているところなどは、さすがにすぐれた見解というべきである。

上記の三著は、いずれも南方を偶像化し、伝説を真相のように伝えているところもあるが、三著とも南方の『全集』さえ見られなかった時代の執筆であることを思えば、その不備はやむを得ぬところであり、今後南方伝を編むものは、やはりこの三著から多かれ少なかれ資料を得なければならないであろう。

南方は希代《きだい》の天才であって、その学識は古今東西にわたり、文科・理科両面の多様な業績が山積しているし、その言動は奇言・奇行に富み、性格は強弱相矛盾しているので、その人物・業績ともに実相を知ることは困難であるから、だれが伝記を書くにしても、はなはだむつかしい対象であるが、それだけまた取り組みがいのある仕事ともいえよう。筆者など浅学である上に、文学の研究に従事しているものなので南方伝など編む資格はないのであるが、筆者の叔父宮武省三(大阪商船の支店長などつとめた会社員、昭和三九年四月没、八三歳)が南方の民俗学上の高弟と称された人で、多年知遇をうけていたので、筆者も少年の日から南方を尊敬していたばかりでなく、長じて叔父を介して二度ほど交渉もあったので、その尊敬と興味とが、従来よりは正確な伝記を作り若い世代に贈ろうとの意欲を生ぜしめたのである。叔父の死後、叔父から発表を託された『全集』未収の多数の南方の音信を読んでいるうちに、伝記上の不明の点で分ったところもあり、南方の業績が筆者の調査している庶民文芸や比較文学の研究にも、多くの学益を与えることも、この挙を勇気づけたといえよう。この著は小稿であるから略伝にすぎず、他日もっと本格的な研究を発表したいと意図しているが、この著が足がかりとなってさらに正確な伝記が後進の人々によって編まれることも念願してやまない。

昭和四十二年七月

笠井清

本書は、南方翁を歴史的人物としてとりあつかったために全部敬語を略しており、従って現存の方々（皇室の方々は別として）にも敬語を略し、礼を失したことを御許容願いたい。

翁の令婿岡本清造博士と令夫人、南方熊楠記念館長三木清久氏、田辺の野口利太郎氏・野

口民雄氏・鈴木新吾氏、和歌山の南方家の方々からも御配慮を願い、貴重な資料をいただいたが、本書では紙面の関係で十分に使用させていただけなかった。これは、申しわけなく残念であるが、他日稿を改めて、御厚意にむくいるに足りるだけのものを起草したいと念願しつつ、深謝の意を表する。なお、種々の誤りや不備も多々あることと思われ、大方の御批正を得れば幸いである。

〔新装版の刊行にあたって〕

本書は、初版刊行後間もなく、NHKと日本図書館協会から推薦書として指定されたが、とかく誤謬が多く、南方家のご遺族や識者の方々からの御注意と、その後の著者の調査・研究の結果、重版に際して、第二刷において大幅な改稿を行ない、第三〜五刷では約三百ヵ所におよぶ改訂修補をほどこした。

このたび、新装版の刊行にあたっては、新知見により三十余ヵ所を改め得て、やや面目を新たにしたが、初版の刊行以来、ご垂示を受けた方々に感謝するとともに、現代人の伝記もまた、正確を期することのいかに困難であるかを痛感している。なお、本叢書の紙幅では、いまだ意に満たぬ点もあり、本書刊行後の別著『南方熊楠—人と学問—』『同—親しき人々—』を併読していただければ幸いである。

（昭和六十年七月）

目次

口絵

挿図

一　家系と生いたち

この伝記のありかた

熊楠は、粘菌《ねんきん》学の門下の上松蓊《しげる》に送った書信中で、

眼前すらこのごとくなれば、人間死後の伝記などは十の七―八は嘘《うそ》と考へられ申し候。故に今日西郷がどうだったの、前原がこうだったのと申しはやすは、多くは虚伝にこれあるべく候（『全集』巻八、三四七ページ。以下『全集』とは、乾元社版『南方熊楠全集』をさす）。

としるしている。彼はまた、中山太郎が書いた「私の知っている南方熊楠氏」（『南方随筆』の附記）に対し、宮武省三に「柳田氏より申し越しのごとく少くとも八割までは虚構なり」（大正一五年六月一日付書信）としるし、岡茂雄には「自ら小説中の人となされたと思はゞ、それですむ事と存じ候。すなはち小生も中山君の一篇を小生の名を題した小説稗《はい》史《し》と見るものに候」（大正一五年六月一九日付書信）としるしていて、熊楠と面識もあり、文通もし

ていた中山の記述も、大部分が事実とは相違するものであったのである。

実際、人の伝記を書くということは容易なわざではなく、厳密にいえば、本人の自叙伝や日記でもそのまま信じられない場合もあるので（永井荷風など刊行用のものと秘蔵のものと二種の日記があったという）、いろいろな配慮や吟味が必要となる。

特に熊楠は比類のない型やぶりの人物で、生前から奇言奇行の伝説にうずめられており、またかなり偶像化されてもいるので、その伝記を編むことは困難をきわめ、筆者などのよくするところではないが、この本は第一に熊楠自らが自己について語っているものを採り、それを生前親交のあった人々の記録・談話中の信頼できるもので補い、さらに熊楠の書き残した数多くの文献の調査によって、できるだけの正確を期している。熊楠はよく自分を語る人であったので、それを編集するとごく大まかな略伝はできるのであるが、自分を誇大に表現したり、おどけて戯画化しているところも多く、記憶力は絶倫であっても年を経るにつれてやはり間違いもあるし、殊に感情の起伏のはげしい人なので、その対人関係・人物評論などは必ずしも熊楠のしるすとおりかどうか分らぬところもあって、取捨選択には、第三者としての冷静な客観批判が必要である。筆者は文学畑の者なので、自由に想像を加え入れて熊楠像を創作したい意欲を禁じ得ないのであるが、この本では事実を尊重するために資料をつづり合わせて列記し編成したような結果になってしまい、結局その映像をあざやかに描写して表現し得なかった。それにしても、その記述の拠り所を記入しておいたので、読者の判断の資は供給してあるつもりである。

誕生

熊楠は、慶応三年（一八六七）四月一五日、和歌山城下橋町の鍋屋《なべや》（金物商）南方弥兵衛とその後妻スミとの次男として生まれた。南方といい、熊楠といい、一般からはずい分変った氏名のように思われるが、和歌山県ではさほど珍しい名でもないのである。

南方氏について

熊楠は宮武に、

この南方といふ氏名は当国海草郡三葛《みかつら》と申す地に多く、小生三十余年前毎度その村を通りしに全村この氏と和田氏との二つより成り居り、他の苗字《みょうじ》は無かりしやう記憶致し候。この苗字の人、今も和歌山市辺に多く、他所にあるものも小生知つた分はみな右の三葛出に御座候。近来メキシコ国などへ南方氏で出かせぎ店などもちたる人も多き様子、本来はミナカタと読み候へども、ミナカタとはちよつと聞きなれぬ苗字故ナンポウと読む人もある様子にて、小生は自らミナカタと名乗り通し居り候。（略）紀州の南方氏はみなもと卑民にて多くは楠という字を名付く。熊楠など同名何十人あるか知れず、郵便物あるごとに配達にこまり申し候て、小生もこの名をいやになり申し候（大正一二年一二月の書信）。

と報じているので、その生国ではありふれた氏名であったことがわかる。上記の「南方氏はみなもと卑民にて」の卑民とは小耕作を業とする農民位の意味である。

熊楠はまた宮武への別信で、南方氏について、紀三井寺附近の南方新田の村社が諏《す》訪《わ》明神《みようじん》であることを述べた後に、

小笠原氏が信州の守護たりし時、東方・西方・北方・南方といふ四家老ありしことと系図に見え候。その南方氏の一人がこの紀州へ逃げ下り新田を開き、日前《ひのくま》宮司紀氏の配下となり土着したるより信州の諏訪神を勧請《かんじよう》したることと察し候。その南方の主家はどうなつたか分らず、後には其の家臣や卑隷《ひれい》どもまで見やう見まねに主人(もとの小笠原家の家老)の苗字《みようじ》をおかせしものと存じ候(昭和七年一〇月の書信)。

ともしるして、南方氏の祖先の考証を行っている。

熊楠という名

その名の熊楠については『民族と歴史』(四の五)に、

人の名に、楠の字をつけることは、古くから紀伊の藤白王子神社のほとりに、楠神と号して、非常に古い楠の木があつて、それにはいつも注連《しめ》を結んであ

つた。紀伊の国、ことに海草郡では、とりわけ私の氏となつてゐる南方といふ苗字《みょうじ》の者など、子どもが生れるごとに、この神社にお詣《まい》りをして祈つたものだ。さうして祠官（注、神官）から名の一字を受けたのである。楠・藤・熊などがさうである。この名を受けた者は病気にかかる都度《つど》、この楠神に平癒を祈りに行く。（略）今日でも海草郡に楠をもつて名としてゐる者が多く、熊楠など幾百人あるか知れない程である。私はこのことから考へてみるに、是は我が国には大昔にトーテミズム（注、熊楠は別稿でトーテムを「族霊」と訳している）が行はれてゐたので、その遺風が残つてゐるからのことではないだらうかと思ふのである。又私の兄弟九人、兄は藤吉（後に家督を相続して弥兵衛と改めた）、姉が熊、妹は藤枝、いづれも以上の縁で命名され、残る六人がことごとく楠の字を下につけてゐる。

としるしていて、その命名の理由を知ることができる。

熊楠とその兄弟姉妹は、南方を氏とはしているが、その実、南方家の血統は全く受けついでいないのであって、彼の両親はいずれも他家の出で南方家へ入った人なのである。

父弥兵衛

父弥兵衛は、日高郡矢田村字入野《あざにうの》の向畑《むこうはた》庄兵衛の次男であり、向畑家については、

> 小生亡父は南方家へ養子に入りたる者にて、本姓は向畑と申し、日高郡の入野といふ寒村の荘屋《しょうや》の子なりし。この向畑の祖先は川上采女《うねめ》と申し、大和より落ち来り、小さな城塞《じょうさい》を構へゐたりと申し、その跡もありと伝へ候。しかし大和に川上といふ所は、いかほどもあるべければ、今となりてはどこの川上より来りしやら薩張《さっぱ》り尋ぬるに由なし（『全集』巻一二、三八二ページ）。

としるしている。熊楠が日本郵船の矢吹義夫に送った長文の〝履歴書〟と称する書信（『全集』八巻、大正一四年一月三一日付）を要約してみると、父の生家向畑家は庄屋《しょうや》ではあったが、三十軒ばかりの貧しい小村なので、弥兵衛は十三歳の時に、「こんな片田舎で一生

うずまるべきではない」と志を立てて御坊《ごぼう》町の豪家に丁稚《でっち》奉公に出た。その後和歌山へ行き同地第一の富商で両替屋《りょうがえや》の清水平右衛門（両平《りょうへい》）方の番頭となり、既にその暖簾《のれん》を分けてもらうまでに勤めあげたが、縁あってその地の旧家で雑賀屋《さいかや》という南方家の入婿《いりむこ》となっている。雑賀屋はもと豪商として名高かったが、弥兵衛が入婿となった頃は家運全く傾き、老母と、前夫の入婿に死なれて未亡人となった家つきの娘と、その娘の生んだ一女がおり、この女・子供ばかりの零落した旧家を再興さす適任者として弥兵衛が後夫に望まれたのである。弥兵衛の方からいえば両平《りょうへい》に店を分けてもらえば子孫まで清水家の配下に属し、主家に頭をさげて暮さなければならないのは好ましくないので、南方家の人となったのである。さて入婿となってからその家財家具を整理して売却すると十三両ばかりの資金を得たので、それを元手として苦心して再興を計っているうちに老母は病死し、弥兵衛との間に二男を生んだ妻も病死したので、その後妻として選ばれたのが熊楠らの母スミで、スミは朝日村の西村という旧家の出であると伝えられる。熊楠は父と母との出会いと、その後の南方家の繁栄をつぎのようにしるしている。

その頃、亡父が毎度通る町に茶碗屋《ちやわんや》ありて、美はしき女、時々その店に見える。この家の主人の妻の姪《めい》なり。その行ひ、きはめて正しかりし故亡父請《こ》うて後妻とせり。これ小生の亡母なり。この亡母、きはめて家政のうまき人にて、亡父に嫁し来りてより身代追ひ〳〵よくなり、明治十年、西南の役頃非常にもうけ、和歌山のみならず、関西にての富家となれり。もとは金物屋なりしが、明治十一年頃より米屋をも兼ね、後には無営業にて金貸しのみを事とせり。父の前妻の子いづれも小生生れぬ前に死に失せ、後妻に子多かりしが成長せしものは男子四人と女子一人なり（前記の矢吹への書信による）。

弥兵衛が入婿になった時、妻には先夫との間に生まれた娘があり（この娘は成育して行方不明になっている。この娘については本書の後章「晩年と死後」中にしるした）、この前妻と弥兵衛との間には二男があったが、二人とも熊楠の誕生前に病死している（『全集』巻一二、二六六ページ）のであるから、南方家の血統は事実上全く絶えているのである。（弥兵衛と後妻スミとの間には長男藤吉（熊楠より七歳年長）・長女熊（三歳年長）・次男熊楠・三男常楠（三歳年下）・次女藤枝・四男楠次郎（常楠より七歳年下）の四男二女が生まれているが、藤枝は熊楠の洋行中に明治二〇年死亡しているから、この矢吹への書信には「成長せしものは男子四人と女子一人」とあるわけである。また前記の『民俗と歴史』への寄稿中の「私の兄弟九人」とは弥兵衛の前妻の子三人を加え入れているのである。巻末の略系図参照。）

弥兵衛は妻と協力して金物屋と米屋とを兼業し、後には金融業に転じて和歌山指折りの大金持ちとなったのであって、それには弥兵衛の農村育ちの健康な肉体と質素倹約の力行と理財の才とともに、妻スミの内助の功も没すべからざるものがあった。スミは今日残っている写真によると、弥兵衛から見そめられただけあって面長の美人であったようで、結婚前には長く女中奉公に出ており、安政の大地震の頃は大阪で奉公していた（宮武への書信による）というし、安政・万延の間に紀州藩の江戸詰《づめ》の医師徳田諄輔《じゅんぽ》が苫《とも》ヶ島へ三年間流刑になり閉居していた時も、徳田に従って仕えていた（『全集』巻六、一〇三ページ）というから賢い働きのある女性であったと推察される。熊楠の父母はいずれも野の人で世間なみの教育を受けた人ではないが、自力で商業に大成功しているところや、優れた子女を育成しているところなどから見て、心身ともに非凡な人であったといえよう。

熊楠の父母は、その外遊中に二人とも病没しているので、後年熊楠が両親を語る場合には、追慕の情をもって敬愛しており、土宜《とき》法竜に送った書信中（明治二七年）には、父を、

州里に仰がれ、三宝（注、仏・法・僧）を敬し、「自分は卑人にて文字を知らぬが悔《くちお》しい。文学あらばさぞ面白からん。富貴にして文学なきも、徳行ありて学問なきも君子にあらず」とて、三人の子に教育多く与へられ（略）死する後、葬時に

会葬する者五百人に近く、死するときの遺言に「われはわが葬式の美にしてわが家の笑はれんより葬のいたつて簡にして、わが家の後《あと》たるもの人に笑はれざらんことを望む」といひしにもかかはらず、立花を贈るもの四十四対の多きにおよび、実に維新以後和歌山県内始めて見るの一盛儀なりし由と承りぬ（『全集』巻九、一四二ページ）。

と賛し、柳田国男への書信中にも、

小生はいたつて節倹なる家に生れ候。父は一と風ありし人にて、只今の十三円ほどの資金を以て身を起し、和歌山県で第五番といはるる金持ちとなり候。木下友三郎氏と小生遊交せし頃は和歌山市で第一番の金持ちなりし。しかし不文至極の人なりし。随つて学問の必要を知り、小生には随分学問させられたり。父は甚だ勘辨よき人にて、故三浦安氏の問に応じ藩の経済の事などにつき意見述べしこともあり。故吉川泰次郎男など又今の専売特許局長中松盛雄氏など毎《つね》に紀州商人の鏡なりとほめられ候（『全集』巻一〇、三七ページ）。

と賛し、その非凡の人であったことを他にも折にふれて述べている。母に対しては、あまりしるしていないが、前記の土宜あての書信中に、

私は幼時より女と談話せず、母も姉も憚《はばか》りて親しく談《はな》さず、今においては、はなはだ悔い居り候（『全集』巻九、一四三ページ）。

と後悔している。また自分の父母は無学ではあったが子女のしつけがよく、自分が今日何事にも誠意をかかさないのは、その影響であるとも誇っている（『全集』巻一〇、二六六ページ）。

幼時の熊楠

熊楠の幼年期は、幕政からいわゆる王政復古への大変動期であり、侍が俸禄を失い、経済的実力のある商人が活躍して巨利を得るに最も好都合な時代であったから、父弥兵衛はこの波に乗って小資本でぐんぐんのし上ってゆき、熊楠六歳の明治五年には、既に相当な蓄財もあったらしく、和歌山目ぬきの通り寄合町に普

請をして橋町から移住している。熊楠は後記の通り幼時から異常な人であるが、言語の発育は大そう遅れていたようで、「小生はちと鈍感な生れにて言語は六歳の頃まで発し難かりし」(『全集』巻一二、三六三ページ)としるしているので、寄合町に移った頃からものがいえるようになったのである。しかしその記憶力は実にすばらしく、四歳の時のことなど後年まではっきり覚えていて、

予は熊に楠という二字を楠神より授ったので、四歳重病の時、家人に負はれて、父に伴《ともな》はれ未明から楠神へ詣《まい》つたのをありありと今も眼前に見る(『民族と歴史』四ノ五)。

としるし、また中学時代の同窓中井秀弥に送った書信には、

須藤氏宅の後《うしろ》に、サンゴ寺《じ》山といふがあり。それに稲荷《いなり》の社あり。朱《あか》き鳥居多くならび祠前《しぜん》に嫁入りの額《がく》面あり。小生四歳のとき脾疳《ひかん》(注、小児の腸がふくれて、体のやせる病)を煩《わず》らひ外叔母(注、母の妹)十六―七歳におはれ毎度まいりし。明治三十三年帰朝し

てその処に行きあたり、参詣せしに、その額は依然《いぜん》としてありし。又明治十三年（注、四歳）春四月頃、貴下と中学校の午飯後弁才天山へゆきしに、向ひの松《しよう》生院《しよういん》に高野《こうや》より出開帳あり。ちよっと門を入りて見しに堂の縁《えん》に小生四歳のとき見たるままの平家一門ならびし前に仏御前《ほとけごぜん》舞ふ処と、文覚《もんがく》が滝に打たるるを二童子来《きた》りてすくふ所の額二つあり。さて過る大正十年十二月一日小生高野山よりの帰途又ゆきみしに、右の額二つ依然とし存せり。そのとき貴下と曽《かつ》て遊びし事を思ひ出し候（『全集』巻一二、一四七ページ）。

と報じていて、幼時の記憶が長く消え失せなかったのである。試みにあのするどい大きな眼でじっと物を見すえ、ものもいわない、頭のさえた幼児を想像してみると、異常な姿が浮んでくるが、子供のことで可愛らしいところもあったようで、丸がり頭の後頭部に一にぎりほどの髪を残していたところなど愛らしい姿であったらしい。七歳で小学校に入った時、天方《あまかた》金三郎という年上の子供がおり、天方が宿っていた相生町《あいおい》の佐竹という産婦人科医に『和漢三才図会《ずえ》』があったので、熊楠は九歳でそれを見るために毎度たずねているが、その時のことを、

小生他の児童が佐竹氏の門辺《かどべ》で遊びまはる間に、佐竹母娘が多くの女子を集め裁縫する間をはしりぬけゆき、件《くだん》の書物をぬき読みに余念なき折毎《おりごと》に、つつと小生のモズを引くものあり。何事かと顧みるとかの母人が煎餅《せんべい》数枚、紙につつみくれたるなり。毎度かくのごとし。その人の顔は覚えねどもまことに愛敬《あいきょう》ある人にて、小生読み覚え了《おわ》りて書を元の所に納め、袂《たもと》をつかんで走り帰るを見る毎《ごと》に、あの子のモズが可愛らしいと言はれ候（『全集』巻一二、一五二ページ）。

とあり、このモズについては三田村玄龍への書信中に、

ぼんの窪《くぼ》に毛を残す。守貞漫稿八に図あり。「産髪《うぶげ》を剃《そっ》て後にこれを残す者多し。江戸にては権兵衛といふ。年長ずるに応じて大形と云ふ」と記す。（略）紀州ではモズと呼ぶ。予九歳までモズを置き在《あっ》たが、毎々、後ろから引れて

困った（『全集』巻八、三七四ページ）。

とあって、このモズは「弱い子のぼんのくぼにモズをおくと強くなる」という風習によったものであるという。

幼年期の遊び

幼年期の読書（清水崑画）

熊楠の幼年期は、江戸時代からの民間習俗がそのまま行われていた時代であったし、彼の両親は無教育な人であったから従来の習慣や道義の中に生活して子供たちを育成していった。

たとえば、外へ遊びに行ってけがをして帰宅すると、父や母は「親の唾々《つばつば》」といいながら、その傷のところに唾《つば》をぬっておまじないをしてやったり、幼い熊楠がパチンコをもって軒の巣にいるツバメをねらっていると、父親は「お使いをねらっちゃあならぬ」といって制止したりしている。「お使い」というのは紀州ではツバメを秋葉の神の使いと信じていたからである（『人類学雑誌』）。また飯の副食物にまずいものを出されると、熊楠はだまって母をにらんだので、母はその度に「カレヒは人間だった時、親を不服でにらんだので、その罰で魚になって眼が一面にかたよっている」などと注意したりしている（『全集』巻一、二九〇ページ）。

熊楠も世の常の子供のとおり外出して遊びまわっていたようで、『紀州俗伝』中には、

> 和歌山の岡山は砂丘で、春夏砂挼子《ありじごく》多し。方言「けんけんけそそ」又「けんけんむし」。児童砂を披《かけ》てこれを求むるに「けんけんけそそ、叔母処焼ける」と唱ふ（『全集』巻五、二五七ページ）。

とあり、こんな遊びにも興じていたらしく、また幼時から動物を好み、ヒキガエルを飼い育てていたこともしるしている（『全集』巻一、二三八ページ）。

当時の市街は今日のように交通量がはげしくなく、人の往来も至極のんびりしたものであったから、街路は子供たちのよい遊び場として自由に使用されており、後にその頃の街頭の遊戯を追想して、「蟻《あり》の道」や「レンコ」の遊戯などのことを民俗学の諸雑誌に発表し、民間習俗の資として提供している。

二　小中学生時代

入学の頃の世相

明治六年、熊楠は七歳で雄《お》小《の》学校に入学した。そのころはまだ旧藩の士族が威張っていた時であったし、ことに彼の父の営んでいた鍋釜類を売る商売はいやしい生業とされていたので「鍋屋の熊公」などといわれたり、士族の子供らと口論をすれば、子供らは団結して「士族に手向うとは無礼千万、お前の家は鍋屋であろうが」などといじめるような状態だった。後年になって熊楠が封建時代の侍階級の余風をうけついで、その特権をふりまわし官尊民卑の弊を助長した官僚をはげしく憎み、ことあるごとに抵抗し続けてやまなかったのは、あるいはこうした少年期の不合理な処遇に対する不満が、後に発したことに一因があるのかもしれない。

小学入学の前は、手習いもろくにはさせられず、父は釜をみがき、兄は店に坐し、叔父が外商に行くというようなあわただしい店先きで（『全集』巻九、一三五ページ）柳田へ送った書信中にもあるように、

> 幼時は（貧乏にあらざるも）父の節倹はなはだしかりしため、店にて売るブリキ板を紙に代へ、鍋釜等の符号を付くるベニガラ粉を墨とし、紙屑屋《かみくずや》より鍋釜包む為に買入れたる反古《ほご》の中より中村惕斎《てきさい》の『訓蒙図彙《きんもうずい》』を拾い出し、それを手本に先づ画を学び、次に字を学び候（『全集』巻一〇、三八ページ）。

というような有様だった。『訓蒙図彙』は江戸初期（寛文）に刊行され、その後度々増補されて当時流行した啓蒙書で動植物なども図説し、その和漢の名を対照し、それに簡単な解説もつけてあったので、彼は動植物に対する興味など、この時すでにおぼえはじめたのであろう。また、

> 私は九つ十のころ好んでいろいろな種類の節用集を読んで書き写した。その

頃和歌山の町家ごとに節用集等と、やはり同様のもので大雑書といふのとは、かならず一部づつそなへてあつたから、随分いろいろな種類のものを見た（『全集』巻七、一四三ページ）。

としるしているが、『節用集』『大雑書』の類は日常使用の熟語・諸文字に注をつけた実用事典であるから、これで一般的な常識を自学していたのである。

その頭脳は抜群で、十歳で『文選《もんぜん》』を暗誦して神童といわれたり（『全集』巻一、二九〇ページ）、自ら「熊楠は摂・河・泉三国の大守（注、楠木正成）同様毘沙門《びしゃもん》の申し子といふ事で、小児の時、小学教場でさへ毘沙門の咒《しゅ》（注、まじない）を誦した位これを信仰し」（『全集』巻六、五三ページ）としるしているほどの異常児であった。

随分なわんぱく小僧でもあったらしくて、

和歌山の少年ら、夜分「無い物買ひ」といふことをした。店の戸を叩《たた》いて、内より答へると、マジメ顔で「こなたに鬼の角がありませんか」「釣鐘《つりがね》の虫《むし》糞《くそ》がありませんか」などと尋ねて、店の者が怒りつぶやくを面白がつて逃げてきたものだ。

予も十二―三歳の時、狐《きつね》の舌を求めにゆくと、その家もと漢方の薬店だつたので、その舌を旧蔵しあり、出してきたので、四銭か何か出し、買い帰り、大いにしかられた（『全集』巻六、三〇一ページ）。

というような悪戯《いたずら》もしている。

彼は記憶力がすばらしかったばかりでなく、読書したものを入念に記録する習慣を早くから身につけており、十二歳の頃には古本屋の店頭で『太平記』を読み、それを諳《そら》んじて自宅に帰ってからすぐに筆記して写本を作ったともいわれている。柳田国男への書信中には、

諸家に往き書を借り、『本草綱目《ほんぞうこうもく》』『和漢三才図会《ずえ》』『諸国名所図会』『日本紀』等を十四歳までに尽《ことごと》く写す（『全集』巻一〇、三八ページ）。

とあり、矢吹への書信中には、

小生は次男にて幼少より学問を好み、書籍を求めて八-九歳の頃より二十町三十町も走りありき借覧し、悉《ことごと》く記憶し帰り、反古《ほご》紙に写し出し、くりかへし読みたり、『和漢三才図会』百五巻を三年かかりて写す。『本草綱目』『諸国名所図会』『大和本草』等の書を十二歳のとき迄に写し取れり（『全集』巻八、四ページ）。

『和漢三才図会』

とあり、右のうち『和漢三才図会』については、旧友中井秀弥への書信中に、

明治八-九年頃、小学の同級生に久保町の岩井屋といひし津村安兵衛とかいふ酒屋の子に多賀三郎といふありし。小生はその家にある『和漢三才図会』を借り始め明治十四年までかかりて百五巻を悉く写し終れり（『全集』巻一二、一五二ページ）。

とあり、前文とは多少年齢の相違はあるが、他の資料から推して『和漢三才図会』を明治九年（一〇歳）から明治一四年（一五歳）まで五年がかりで写し終ったというのが正しいようである。

『和漢三才図会』は、明の王圻《おうき》撰の『三才図会』にならって、正徳年間に儒医寺島良安が、和漢古今の天・地・人の各数百の事項を図説して刊行した当時の大百科事典ともいうべき大部の書で、一〇五巻が大本八一冊に収められている。今日南方熊楠記念館に、原本を小型本にしてたんねんに写した、その筆写本を陳列してあるが、わずか十歳余りの少年がかかる大部の漢文書きの本を倦《あ》くこともなく数年がかりで写し終ったということ自体、全く驚嘆に価することである。

『本草綱目』『大和本草』

また『本草綱目《ほんぞうこうもく》』は、明の万暦一八年（一五九〇）李時珍撰定の刊行で、一八七一種の本草（注、薬に用いる動・植・鉱物）を集大成した五二巻二一冊の大部の薬物学・博物学の本であり、『大和《やまと》本草《ほんぞう》』は、益軒貝原篤信が宝永六年（一七〇九）に刊行した一三六二種の本草を詳説した本であって、熊楠はこのころ和漢の本草書を筆写しつつ、総合的な本草の知識を習得していたのである。

『和漢三才図会』『本草綱目』『大和本草』の三著は、熊楠が晩年までその机辺に置き、しばしばその論考・随筆に引用しているが、後年の世界的な大百科事典のごとき博識は、少年期の『和漢三才図会』の愛読と無関係とは思われず、彼が長じて博物学を専攻するにいたったことも『本草綱目』や『大和本草』の愛読と深い関係があると思われる。

そうして、熊楠がこの頃筆写した『諸国名所図会』は、近世末に刊行された地理・名所・風光・人情・習俗・伝承等をくわしくしるした案内書であって、彼が長じて旅行を好み、遠く海外の諸国まで漂泊しつつ（帰朝後に足疾を生じてからは、大むね田辺にこもっていたが）、つぶさに各国の世態・人情・民間伝承を観察・調査したことも関係があるように思われる。また『日本書紀』の筆写も、皇統の系図を暗記して忘れず、終始皇室に尊敬の念をいだいていたことや、明治四〇年頃から神社合併に大反対をなし、小社といえども神ながらの由来あるものは残すべきことを主張してやまなかったことと無関係とは思われないのである。要するに小中学時代の愛読書をみると、熊楠の一生の方向は、この時に明示されているようである。人の愛読書はその各時代によって変移することを常とするが、彼の場合、少年期の愛読書が一生の学問と密接に結ばれているのは興味あることといえよう。

少年期の作文

熊楠は、寺子屋へゆき漢字を学習していた上、小学上級頃には遠藤徳太郎という漢文の先生の塾《じゅく》へ毎夜通って素読を勉強していたので、漢学の教養をつんでおり、今日残っている中学初級期の漢文調の三篇の文語文など、その年齢を考えれ

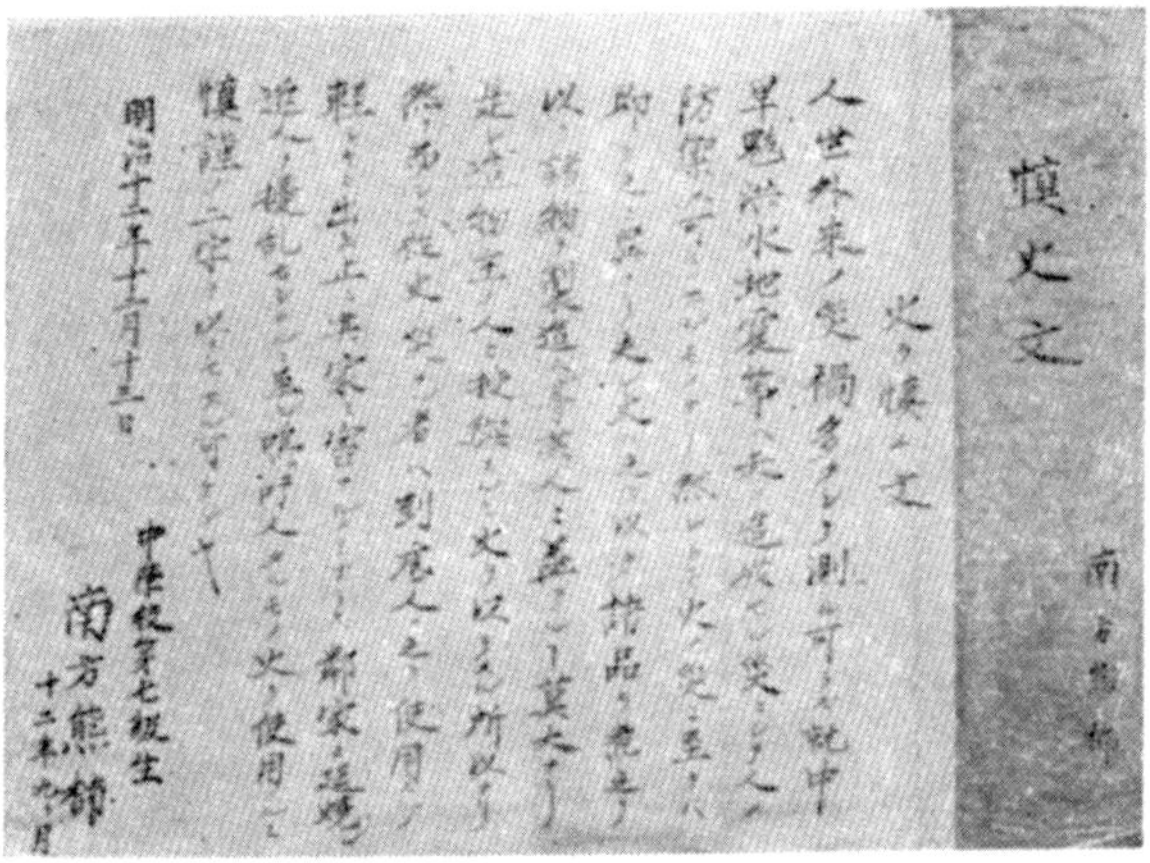

中学初年の作文

ば実に堂々たるものといえよう。いまその一文を例示してみる。

火ヲ慎ム文

人世外来ノ災禍多クシテ測ル可《べか》ラズ。就中《なかんずく》、旱魃《かんばつ》・洪水・地震等ハ天ノ造成セル災ニシテ、人ノ防禦ス可《べか》ラザルモノナリ。然レドモ火ノ災ニ至テハ即チ之《これ》ニ異ナリ。夫レ火ハ之ヲ以テ諸品ヲ煮、之ヲ以テ諸物ヲ製造スル等、其人ニ益アルコト莫大《ばくだい》ナリ。是レ造物主ノ人ニ授与スルニ火ヲ以テスル所以《ゆえん》ナリ。然リ而シテ彼ノ火ノ災ナル者ハ到底人ノ之ヲ使用スルノ軽《かるがる》シキニ出デ、止《ただ》ニ其家ニ害アルノミナラズ、鄰家ニ延焼シ、近人ヲ擾乱《じょうらん》セシムルニ至ル。嗚《あ》呼《あ》、人タルモノ火ヲ使用スルニ慎謹ノ二字ヲ以テセザル可ケンヤ。

明治十二年十二月十三日

中学校第七級生

南方熊楠

十二年九ヶ月

また翌明治一三年四月一五日の筆である「教育ヲ主トスル文」の結語の「是ヲ以テ人ノ父母タルモノ、子ニ旨味《しみ》(注、美食)ヲ食《くら》ハシメ、繍錦《しゅうきん》(注、美服)ヲ着セシムル事ニ注意センヨリハ、当《まさ》ニ幼時ヨリ学術ヲ勉励セシメ、人道ヲ了知《りょうち》セシムル事ヲ務ムベキナリ」のごときも、十三歳の少年が世の父兄を教導せしむる気概をもっており、その英気にも見るべきものがあろう。

しかし中学生としての学校の成績は不良で、熊楠自ら矢吹へ、

> 明治十二年に和歌山中学校出来て、それに入りしが、学校にての成績はよろしからず、これは生来事物を実地に観察する事を好み、師匠のいふ事などは、毎々間違ひ多きものと知りたる故一向傾聴せざりし故なり(『全集』巻八、四ページ)。

と報じているように、教室での授業などは軽視して不勉強であり、それをさらに具体的に、

> 予十三-四の頃、中学校に在て、僚友が血を吐く迄勉むるを見て、そのやう

にして一番になった所で天下が取れるで無し。我はただ落第せず無事に卒業して見すべしと公言したが、はたして左様だった。そして試験ごとに何の課目も一番早く答紙を出して退場し、虫を採《とっ》て自適するを見て、勉強せずに落ちぬは不可解と一同あきれた。(略)思案の末、課目が十あるうち作文と講義(注、漢文の講義か)は得手《えて》物で満点と極て居り、総点数の五分の一得《え》れば落第せぬ定め故、他の八課の答へは直《すぐ》に白紙を差し出し、件《くだん》の二課を速く遣《や》って退《の》け、十分安心して遊び廻った(『全集』巻一、三七〇ページ)。

ともしるしていて、随分勝手気ままな中学生で、自分の好きな昆虫採集や読書・写本には夢中になるが、学校の授業になるとてんで顧みない生徒であったのである。

中学時代の先生

熊楠は後に宮武への書信中に、

実際小生は真実師と仰いで今も感銘するは、幼時の寺子屋や小学の教師、又素読を教はりし漢学先生に止《とど》まり、中学以上の教師には忘られぬほど感銘すべき人ありしやう思はず（昭和一一年四月の書信）。

と報じているが当時の和歌山中学の教師には彼が終生「忘られぬほど感銘すべき」人物はなかったにもせよ、人材がなかったわけではなく、学恩を受けた人、たとえば博物学の鳥山啓（注、天保三年田辺に生まれ、大正三年死亡。七八歳。明治一二年から和歌山中学の教師となり、同一九年東京の華族女学校教授となり、同三九年勇退。『異変弁動物図彙』『植物図彙』『紀伊国地誌略』など十数種の著作もあり、また有名な軍艦マーチの作詞者）という教師などからは相当な影響を受けたと見えて、彼の文中によくその名が見出される。当時の中学には今日の新制大学の教授ぐらいの学識のある人は鳥山の他にもいたようで、熊楠は小杉轍三郎（熊楠は小杉のことを、和歌山藩の勘定奉行の子で、後に鉱山で産をなし、和歌山の有名な芸妓を妻として京都に隠居したとしるしている）という先生から米国人ダナの金石学という新刊書を借用して、辞書を片手に苦心して翻訳し、それが大変英語の上達に役にたったこともしるしている（『全集』巻一二、三四六ページ）。

勉強と悪戯

中学時代の熊楠について、和歌山市に現住の田中敬忠が、平野威馬雄に、先生の中学時代のことについては、あまり多く知られていませんが、すでに、その頃から科学、特に自然科学には深い関心を抱かれ、学校へ行かれても弁当箱に昆虫や蟹《かに》などを入れて、ひそかに楽しみ、観察しておられたということです。さらに植物や菌類についても、すでに広く御研究なさったらしく、今日でもその頃に山野を跋渉《ばっしょう》して蒐集《しゅうしゅう》分類された乾腊《かんさく》(注、水分をとった標本)や鉱物標本が、いちいち採取日附と学名・和名を附して保存されています。(略)それに先生は、まことに異常な健康ぶりでした。もっとも学校の成績は香《かんば》しくありませんでしたが……。しかも、その健康そのもののような体軀からほとばしり出る元気ははつらつとして行動の一つ一つにあふれていました。それに非常な健脚で、早くもこの頃から紀州のいたるところ、深山幽谷を跋渉されたものです。その非常に足達者なことには面白い逸話が残っています。これも和歌山中学在学当時のことですが、冗談《じょうだん》をいいながらパーンと相手の頭を張ったかと思うともう見えなくなり、遠くの方に行っています。かと思うと、いつ

中学時代の「あだな」

のまにか帰って来ているというわけで電光石火、びっくりするほど走るのが早かったということです。そしてその人間業とは思えない足の頑丈《がんじょう》さは、一日に十里や二十里歩くの位朝飯前でした。（略）またその頃、御坊山に分け入り、研究に夢中になって二日も三日も学校へ出て来なかったことがありました。その時は天狗《てんぐ》様につれてゆかれたといううわさが立ち、「てんぎやん」「てんぎやん」とあだ名されたものです（平野の著四五ページ）。（注、この御坊山は、和歌浦の御坊山で大阪府泉南郡のではない）

と語っており、この「てんぎやん」というあだなとともに「反芻《はんすう》」というあだ名もつけられていたようで、これは熊楠の胃が常人と異なり、一旦食べたものを胃からいつでも吐き出すことができ、けんかでもして気にいらぬことがあると、すぐ相手に吐きかけるような芸当ができたからであるという。後年熊楠は、宮武に、

小生釈尊の後嗣《こうし》に選ばれて辞せし牛首栴檀《ぎゅうしゅせんだん》と同じく翻芻《はんすう》人にて、物を食へば幾度も口へ出来《いでき》たり、それを食ふにうまきこと限りなし。尤《もつと》も慎めば慎んで

居られ候。小生姉、和歌山で有数の美女なりしが、それが小生ごとく生れざりしは幸と皆申し候。又脳が異様な組織と見え、ハッシュ（大麻）を用る人のごとく、箇人分解（一人で居ながら二人にも三人にもなるなり）をなし申し候（大正一三年三月の書信）。

と報じているが、実に変った体質と頭脳の持ち主であったのである。その頃の乱暴ははげしかったらしく、

異常な体質と性格

小生十四歳の時に柔術をやり、人の膝関節に自分の前歯を打付けひびわれたまま帰宅、寒天にさらされたる歯にて熱き餅《もち》をかぢり、その場で歯折れおはり、それより左右へ弘《ひろ》まり、二十前後で上の前歯四枚を金で入れ申し候（『全集』巻八、三四〇ページ）。

というような有様だったから、父弥兵衛は、その「暴慢無礼をよく戒《いまし》め」ていた（宮武への書信）という。その狂暴なまでのはげしい性格を自制していたようで、柳田には、

小生は元来はなはだしき疳積《かんしやく》持ちにて狂人になる事を人々患《うれ》へたり。自分この事に気がつき、他人が病質を治せんとて種々遊戯に身を入るるもつまらず、宜《よろ》しく遊戯同様の面白き学問より始むべしと思ひ、博物標本を自ら集る事にかかれり、これは中々面白く又疳積など少しも起さば、解剖等微細の研究は一つも成らず、この方法にて疳積をおさふるになれて今日まで狂人に成らざりし（『全集』巻一〇、二七六ページ）。

とも報じている。

父の致富

熊楠の中学時代に、彼の父は明治一〇年の西南戦争で大いにもうけたので、金物屋に米屋を兼業していたが、彼が十五歳の時にはそれらの商売をやめて金貸し業となり、急速に富を増大していった。つぎの宮武への手紙は、その金貸しの頃のことを物語っている。

亡父など理髪師方へゆきなどすると、一円・二円貸して欲しき由をさもいひにくき様に小声で申し頼むを亡父承諾し、小生などひそかに持ち行き渡しやれり。さて日を経てその者が夕刻などひそかに来り、小声にて小生に取次ぎを頼み返金し、「利息いかほど差し上ぐべきか」などいふと、亡父小生をして「利息などに及びませぬ」と小声にて伝へしめたり。拙父は金貸しをしても微職の人に金貸して利息をとるなどいはるるを不快と思ひしに候（昭和三年八月の書信）。

彼の父は、貧しい人々には無利子で金を貸していたのであって、熊楠が後年になっても市井《しせい》の庶民を愛したのは、この父からうけつがれたものがあったのかもしれない。

高野山行き

熊楠は変った性格で、一家と団らんして行動するような和気がなく、ことに当時の男尊女卑の風に影響されたためか母や姉などの女性とはあまりものをいわず、ひとりで好きなことをして遊び、また学んでいたのであるが、例外的に明治一五年春、弘法大師一千年忌に家族といっしょに高野山に行っている。これはこの忌

の記念行事として宝物の展覧会があったからで、彼は当時のことを、

小生孤独の性質にて戸外へ父母と共に同行せし事一度もなかりしが、ただこの時のみ、その霊宝を拝みたさに父母及び弟（常楠）とともに登山、千蔵院とか申す（俗号刈萱《かるかや》寺）に三日ばかり宿れり（『全集』巻一二、二六三ページ）。

とるしており、その時見た宝物の石経の拓本など晩年まで実にありありと記憶しているし、

熊楠十五―六の時高野山御《み》廟橋辺《みようのはしへん》で、背に串《くし》の跡ごとき班点あるハヘを見た。傍《かたわら》の人言《いわ》く、人が串に焼く所を大師が救命し、此水に放《はな》ちしよりかく成ったと（『全集』巻五、二七〇ページ）。

のような民間伝承についても、よく聞きまた記憶していたのであって、それが後年の民俗学研究に資を与えているのである。

三　東京修学期

共立学校へ入学

明治一六年（一八八三）熊楠は十七歳で和歌山中学を卒業すると上京して、神田淡路町の共立学校（後の開成中学）に入学した。これは大学予備門に入る準備であり、当時の共立学校は、後に首相になった高橋是清が主宰していて、熊楠は高橋から翌年大学予備門に入学するまで英語を習っている。彼は学校の授業で満足するような性《たち》ではなかったから、ほど近い湯島の図書館などへ行って種々読書し、やはり主として自習していたようである。

賄征伐

共立学校では寄宿舎に一時入っていたらしく、当時の逸話としてつぎのような賄《まかない》征伐の珍談がある。同学の学生に伊予大洲《おおず》の士族で井林広政という彼のような乱暴者がいて、曾《かつ》て共立学校の寄宿舎で賄《まかない》征伐をやったとき、予は飯二十八椀《わん》を食ひ最高点を博し、井林氏は次点で二十六椀を食ひしが、二人ともこれがため胃病となり大いに苦しんだ（『上京日記』）。

とある。こんな無法なこともやってはいるが意気壮んで、このころ既に一生の行動を定める遠大な志を立てており、その志の実現に終生尽力するようになるのである。熊楠は上松蓊《しげる》への書信に、

菌類は小生壮時北米のカーチスと申す人、六千点まで採り、有名なるバークレー（英人）におくり調査させ候。小生これを聞きし時十六－七なりしが、何とぞ七千点日本のもの集めたしと思ひ立ち候（『全集』巻八、三四五ページ）。

と報じているが、バークレーは昼はギリシャ語を教え、夜は睡眠時間を節して勉強し、菌学の父と仰がれた人で、カーチスはその採集した菌類をバークレーに送って、両者が協力して『カーチス・バークレー菌蕈《きんしん》類標本彙集《いしゅう》』（Curtis—Berkley

Collection of the Fungi) の大著を成したのであって、これを知ると日本でその点数に上まわるものを採集しようと志したのである。熊楠が何故にこのような大志を抱いたかというに、筆者は、彼が少年期から愛読筆写した『本草綱目』と『大和本草』の影響ではないかと推測する。というのは、『本草綱目』は李時珍が従来の本草の外に、三七四種を増加して撰入しているし、『大和本草』の方も、益軒が既刊の本草書から得た七七二種の他に、本草書以外の群書から二〇三種を取り、さらにそれに日本産三五八種と外国産二九種の未だ書物に収められていないものを加入して集録しているのであるから、彼はこの和漢の本草二書のレコード破りの先例に啓発されて、かく集録数の増加を企てたと解されるからである。それと同時に当時世界の列強の中にあって興隆してゆく自国への国際的な意識が、外国の学者よりも優位のものを集成しようという野望を生ぜしめたことも、またあらそえない事実であろうが。

熊楠は神田で錦町の鈴木久七というしろうと下宿にも住んでいて、その時、

明治十八年、予神田錦町で鈴木万次郎（注、衆議院議員で、はげ頭であったので、ドクトル・ハーゲマンといわれた人。この下宿の美人娘の夫）の舅《しうと》の家に下宿し、動《やや》もすれば学校へ行かずに酒を飲み、なす事無きあまり、庭上に多き癩蝦蟆《いぼがえる》に礫《つぶて》を飛ばして打ち殺す毎《ごと》に、他の癩蝦蟆肩を聳し、憤然今死んだ奴《やつ》の方へ躍り来た勇気の程に感じ入ったが、それをもまた打ち殺し、次に来るをも打ち殺し、かくて四－五疋《ひき》殺したので蛙《かえる》も続かず、此方も飽《あ》きが出て何《なに》為《し》に躍り来たか見定めなんだが……（『全集』巻一、二七一ページ）。

と、こんな残酷なこともしているが、これが後年「いかなる心理作用よりかは知らぬが、同類殺さるるを知りながら、その死処へ近づく動物が少なからぬようで」との動物心理の実験の考察につながってゆく。

大学予備門時代

共立学校の準備期を経て十八歳で大学予備門（後の旧制第一高等学校）に入学してから、本郷の下宿に同郷の学生二－三人と移ったが、

授業などを心にとめず、ひたすら上野図書館に通ひ、思ふままに和漢洋の書を読みたり。随分欠席多くて学校の成績よろしからず（『全集』巻八、四ページ）。

というような具合で、中学生時代同様、講義などには興味を覚えず、好きなことだけを勝手に自学自習していたのである。同級には水野錬太郎（後の文相・内相）・芳賀矢一（東大教授・国文学者）・正岡常規《つねのり》（俳人子規）・秋山真之《さねゆき》（海軍中将）などという秀才がいたが、山田武太郎（美妙斎）には特別の親しみを感じていたらしく、後年、

明治十七年、小生と同時に東京大学予備門に入りし土佐人に、山田武太郎といふ人ありし。学校は小生と同様上出来ならざりしが、その頃南鍋町辺に兎屋といふ出版店あり。里見八犬伝を翻刻し、予約同様の方法にて売り出せり。それをこの人が買つて日夜精読し、小説にて名を挙げんと志し、最初に敦盛・熊王丸から平田三五郎までの事歴を新作詩に作り、少年姿という薄冊《ぼさつ》を出し、それから追々著書を出して立派な小説家となりしが、後はなはだ不遇な

目にあひ、小生洋行後五―六年立たぬうちに窮死せしと承る。この人は美妙斎と称せし名にそむかず白皙《はくせき》紅顔の人なりき（『大日』二六五）。

と追懐しているから、美妙斎の印象は忘れがたかったのである。

熊楠は、歌舞伎《かぶき》は生涯観ていないのであるが（彼の兄藤吉や母の弟などは遊び人で遊芸を好み、彼の幼少の頃から歌舞伎や浄るりの真似をして見せたので、その記憶からかかなりこの方面の知識ももっていたが）、このころ寄席《よせ》を好み、よく出かけている。

明治十七―八年頃、神田の万世橋近くに白梅亭といふ寄席《よせ》があつて、学生どもが夥《おびただ》しく聞きに出かけた。立花屋橘之助てふ若い女が前座で種々の芸当を演じた。紀伊の国入りの都々逸《どどいつ》といふのをよい声で唄《うた》ふので自分生国に縁がある故、しばしば傾聴した（『民俗学』四の七）。

吾輩お江戸で書生だつた時、奥州の仙台節が大流行で　正岡子規や秋山真之が必死にこれを習ひ、「上野で山下、芝では愛宕《あたご》下、内のおかめは縁の下、ざらざらするのは猫の下、皆様すくのはコレナンダイ、臍《へそ》の下」とうたひ居った(『全集』巻四、一七九ページ)。

などとしるしており、彼は売れっ子の柳屋つばめや宝集屋金之助などの寄席にも顔を出している。江戸の小咄《ばなし》・落語の類も好み、白梅亭や鈴本《すずもと》へもよくでかけていて、それらは後年の彼のユーモアを交えた戯作《げさく》の詩歌や文章にも影響を与えているようだし、世界の笑話の研究にも益するところがあったようである。

在京中の旅行

明治一八年の四月には江の島・鎌倉へ行っており、その時の紀行に「江の島記行」があり、同年七月には日光へ行っており、その時の紀行が「日光山記行」である(『全集』巻五所収)。「江の島記行」は、四月の休暇を利用した一六日から一九日までの四日間の小旅行で、鎌倉・江の島の名所旧跡をめぐったのであるが、歴史・伝説に興味をいだき、化石・動植物の採集をし、又それを種々購入したことをしるしている。「日光山記行」は夏休みの初め同郷の友人野尻貞一らと三人で行った七月一二日から二〇日までの約一週間の旅の記録で、日光の名所旧跡を訪ね、やはり途中で見たり入手したりした化石や動植物・菌類に対する特殊な関心がしるされ、両紀行ともに博物学に志のあついことが分る。当時の交通状況や、ゆたかに学資を送ってもらっていたなども分る日記風のものである。

『佳人之奇遇』

この年の十月に東海散士柴《しば》四朗《ろう》の『佳人之奇遇』の初編が刊行され（この万国地理と世界史を編入した憂国の志士の政治小説は、当時のベストセラーになり、三〇年一〇月まで続刊している）、熊楠はその初編を大いに感動して読んだようで、その「方今焦眉《しょうび》の急務は十尺の自由を内に伸《の》ばさんより、寧《むし》ろ一尺の国権を外に暢《の》ぶるに在り」という条を、その後も忘れずに絶えず実行してやまなかったと自ら述べている（『全集』巻一〇、二六三ページ）。この思想は当時の青年一般の共鳴した国家意識であるが、熊楠の場合は、それが特に強烈であり、その後多年海外で生活して、その実現に努めている。

熊楠はいわゆる秀才型の学業優秀で世渡りの上手な男ではなく、学校の成績などを問題にせず、すべて自己の好悪によって行動する型やぶりの変り者であったし、大学予備門はきびしい採点法で成績を出しており（和歌山中学のようなのんきで大まかな進級法とはちがって）、一課目の欠点でも落第さすような校則になっていたから、明治一八年一二月二九日落第している。佐藤春夫の『近代神仙譚』に引用している雑賀貞次郎編の「稿本南方先生年譜考」によると総計七二三、二点。平均六五点であるが、代数が二九点で落第したとあり、熊楠自らは、このころ健康を害し頭脳を悪くして学業を廃したとしるしている。彼には東京の学校生活も大して魅力《み》がなかったらしく、翌明治一九年二月には、なんのみれんもなく大学予備門を退学してしまったのである。

四　渡　米　前

彼の家の全盛期

熊楠は、明治一九年二月以後の大部分を郷里で過ごしているが、この年は外遊前の準備期ともいうべきであろう。

このころ彼の家の富は全盛に達していたようで、

そのころ、拙家全盛にて、和歌山で粉庄《こしょう》が一番、拙家が二番と申せし。もっとも拙父の旧主ゆえ清水平右衛門氏両平《りょうへい》を第二番に、拙家を第三番に番附には出され候。その頃の人は番附を作る者までも、それほどの礼譲を心得居たるなり（『全集』巻一二、三四六ページ）。

としるしていて、実質的には父弥兵衛が和歌山市の二番の長者となっており、兄の藤吉は三十歳にも達しないで四十三銀行の和歌山本店頭取になっていたから、経済的には十分恵まれていたのである。

熊楠は、前年末の大学予備門の試験に落ちて帰郷しているが、その時のことを、「小生東京に在《あり》しが、ふら〳〵病ひとなり、和歌山へ帰り」としるしていて、この時以来再び上京して学生生活を続ける意欲を失い、二月に退学した頃には、かなり不快な日々を送っていたことと想像される。しかし格別病気ではなかったようで、和歌山を中心として県下の所々を旅行している。

そのころ書いた「日高郡記行」（『全集』巻五所収）という紀行文があり、これは日高郡の北塩屋浦に住む親友の羽山繁太郎から五回も来遊をすすめられて日高を訪ねた際のものである。四月六日から九日にいたる数日の記事だけが残り、それ以後の部分は現存していない。六日に湯浅の旅屋《はたご》に宿り、七日には父の生地の入野《にうの》へ行き、向畑《むこうはた》家に宿っているが、

入野村は一寒村、人家僅かに五十に過ぎず。向畑氏に着きしは四時頃なるべ

し。夕、入浴す。浴室竹簀《たけす》の下に大桶《おおおけ》を埋め汗垢《うずおこう》を蓄へて肥料に供す。臭気鼻を衝《つ》き、久しく留るべからず。この辺は皆かくすると見えたり（『全集』巻五、三四ページ）。

などとしるしているが、かかる一寒村から身をおこして今和歌山の大富豪と成っている父の力行に思いをいたしたことであろう。この日記は初めの部分のみで一〇日以後のことは全く残っていないので、旧家羽山家訪問の記事は見ることができないが、当然羽山家に宿泊して歓迎をうけたことと想像され、四月一九日から二六日まで、繁太郎と同行して鉛山《かなやま》温泉（現在白浜町の一部湯崎鉛山の古称）に遊んでいる。

羽山家は、彼の父の生家向畑家と多少縁故のある家で、代々士豪ともいうべき旧家であり、当主羽山直記は医師として声望のある富者で、その長男繁太郎は「絶世の美男兼才物にて、小生東京へつれゆき、修学し医学を志す内、肺病になり帰郷」（『全集』巻一一、一四五ページ）とあるような親友で、熊楠よりは一歳年下で和歌山中学では三年下の後輩である。熊楠のすすめで上京し東大へ入学するために本郷三組町の独和学塾で勉強中、胸を病んで東大病院に入院療治し、このころは少し快方にむかって帰郷して保養していたのである。

当時の学生には軟派と硬派が極端にわかれ、軟派は東京では吉原などの遊里へ通ったりして遊び、硬派は表面女性と親しくすることを恥じ、美少年を愛好していた。熊楠は硬派に属する人で男性の美貌《びぼう》に対して関心が深く、ことにこの繁太郎とその弟の蕃次郎とを親愛していた。熊楠は乱暴でけんかを好み、しばしば常軌を逸した行動をする圭角《けいかく》のある青年なのに対し、この兄弟は美男子であったばかりでなく、温雅でだれからも愛される人徳を備えた好青年であったようで、後年熊楠は羽山兄弟のことを、兄弟の妹の夫山田栄太郎に、

小生等英国にありし時、英国の公認詩宗《しそう》テンニソンといふ人ありし。それが若き時親友たりしハラムといひしは有名なる史家ハラムの息で、よほど純正美麗な青年なりしが、壮年にして死なれし。その死を悼《いた》みし詩が友道の粋《すい》の

粋たるものとてテンニソンは所謂《いわゆる》月桂冠を受け、一代の詩宗となりしなり。令閨《れいけい》の兄二人と小生と親交ありし事は今も知り居る人多し。これは人の天稟《ぴん》に出る事にて今一人の（令閨の）第五兄に当る周五郎氏の人がら忘れ難きものありとて、当地の富医榎本六三郎氏これを油絵にかかせ、今もその応接間に掲《かか》げあり。令閨の御兄弟は実に人うけのよかりし万人に思はるる天稟の人々にてありしなり（『全集』巻一二、三五六ページ）（注、文中の「死を悼みし詩」とは、テニスンの「インメモリアム」のこと）。

と報じており、また山田への別信には、

小生は日常不断令閨の二兄を夢に見るのみならず、日中にても眼前に見る事多く、全く念頭を離れぬ（『全集』巻一二、三一四ページ）。

とも報じて、終世忘れ得ぬ彼のいわゆる「浄の男道」の対象であった人々である。

『金石学』の翻訳書

今日、南方熊楠記念館（後記）の陣列品中に『金石学』と題する翻訳の筆録の冊子が出品されており、その表紙には羽山繁太郎訳、南方熊楠閲としるしてあるが、これは前々章に紹介した米人ダナの書を熊楠が繁太郎を教導しつつ翻訳したもので、その功を繁太郎にゆずって、かくしたものかと思われる。

当時は陸路の交通は不便をきわめた（鉄道は大正一二年になって初めて和歌山から紀三井寺まで通じ田辺まで通じたのは昭和七年一一月である）ので、熊楠は病弱の繁太郎と汽船で鉛山温泉へ行ったことと思われる。この時、熊楠は田辺へも立ちより、その地の実業家大江秋濤《しゅうとう》（名は允迪。四十三銀行の頭取を兄藤吉がしていたとき副頭取であった人。明治二九年没。六七歳）を訪ねているが、十数年海外に遊び帰朝して後、生涯の住居をこの田辺に定めるとは思いもおよばぬことであったろう。

その年八月には、和歌山中学の同窓川瀬善太郎（当時、東京農業校の学生・後林学博士・農科大学長）と高野山へのぼっており、後年、

明治一九年夏、予、現時林学博士たる川瀬善太郎氏と高野山に詣で、心願の人に頼まれて川瀬氏立入の荒神《こうじん》へ詣るに予倶《とも》に行った。小堂の壁におびただ

しく鎌《かま》を納め掛けあり。川瀬氏も人に頼まれた鎌を掛けて帰つた(『全集』巻五、二七五ページ)。

と民間習俗をしるしている。二人は九度山で別れて、川瀬は徒歩で和歌山へ帰り、熊楠は東家村に一泊してから和歌山へ帰っている。

渡米の理由

熊楠の渡米の決意の時期は分らないが、この秋頃には父の承諾を得ていたことと想像される。当時の洋行は容易なことではなかったので、当然両親や親族の反対もあったにちがいないが、一度決心して言い出した以上、後《あと》にひっこむような彼ではないので、父も結局承認せざるを得なくなったのであろう(彼が父の反対に抵抗して、押入れに入り、絶食して両親を困らせ、ついにその目的を達したというような伝説もあるが、その真偽のほどは不明である)。

渡米の理由としては、兄藤吉が好色で身もちがおさまらないので、父と兄との間が不和となり、

然《しか》る上は、小生は次男故、父は次男の小生と共に家を別立するやうな気色あ

り。小生の妻を定むなどいふ噂《うわさ》もきく。然る上は勝手に学問は出来ず、田舎で守銭虜《しゅせんりょ》となりて朽《く》ちん事を遺憾に思ひ渡米する事に決し候(『全集』巻八、三八五ページ)。

としるしている。

八月末に、熊楠は日高の塩屋の羽山家へまた行き一泊、次男の蕃次郎を東大に進学させるために和歌山まで同道してやり、その翌日園田宗恵(後の文学士)に託して東上せしめている。また十月一五日に洋行の告別のために日高の親族二―三を訪れ、羽山繁太郎を尋ねて一泊、ねんごろに別れを惜んでいるが、その翌朝四時に羽山家に出産があった(五人の男子のあとに信恵という女子が誕生したのである)ので、これ以上泊っては迷惑をかけると思い、まだ日も出ぬ朝霧の中を、繁太郎に日高川まで見送られて、「いはゆる〝君を送る千里なるも遂に一別す〟で、この上送るに及ばずと制して、幾度か相顧みて、各々《おのおの》影の見えぬまで幾度も立ち止りて終《つい》に別れおはりし」(『全集』巻八、三八六ページ)というような惜別をしているが、これが最後で熊楠渡米の翌

送別会の演説

年に繁太郎は死亡している。

一〇月二六日には、和歌山の松寿亭という料理屋で友人達の送別会があり、その席上熊楠は別離の演説をしたようで、その前の二三日に書いた演説の草稿が残っている（『全集』巻五、三七ページ）。その結語には、

前日我々の先祖が蝦夷《えぞ》などの人種に向ってなせる競争は、今日転じて、我が日本人と欧米人との競争となれり。吾人にして、このまゝうか〳〵くらさば、四世五世を経ずして、遂に彼等の為に蹂躙《じゆうりん》絶滅さるるに至らんことは鏡にかけて見るごとし。力は権力なりとは、彼らの屢《しばしば》称《とな》うる所なれば、いかなる万国公法が完全であらうが、世界一般一政府の下に帰《き》せうが、人種間の競争は別なもの故、到底絶滅は免《まぬ》がれざるべし。然らば今日いかにして其絶滅を免がれ、更に彼等をふみこへんとならば、試みに見よ。前日、蝦夷人の日本人にまけしは何故なるや。日本人の制度・物事の美なるを見ながら資《と》って以て倣《これを》

倣《なら》ひ、自ら勗《つと》むべきを了《さと》らず、頑然《がんぜん》かかる石器などを用ひ居りし故ならずや。されば今日、日本人が欧米に入て、その土をふみ、その物をのみ、その人間の内情を探《さぐ》り、資《と》るべきは即《すなわ》ちとり、倣《なら》ふべきは即ち倣ひ、以て自ら勗むる事、甚だ要用なりとす。これ余の今回米国行を思ひ立し故にして、時期もあらば尚又欧州へも渡らんと欲し居れり。

とあって、友人とともに「我が国社会開明の度を進め」ようと述べている。その意気は壮というべく、自ら海外先進の文化を摂取して、国家の隆盛を招来せんことを期していたのである。

この送別会後、間もなく和歌山を去って上京しているが、血族との別離のさまを、後年、

小生最初渡米の折、亡父は五十六歳で母は四十七歳ばかりと記憶す。父が涙出るをこらえる体《てい》、母が覚《おぼ》えず声を放ちしさま、今はみな死失《う》せし。兄姉妹

と弟が瘖然《いんぜん》黙《だま》りうつむいた様子が今此状を書く机の周囲に手で触《さわ》り得るやう視《み》え申し候（『全集』巻八、一一三ページ）。

としるしているが、両親と妹とはこれが今生の別れで、彼の洋行中に死亡したのである。

東上後は約二ヵ月在京して洋行の準備などに費している。この時八千円持参して洋行したと伝えられるが、当時の物価から考え、また後記の南方家財産分けの文書などから考えても、八千円はあまりに巨額過ぎるかと思われる。それにしてもかなり多額な金を与えられたようで、服装・帽子その他最新流行の上等品を購入・新調している。

洋行の準備

熊楠の死後の追悼座談会で、粘菌学の高弟小畔《こあぜ》四郎が、

……それから、洋行するときのことですがね。クラスメートだつた浜口吉兵衛さんを「仕度のため買物をするからついて来い」といってつれ出した。そ

して神保町の洋品店へはいると、一円札の束《たば》をハンカチに包んで、先づ店先きへ出し「おい、馬鹿にするな。俺《おれ》ァ金を持ってゐるんだ。」とやつた。どこの店へ行つても、その調子なので、吉兵衛さんも困つたといふことでした。

と語っている。洋行準備をととのえてからの渡米記念写真が今日残っており、親友羽山繁太郎に送ったその写真の裏面には、

僕も是《これ》から勉強をつんで、洋行すました其の後は、

渡米前，羽山蕃次郎（左）との記念写真

ふるあめりかを跡に見て、晴《はる》る日の本立帰り、

一大事業をなした後、天下の男といはれたい。

としるしている。これは大津絵という俗謡の歌調である。又当時上京していた弟の蕃次郎へ贈った同じ写真には、それにさらに、

どど逸

雲井迄やがてあげなん其の一声を

首をのばしてそばだてて

との戯《ざれ》歌を書き添えている。その歌謡をしるした写真は熊楠一人の全身の立像であるが、同時に蕃次郎ともいっしょに写しており、この写真の方が保存がよく、はっきりしているので、ここに挿入しておいた。

東京では湯島の料理屋で盛大な送別会があり、その写真も現存するが、出席者は東京専門学校（早稲田大学の前身）在学中の弟常楠と熊楠の友人たちで皆で三一名であった

横浜出航

（『全集』巻五、七九ページ）。この時、竹川寅二郎（灘の酒造家の息）という友人が、「予洋行の送別会にも芸妓を入れねば面白からずと主張して予になぐられた」（『全集』巻五、八三ページ）というが、半分に聞いても随分乱暴な話である。

東京出発の時は新橋まで多数の友人が見送っているが、一二月二二日出帆の北京《シティ＝オブ＝ペキン》市という大汽船で横浜港を立つ時には、弟常楠と、同郷で同窓の野尻貞一と、羽山蕃次郎の三人が見送っている。田辺の士族で和歌山中学以来の同窓中松盛雄（後の法学士、特許局長）も見送りに横浜まできたが、宿が別であったので出帆の時にはあえなかったという。蕃次郎は、その後東大（医科大学）に入り成績もよかったというが、兄同様肺をわずらい、明治二六年彼の在英中に死亡しているので、この時が最後で再会できなかったのである（筆者は、この早急の渡米を、翌年にせまる徴兵の忌避によるかとも憶測している）。

五　在米時代

在米期間

熊楠の在米は明治二〇年一月七日サンフランシスコ入港、翌八日上陸、以来同二五年九月一四日ニューヨークを出港し渡英するまで、五年数ヵ月の長期におよんでおり、その在米期の終りの数ヵ月は西インド諸島へ航行している。

パシフィック商業大学入学

サンフランシスコに着いて一〇日後の一月一七日には、早くも同地のパシフィック゠ビジネス゠カレッジ(Pacific Business College)に入学しているが、この商業大学は米国の事ゆえ規模は広大ではあるが、「先づ日本の商業学校位のもの」で、「当地日本人の受けははなはだ宜《よろ》しからざる上に物価ははなはだ高く、そのくせ学術などあさましき所」と見きりをつけ、八月にはもっと格が高く有名なシカゴのビジネス゠カレッジに転じようかと思っていたが(『全集』巻八、二九五ページ)、結局商業ぎらいの彼は、商業大学にはむかないことをさとったためか農業学校を選んだのである。六月ごろサンフランシスコの商業大学を退学し、八月八日同市を出発して、一四日シカゴに立ちより、翌一五日にミシガン州ランシング市に行き、二三日にはここの州立農業学校（Michigan Agricultural School, Lansing）の入学試験に合格している。彼はランシングを「いなかにて人気も至ておだやかに、日本人を尊敬仕り候」（『全集』巻八、三〇五ページ）と一応満足している。

ランシング農業学校入学

そのころ学校は、夏休み中であったので、九月三日にランシングを発し、途中アナーバにより休暇中のミシガン州立大学を巡覧して後、ナイヤガラの滝を見物に行っている。この旅を友人杉村広太郎（後の楚人冠）に報じたのが「ナイヤガラ瀑布記行」（『全集』巻八、三一〇ページ）で、一ドル出して雨着の衣服を借り、着ていた服や所持品を全部あずけ、桟橋を歩き滝の直下までゆき、それから案内者に手をひかれて全身飛沫《ひまつ》にぬれつつ危険をおかして滝の裏をくぐり、その壮観に接している。この見

ナイヤガラ見物

米国の大学生活

物の帰路には附近で産する多数の鉱物を購入している。

熊楠は、この学校に入学して早々から、

固《もと》より米の新建国にして万事整《ととの》はざるを知る。米の学問の我が国の学問に劣れるはなはだしきを知る。いかほどこの国で学び一二の学位を得たりとて、日本人がこの後そのほらに服してくれぬを知る。かつ又この学問なるものは、三年や四年何の地に学びたりとて、天から鑑札が降るでもなく、鬼神が学位をくれるでもなき事故、到底無益の事なり。ニウトンは常に級の下等にあり、スペンセル氏も学位なしとそろ〳〵我田へ引くでもないが、何にせよ、学問は一生暇あれば則ちと出かけるべきなり。いやな学問を無我無尽にやりとほして何の益かある。況《いわん》やこの国学問、独逸・英吉利等に劣れる事万々、我が日本にさへよほど下れるに於てをや(『全集』巻八、三〇九ページ)。

と杉村に報じて、米国を見くびっているのであるから、その後の彼の言動は推して知るべきであろう。

二十年にミシガン州の州立農業に入りしが、ヤソ教をきらひてヤソ教義の雑《まじ》りたる倫理学などの諸学課の教場へ出ず、欠席する事多く、ただただ林野を歩んで、実物を採り又観察し、学校の図書館にのみつめきつて図書を写し抄《しょう》す(『全集』巻八、四ページ)。

と、矢吹に報じているように、ここでもまた和歌山中学以来の学校を無視した自学自習ぶりであったのである。

この学校では上級生が下級生をいじめる悪風があり、ことに日本人を軽んじたためか、熊楠と村田源三(柔道の達人で強力で名高い)・三島桂(中洲の長男で、有名な乱暴者。後の式部官)の三人が話していると、米人の悪少年四-五人がその日本語がやかましいといって、三人のいる部屋の戸を釘《くぎ》づけにして外へ出られないようにした上、ポンプのホースを戸の上の窓から通し入れて水を室内にそそぎ入れたので、村田は怒りその剛力で戸を打ち破り、三島はピストルをむけておどしつけるというような大さわぎを演じ、結局学校長の裁判で米人の主謀者三人ぐらいが一年間の停学ということで一段落したという。この時熊楠は、大した活躍をしたわけではなかったが、学校裁判の際の訴状を書いたので、それに対して憎まれたり、ほめられたりしたそうである。その後寄宿舎の学生が休暇で皆帰郷する前夜になって、熊楠らの行動に好意をもった米人学生二名と、村田・三島の五人で小宴会を催した時、一友が町に行きウイスキーを買って来たので（『全集』巻八、五ページ）、熊楠らはそのころ和歌山などで行われていた「法師さん」という酒戯を演じて遊んだという。この「法師さん」という遊びは、

> 酒客多人環《めぐ》り坐《すわ》り、その一人手ぬぐひで眼を縛《しば》り居ると、他の一人が環《わ》の真中にゐて「法師様へ、法師様へ、どこへ盃《さかずき》さしましよ」とうたひ、さて「ここか、ここか」ととなへながら思ひつき次第に人々を指《さ》す。仮の盲法師

「まだ〳〵」といへば、人を指《さ》し更《か》へ、「そこじや」といへば、指された人が飲まねばならぬ。飲みをはつて手ぬぐひを受け、新たに法師となること、前のごとし（『全集』巻五、二八九ページ）。

というような宴席上の戯れである。

熊楠の脱走

この夜は雪の降る夜で、熊楠は宴会のあった部屋から自分の部屋のある建物に帰る途中から急に酔を発し、廊下に倒れて寝入ってしまっていた。その時六十余歳の校長キリッツ（後に農務次官）が、雪をおかして寄宿舎を見まわると、廊下に寝入っている男を発見し、燈をむけて見れば、熊楠がパンツもはかないで裸体で酔い伏していたのを見て驚きあきれ、早速村田を呼びつけたので、村田もこれには大いに弱り、校長といっしょに彼をその部屋に運び入れるという始末であった。翌朝になって熊楠はこの事態を聞き知り、村田・三島もいっしょに飲酒の件で放校され、その宴に参加した米人学生も処罰されるような学校裁判の生じることを憂えて

「熊楠一人その罪を負て速《すみ》やかに脱走しては」との友人の願望もあって、「多人の放校さるる所を一人にて事すまば結構なりとて、小生翌朝四時に起き、毛氈《もうせん》一枚もちて雪中を走りて（七哩ばかり）或る停車場に達し、それよりアナーバといふ所にいたりとどまる」というような結末となったのである（『全集』巻八、六ページ、巻一〇、一三六ページ）。

アナーバに行く

この雪中の脱走は熊楠が一生浪人暮しをする事の起りとなっており、アナーバにはミシガン州立ミシガン大学もあり、日本人学生も数十人（後の衆議院議長粕谷義三・衆議院議員岡崎邦輔など）も留学していたが、再び大学へ入ろうとはせず、ランシング農業の中退で、その学歴を終わらせている。この退学の事は国元の父母へは知らせず、父は彼が米国で在学していると思ったままで明治二五年に死亡するのである。

アナーバでの生活

熊楠は「ここ（注、アナーバのこと）にて、小生は大学校に入らず、例のごとく自分で書籍を買ひ、標本を集め、専ら図書館にゆき、広く曠野・林中に遊びて自然を観察す」（『全集』

巻八、六ページ）とあるように、本来の自然児に帰り、これからいよいよその本領を発揮し出すのである。この人には学校のような画一的な教育にはたえられない野性の自由奔放さがあり、その好悪のはげしい感情は世間並みな社会生活に安住していられないのであった。かくしてオリを出た虎のような生活が始まるのである。

飯島善太郎と交わる

このころ飯島善太郎という熊楠同様学校に入らずに自学する友人と親しくしており、同行して植物採集などしている。この時の逸話として、

米国で十五年間、学校へ入らずに工場ばかりで実地に電気工学を修め、前年帰朝して南品川に工場を経営して居る飯島善太郎氏は、明治廿二―三年ごろ、余と同じくアナーバにぶらつき居た。七―八月の暑い最中に余を訪れて、「コラ、金色の蓮《はす》を見たことがあるか、しかも川に生《はえ》て居るのだ」といふ。「学問の下地《したじ》のない奴《やつ》は嘘《うそ》をいふ働きさへ持ち合さぬ。昔、桜井基佐《もとすけ》、宗祇法師が歌道に名高きを悪《にく》み、どこかで辱《はずか》しめやらんと待つ内、ある連歌会で、川とい

ふ字が前句に出ると、基佐蓮を附句にいれた。『神武以来川に蓮ありと聞かぬ。証歌あらば出せ』と宗祇がつめ寄つた。その時即座《そくざ》に、基佐が『〃極楽の前に流るるあみだ川、はちすならでは異草《ことくさ》もなし〃どうだ』と手製の偽歌で撃退したは、全く蓮は川にないからだ。もちつと気のきいたホラをふけ」といふと、飯島目に角《かど》をたて、「いつしよに行つてみようではないか」「よし行かう。しかし蓮を見ると死んだ人の顔を思ひだして気が弱くなる。その予防にちよいと一盃《ぱい》」「ソラでた。それが成らぬ。道がはかどらぬばかりか、後日におよんであれは酔つて炎天に目が舞うて白い花が金色にみえたなどいはれちや困る」と制止され、面倒な件《けん》が起つたとつぶやきながら三マイルばかり上るとヒユーロン河は湖水ほど広くなる。その岸に近い緩《かん》流中に淡黄金色の蓮花おびただしく咲き並び、現世にありつつ極楽のあみだ川を眼前に眺めた。心を留めて吟味すると、この蓮は 河に生《はえ》るせいか 立葉《たちば》のみあつて 浮葉なし。

ゆえに「蛙とんで浮き上るはすの浮葉かな」てふ句などは、米人にわからぬ事とさとつた。そこでやむを得ず飯島に降参したが、残念でならず、「あれは黄色の蓮だ。金色など以ての外、大層な言を吐く男だ。用心せよ。」といひふらした事だつた（『全集』巻七、二四三ページ）。

上記のような、風流なものもある。

佐藤寅次郎との生活

また明治二二年頃には、野中の住む人も絶えた化け物屋敷に、家賃がやすいので、佐藤寅次郎（ミシガン大学卒。オーストラリアで真珠採集会社創立、衆議院議員。その後韓国で植林に尽す）といっしょに住み、予米国ミシガン州アンナボアに佐藤寅次郎氏と野原の一つ家に住み、自炊とは世を忍ぶ仮の名、毎度佐藤氏が拵《こしら》へ置いた物を食て出歩く。厳冬の一夜佐藤氏は演説に出で、予一人二階の火も焚《た》かざる寒室に臥《ふ》し居ると、吹雪《ふぶき》しきりに窓をうつて限りなくすさまじ（『全集』巻二、二八九ページ）。

とあって、ここで不思議な幻影を見るが、結局それはガラス窓の破れ目から吹き

三好太郎との生活

こむ雪まじりの寒風がカーテンを上下させていたのであった。

また、三好太郎一家と墓場の近くの林中の荒れはてた一軒家に、一年以上も住んでいた（『全集』巻九、一一三ページ）こともあり、その時のことをつぎのように報じている。

明治廿三年頃小生米国アナバといふ所にあり。同地大学の法科にありし三好太郎氏（この人は、維新の際軍功あり、西南戦役の時、大阪鎮台の司令官たりし三好重臣子爵の長男かつ一人子なり）、殊の外ヌレ事師で勘当をうけ外叔父の世話で米国留学中、件《くだん》の大学医学部助手の娘（英国生まれ）と通じ、臨月はせまる。資金は杜絶《とぜつ》する。何とも詮方尽《せんかたつき》たる処、小生当時ブラ〳〵致し居り、言行が取りしまらぬので米国人の家に留めてくれず（毎日森林沼沢を跋渉し、夜分独逸人の群落にゆき長飲をなし、ややもすれば口論乱暴する故）因《よっ》て右の三好氏に相談し、同氏が右の女と共棲《きょうせい》せる郊外の淋しき家に、小生が多くの書籍と標品を持ち込み下宿することと致し、多少の生活仕払ひを受け負うことと致せり。その内女子生れ、次に男児が生れ候（宮武への信書）。

上記の文面からは、随分すさんだ生活も想像されるが、明治二二年一〇月二一日の夜にコンラード＝ゲスネルの伝記を読んで感激し、「われ願くは、日本のゲスネルたらん」と誓いを立てているような（雑賀貞次郎編『田辺市誌』による）殊勝さもあり、学問上の努力はけっして忘れていたわけではなく「雪を踏《ふ》んで三—四里づつ無人の森林に入り、動植物を採り、夜間独習せり」（『全集』巻一〇、一〇一ページ）というような研究を続けてもいたのである。（熊楠の理想としたゲスネル（Konrad von Gesner 1516—65）は、スイスの博物学者で、チューリッヒで開業しつつ物理学と博物学の教授をしていた博学多能な学者で、科学にも言語学にも通じ、各国の図書および目録を翻訳した『図書総覧』二〇巻の著とともに、動物の形態・習性・伝説を記した『動物誌』五巻は有名である。熊楠のその後の学問・業績が、ゲスネルに相通じるものがあるのは偶然ではない。）

そのころ熊楠はフロリダで地衣《ちい》（Lichen　菌と藻とが合して生活する生物）を採集してい

カルキンスと相知る

るカルキンスというシカゴの弁護士と文通を始め、やがて親交・啓発を得るようになるのであるが、このカルキンスから受けた学益は大変なものであったと推測される。熊楠は宮武への書信(昭和一二年三月)に、

カルキンス元大佐肖像

小生、明治廿一―二年頃、米国の陸軍大佐カルキンス(シカゴ市に住し、弁護士たりし。南北戦争の時チヤツタヌーガで大敗し、南軍に降り、それより軍部を引退、弁護を業とし、その頃やうやく米国で発芽せし地衣と菌の学を始めたり)に就き、菌学と地衣学をなし、南部諸州や西印度諸島へ往き色々と発見せり。この人、妻死し、娘一人ありしが、それも肺病にて、その養生のため、毎冬フロリダにゆき、採集並《ならび》

に弁護を業とせり。その娘も死して、西洋にては養子の法なき故、はなはだ力を落し、折角発見せし多くの地衣と菌数千種を小生に譲りくれたり。小生もただもらうわけにも行かず。七-八十ドル渡せり。渡英後も文通せしが、いつとなく粗遠となりぬ。ともかくこの人の模範標品はみな小生の手にあり。前年(注、昭和四年六月一日)聖上にも御覧に供したり。米人はこれを非常に遺憾に思ひ、買ひ戻しを申し込るること屢《しばしば》なり。

とあって、貴重な標本の譲与も受けているのである。

フロリダへ行く

フロリダには当時米国の学者も知らない植物の多いことを、カルキンスの調査などから知った熊楠は、明治二四年四月二九日アナーバを発して南下し、五月二日にフロリダ州のジャクソンヴィルに着し、そこに八月一八日まで滞留している。

矢吹への書信には、

フロリダには当時米国学者の知らざる植物多きをたしかめたる上、明治二十三年フロリダにゆき、ジヤクソンヴヰル市で支那人の牛肉店に寄食し、昼は少しく商売を手伝ひ、夜は顕微鏡を使つて生物を研究す。その支那人おとなしき人にて、小生の学事を妨《さまた》げざらんため毎夜不在となり、外泊し暁《あかつき》に帰り来る（『全集』巻八、六ページ）。

ジャクソンヴィルでの熊楠（25歳）

とあるが、これは明治二四年の誤りかと思われ、熊楠は「紀州田辺湾の生物」という稿では、

明治廿四年夏、予フロリダの支那人牛肉店で寄食する内、緑藻ピトフオラ＝エドゴニア＝ヴヲーシュリオイデスを発見した。それより北の三州にあ

つたが、この半熱帯地にもあるとは誰も気つかなんだから、予が「ネーチュール」での発表を見て、ワシントンの国立博物館、辞を卑《ひく》ふして求め来つたので、海外知己ありと悦《よろこ》び、お安い御用と機嫌よく、和歌山市で発見したのと標本二つ揃へて贈りやつたに対し、館長自ら鄭重なる謝状を贈られた。僅か一種の藻すらかくのごとし(『全集』巻五、一七一ページ)。

とあり、ここで珍しい発見をしたのである。

同二四年八月一三日付で同窓の旧友喜多幅武三郎にあてた書信によると、

小生事、この度トホウトテツもなきを思ひ立ち、先づ当フロリダ州から、スペイン領キユバ島およびメキシコ、又事によれば(一名、銭の都合で)ハイチ島・サンドミンゴ島共和国まで旅行といへば、なにか武田信玄の子分にでもなつて城塁《じようるい》などの見分にでも往くやうだが、全く持病の疳積《ママ》にて、日本の学者、口ばかり達者で、足が動かぬを笑ひ、自ら突先して隠花植物を探索する事に御座候て、顕微鏡二台、書籍若干、ピストル一挺《ちょう》提帯罷在《まかりあり》、その他捕虫器械も備へ居り候。虫類は三-四千、隠花植物は二千ばかり集る心組にて、此辺はあまり欧米人の探索とどかぬ所故、多少の新発見もこれあるべくと存候。(略)黒人のみの所にて白人とてもスペイン人のみ多く、人情風俗も大いにかはり、旅舎徒然の程御察し下されたく候。(略)明日当地出発いよいよ西印度に渡航仕り候。幸なる事には、小生スペイン語ちよつとやらかし、又顔貌は少しもたがはず候故、大いに助かり申し候。右の旅行見事に相すみ候後は、北カロリナ州のブラック=マウンテンと申す高山に登り、地衣類採集、それより尻《しり》に帆をかけてニューヨークより英京ロンドンに渡航仕り候(『全集』巻一二、五一ページ)。

とその後の予定を報じている。右には「明日当地出発」とあって、翌八月一四日出発の予定であったようだが、当時の熊楠の日記によると、一八日出発してタンパから乗船、アメリカ合衆国最南端のキーウェスト島という小島に渡り、そこの

キューバ島での採集

中国人の洗濯屋で米の飯をたべたりし（『全集』巻一二、二六九ページ）ている。この島で仙《せん》人掌《にんしょう》の皮についた新種の地衣を採集してシカゴのカルキンスに送り、それがまたパリのニイランデルへ送られている（一〇月一四日の日記）。九月一六日にはキューバ島のハヴァナに到着し、この島でもいろいろ採集し、新発見をしている。

明治二十四年クバ島で見出した石灰岩生地衣を、シカゴのカルキンス大佐経由、巴里《パリ》のニイラ

米国および西インド諸島足跡地図

ンデルに贈り、二氏がこれにグアレクタ＝クバナと命名したのは、欧人の縄《なわ》張り内で、亜人《アジアジン》が生物新種を発見の嚆矢《こうし》としてほめられた。五年前御召艦長門で将相廿人程陪席の間、他の動植諸品と共にこの標本も天覧に供して進講……（『ドルメン』三の五）。

と、その中には後年、天皇のお目に入れた新種もあったのである。キューバ島では随分苦労して採集したようで、

採集上の苦労

予は往年キユバ島へ行った時、身体不相応の重量ある深靴《ふかぐつ》を穿《うが》ち、岩山を歩きまはった。それは彼の島到る処、ヂゴ一名ジッガーなる虫多し。蚤《のみ》に似たこまかい物で、好んで足の指の爪の下に食ひ入り、最初は何も覚えぬが、肉中で豌豆《えんどう》のごとく膨脹《ぼうちょう》し、何ともいへぬ痒痛《ようつう》さを起し、人をして苦悩のため起つことも伏すことも成らざらしめる。島人はこれを防ぐとて皆跣足《はだし》で歩き、家に帰る毎《ごと》に足の爪の下を探って一々これを駆除する。靴をはけばかへって

虫の侵入が多いと言うた。しかるに予は跣足で岩山を歩行は至難と考へ、予め至つて深い靴を拵《こしら》へて行つた。彼の島にはかような靴を修繕など思ひもよらぬから、一両年は歩き通しに歩いてもへらぬやうに極く厚く靴の底を打たせたので、虫の患は防ぎ得た代りに靴の重さに堪えかねて足が脱疽《だつそ》のごとくなり、後英国に渡つてより寒冷の日毎に足が屢《しばしば》脱《ぬ》け落ちるやうに感じ、一時は全く両足を切除《きりのぞ》かにやならぬなど聞いたが、種々養生して、幸ひに事無きを得た(『全集』巻五、四九ページ)。

とあって、これが後年帰朝後に脚疾を生じて、びっこになる遠因となっている。当時採集した昆虫は非常に多数で、英国へ渡ってから昆虫学の大家ウィリアム＝フォーセル＝カービーに調査してもらっており(『全集』巻五、二四九ページ)、帰朝の時は一箱にその標本を二〇〇種も入れて持ち帰ったが　保存不十分で皆廃品になってしまったという(『全集』巻七、七二ページ)。

曲馬団の一行に加わる

その一〇月二七日には、曲馬師の川村駒次郎がハヴァナに日本人が来ていることを知って、なつかしがって熊楠の居を訪れ、これが因となって、熊楠はやがてイタリア人カリニの曲馬団の群に身を投じて、西インド諸島を巡行することになるのである。この曲馬団は明治一九年から二〇年にわたって東京へも来て、当時名声を得ており、その際川村と長谷川・百済・豊岡の四人の日本人をやとい入れて同伴したもののようである。

明治二十四年、予其辺（注、ジャマイカ島）へ往つた時、天晴《あつぱれ》自分が、此地方へ先着第一の日本人と思ふたが、実は自分より先きに日本人が四人程居た。それはイタリア人でその五年ばかり前東京へも来たカリニ（日本でチャリネ）氏の曲馬団の芸人で、そのうち作州津山の百済与一といふは象を使ひ居り……（『全集』巻五、二〇〇ページ）。

とあって、熊楠はこの曲馬団の象使い百済与一に随伴して巡行したらしく、明治廿四-五年の間、予西印度諸島にあり、落魄《らくはく》して象芸師につき廻つた。其時象が些細な蟹《かに》や鼠《ねずみ》を見て太《いた》く不安を感ずるを見た（『全集』巻二、三五六ページ）。

と、象つかいの下ばたらきをなしつつ、各地をめぐり動物を観察したり、動植物を採集したりしていたようである。

曲馬団中での逸話

その頃の逸話として、柳田に、

明治二十四年頃、小生キユーバ島其他にて落魄して曲馬師の窠中《そうちゅう》に寄生せし事あり。小生は各国の語を早く解し、一寸一寸埒《ちょつとちょつとらち》の明き易き男で、「郷に入れば郷に従へ」とあきらめ、曲馬中の芸女のために多くの男より来る艶簡《えんかん》を読みやり、又返書をその女の思ふままに書きやり、書いた後で講釈し聞かせ、大いにありがたがられ、少々の銭をもらひ、それで学問をつづけた事良久《やや》しかりし（『全集』巻一一、一二四ページ）。

と報じたようなこともあり、恋文のアルバイトで学資かせぎとは珍しい話であるが、語学の天才であった彼にすれば、このぐらいの芸当は困難ではなかったのである。こうした色恋の沙汰の多い芸団中にあっても、熊楠自身の品行は少しも乱れず、宮武への書信に、

小生廿四-五才の時、西印度諸島で宿屋へとまると、傭《やと》ひの黒女が室内をとのへに来り、さて出去るとその娘と称する者が入り来り、「今のはわが母なり。汝は一番したくはなきか」と問ふが常事なりし（昭和八年二月の書信）。

というような事もしばしばあったが、相手にもならず、その時のことを後年その論考中に、

南方先生若い盛りに、黒奴女の夜這《よば》ひをしかり返したについで豪《えら》い（『全集』巻一、二八〇ページ）。

などと戯れて書き入れている。

西インド諸島をサーカスについてめぐったのは、期間としては大たい一一月と

一二月のわずか二ヵ月であるが、その間あちらこちらと巡業していたらしく、後にロンドンからパリの土宜法竜に送った手紙（『全集』巻九、一四三ページ）には、西インド諸島へ三回渡航したとあるので、随分あわただしい巡行であったようである。

翌二五年の一月七日には、キューバを去ってキィウエストへ着いており、その九日にはジャクソンヴィルにもどり、それ以来広東人の江聖聡《こうせいそう》という八百屋に住んで約八ヵ月滞在してから北上し、やがて渡英するのである。江は写真でも分るように、温和善良な人柄で、熊楠を先生《シイサン》・先生《シイサン》と大事にしてくれたということで、

渡英前，江聖聡との記念写真

喜多幅への書信

いっしょに記念撮影をしている。このジャクソンヴィル滞在中の七月五日に黒人の暴動事件を生じ、喜多幅あての書信に、

定めて新紙（注、新聞紙）にて御承知に及ばるるならんが、当市中一昨夜より今に黒人と白人との間に合戦起り、合衆国陸兵隊出張。一昨夜は白人三名負傷、昨夜は銃撃五回に及び候。戦場は小生の住所より十五―六町これあり候。黒人およそ千人、白人三百人、民兵百人、軍隊五百人（とも三百人とも申す）。小生は今夜合戦見物に赴《おもむ》くつもりにて、唯今鉄炮（口鉄炮とも）用意最中に候（『全集』巻一二、五三ページ）。

とあるのは、彼が、その観戦に出かけたことであろう。後に柳田に、

人にはそれぞれ長短所あって、小生は深山を夜行したり、無銭で外国を行ったり、戦場を見物に行ったり、そんなことには実に沈勇おびただしきが……（『全集』巻一〇、八六ページ）。

と報じているが、「無銭で外国を行ったり」とは、前記のサーカス団に随伴したことをさし、「戦場を見物」とは、この時のことをさすと思われる。

またその後、羽山蕃次郎・三好太郎・中松盛雄などへの手紙（『全集』巻一二所収）から当時の生活がかなりよく推知され、六月二一日の朝、羽山へ書いた手紙には、アナーバに残しておいた荷物の到着を待って渡英することなどを報じ、

その内には荷作り出来るべく、その打ち合せすみたれば、今月中には何分出立したしと存じ居り候。静時如《ク》レ山《ノ》、急時如《シ》レ風《ノ》を欲する小生の事故、此地出立後少しも足をためず、直ちに渡欧の筈に候。……小生も今年になりて一滴も口に入れず、性行ははなはだ宜しく相成候へども、身体ははなはだ衰へ、一時渡英を止め、帰朝せんかとも存じたることこれあり候。然し、相替らず不敵なる人物とて、支那人のカスリをとりて活計罷在《まかりあり》候事に御座候（『全集』巻一二、一ページ）。

などと近況を報じ、それから菌の種類を図示して略説し、さらに粘菌《ねんきん》(mycetozoa)についても図示して略説し、日本において蘚苔・藻・地衣・菌・粘菌の採集をするようにと依頼している。またアナーバで自分が苦心して彩色画にした菌《きん》の集彙《い》が和歌山の弟常楠の宅に送ってあるから、帰省の折には一覧するようにともしるしていて、彼一代の生物学上の仕事は、既に米国在留中に定まっていたことを知ることができる。

三好への書信

三好への手紙は、羽山と同日の夜分に書かれたもので、始めに同じくアナーバよりの荷物の到来を案じており、ついで、

御存知の顕微鏡も一番肝心なレンズを破つてしまい、漸《ようや》く毎朝菌を集るのみ。他は何もせずに、ただ荷物の出来るを待ち居り候……米国にて有する金子はほとんど底をたたき、渡英の費に充《あ》つべきだけは使はぬやうにアルコホル漬けと致し所持する事故……小生書籍・標品等英国へ持ち行くものはなはだ重

大にして、費用にこまり入り候。然し捨てることも成らず、ならぬ工面して持ち行き候。当地は熱き事、練雀町の火事を万世橋で見るごとく、小生は日々裸《はだか》に御座候（『全集』巻一二、一一五ページ・一一七ページ）。

などと近況を報じ、渡英前のなすことなき徒然のあまり、日本文学をいかに翻訳すれば外国人に理解できるかの長文の翻訳論を述べているが、これは当時としては珍しいものであるばかりでなく、今日もなお傾聴すべきものがある。やがて英国でロンドン大学事務総長ディキンスに見出され、その翻訳を助けたり共訳したりし得たのは、米国在留中からの素養によるのである。この音信の最後に、

小生は日々夕方になると床机《しょうぎ》のやうなものに腰かけ、店先きに出で、近辺の黒人の餓鬼《がき》八－九人を集め、つかみ合ひを命じ、勝ちたるものにジンジエル、スナツプ一つ賜る事と定め、時々怪我《けが》人絶えず。近処小言はなはだし。人間とはいへじ。脚の腓《こむら》少なく且つ手の長きこと驚くべきなどありて、先づ猿の

当時のジャクソンヴィルの少年

やうなもの也。言語なども実に簡単なものに御座候。驚くべきは十二歳(西洋の)ばかりの女子は悉《ことごと》く、恋ぞつもりて淵《ふち》となるらんと独り寝のうき枕をかこちそめ、九時頃に暗街をありくと八脚両頭の怪物を見る事屢々《しばしば》也。

と、南米の黒人少年の状況を伝えている。

また、ジャクソンヴィルの黒人の子供たちの遊びを、後年、予フロリダ州ジヤクソンヴキルで八百屋営業の支那人の店に、昼は店番、夜は昆虫や下等植物を鏡検した。

毎度店前の砂地へ、黒人の子供集り、砂挼子《ありぢごく》を探る詞《ことば》に「ヅロ、ヅロ、ハウス、オン、ゼ、フアイヤー」矢張り「砂挼子《ありぢごく》の家火事だ」と言つて驚かすのだ(『全集』巻五、二五七ページ)。

としるし、和歌山の岡山で少年の頃、砂挼子を「叔母の家が焼ける」と唱《とな》えつつ探って遊んだことを思い出して、同一趣向の偶合に興味を抱いている。

中松への手紙は羽山・三好の手紙よりも、二ヵ月近くも後の八月中旬に書かれたもののようで、

当地では良久《やや》しく支那公の棒組に成り、八百屋を営業中なるが、「小西行長と南方熊楠は商賈《か》の子にして、商事に向かぬ人物也」と易《えき》の繋辞《けいじ》にも見えたること故、且《か》つはうぬぼれながら……この博識を以て空《むな》しくフロリダ泥沙《でいさ》の中に埋るも千歳後迄歴史上の一大遺憾ともなるべく存じ、短くて今五日中、長くて二週間に渡英致候（『全集』巻一二、三二ページ）。

と報じ、ついで熊楠の後年まで好んだ性の秘話を長々と述べているが、また、

幼にして学を好み、曾《かつ》て書を読んで、兄（注、藤吉）が婦を迎へ、隣室に歓呼宴飲するをも知らず、史記を読み、荘子も読み、法華経・西廂《せいしょう》・水滸《すいこ》もよむ。而して洋行後大に我が行路を過《あやまた》しめたるものは一日、コンラード＝フォン＝ゲスネルの伝を読みしにあり。次でライプニッツの伝に感ぜられ、さらにスペン

セル、ラボツクの事に波動せらる。それからむちやくちやに衣食を薄くして病気を生ずるもかまはず、多く書を買ふて神学もかぢれば、生物学も覗《うかが》ひ、希拉《グリーク》もやりかくれば、梵《サンスクリット》文にも志し、流るる水ののどにも有ましの万葉風より稽古《けいこ》返りのささもつれ髪、と甚句《じんく》体迄も研究せしが、我が思ふことは涯《きわま》りなく、命に涯《かぎり》あり、見たい書物は多々、手元に金は薄しときてゐるから思ふままに成らず(『全集』巻一二、四三ページ)。

とあって、在米中の広い範囲の勉強の様を知るに足りよう。

在米時代の意義

熊楠の米国時代は、けっして恵まれたものではなく、後の英国在留時代のような諸学の大家にも接し得ず、ほとんど自学自習していて、表面多くの業績はあげ得ていないのであるが、この準備期があったからこそ、後年活躍し得る素養が培《つち》かわれたのである。彼の主なる調査は生物学上の採集調査であったが、上記の手紙でも分るように、多数多種の書籍を多量に読破していたのであって、文科方面の知識もこの時種々吸収している。たとえば、以上の他にも米国に着くとシェイクスピア全集を購入し熟読しているし、後年発表した唐の段成式《たんせいしき》の『酉陽雑俎《ゆうようざつそ》』中に、西洋のシンデレラ物語と類話のあることを発見したのも、在米中であるというような次第で、実に多方面な知識を修得していたのである（米国での諸菌標品集の現存するものは、一、『フロリダ産菌標品集』六巻、五二一種（カルキンス採集、熊楠解説）。二、『北米産地衣標品集』二巻、三七七種（カルキンスおよび熊楠採集）。三、『ミシガン州産諸菌標品集』一六〇種、四、『北米産諸菌標品集』三巻、三二五種の四つで、三・四は熊楠が採集し、彩色図を描き、研究解説したものである）。

当時の米国はまだ未開であり、熊楠は首都ワシントンにも行っておらず、古い文化を好む彼は米国を好まないのであった（英国は愛好しているが）。彼は大てい大都市にはおらず、地方におり、ことに南の州や西インド諸島をめぐり歩いたことは、各地各種の土着の風俗習慣を身をもって知り得、それが民俗学の研究にも興味を覚えさせ、その研究の資も得ているのである。要するに熊楠の在米時代は、一生の方向をますますはっきりさせ、その実現へ進むべき準備期をなした点では、重要な時期といえよう。

かくして八月二二日、江《こう》に港まで見送られて乗船し、ジャクソンヴィルを去ってニューヨークに向い、さらに九月一四日にはニューヨークより乗船して米国と別れて英国に向い、二一日リヴァプールに着し、二六日にロンドンに到着したのである。

六　在英時代

在英期間

熊楠は、明治二五年九月二六日、ロンドンに着き、同三三年九月一日ロンドンを発して帰国しているので、その在英は実に八年の長きにおよび、二十六歳から三十四歳までの壮年期を英国で過ごしたのである。この期間は多彩な活躍をなし、名声を得た時代であるが、その終末頃から運命の骰子《さいころ》は彼に幸いせずに不遇な帰朝で終るのである。

父弥右衛門の死

彼がロンドンに着き、横浜正金銀行支店長中井芳楠（同郷人で父の知人）を訪れると、彼を待っていたのは、父弥右衛門の死の報であった。父は、彼がジャクソンヴィルから発して南下しようとしていた八月一四日六十四歳で既にこの世を去っていた。その往生は静かであり、父は、六十四歳にて死するに臨み、真言宗の信徒なりし故、高野山へ人を登せ、土砂《どしや》加持《かじ》といふ事をなさしめたり。すなはち土砂を皿に盛り加持し、その砂の躍《おど》る様を見て、病の吉凶を占《うらな》ふなり。その時に加持僧言はく、「この病人は不治なり」と。その者帰りて旨を告げしに、少しも動ぜず、「これ天命なり」とて、あたかも借りた物を返すがごとく従容《しようよう》として死に行かれたり。

としるしており、その葬儀は和歌山でも珍しいほどの盛儀であったという（本書の一二ページ参照）。

父の財産分配

父は無学の人ながら先見の明のある達人であって、和歌山市一―二といわれたその大財産の処理についても、死の数年前から考慮しており、そのことを熊楠は、

死ぬに先《さきだ》つ三―四年、身代を半分して、半分を長男弥兵衛（注、藤吉改め）に、自分の名と共に譲り、残る半分を五分して己れ共その一分を持ちあり、四分を二男たる小生、三男常楠、四男楠次郎と小生の姉とに分ち、さて兄弥兵衛は好色・

淫佚《いんいつ》・放恣《ほうし》・驕縦《きょうじゅう》なるものなれば、われ死して五年内に破産すべし。二男熊楠は学問好きなれば学問で世を過ごすべし。但し金銭に無頓着《むとんじゃく》なるものなれば一生富む事能《あた》はじ。三男常楠は謹厚温柔な人物なれば、これこそ我が後を継ぐべき者、又我が家を保続し得べき者なり。兄弥兵衛亡滅の後は、兄熊楠も姉も末弟もこの常楠を本家として帰依《きえ》すべきなりとて、亡父自分の持ち分と常楠の持ち分を合同して酒造を創《はじ》められ候(『全集』巻八、八ページ)。

としるしている。しかし右の財産分配については、熊楠の記憶に誤りがあるようで、今日和歌山市の南方家に伝える弥右衛門直筆の明治二二年一月一日付の記録によるとつぎの通りである。当時の貨幣価値なども分るので、ここに記入しておくと、弥右衛門が前年すなわち明治二一年末に貸金・株券・地所など総財産を計算してみると、合計で九六、九〇九円一〇銭一厘となり、そのうちから長女熊に贈る二、〇〇〇円。熊楠への学資二、〇〇〇円。秀助(注、おそらく親類で、番頭と思われる)の別家料一、〇〇〇円。紺屋町一丁目一六番地の宅建築費三、〇〇〇円の四口をさしひくと、残金は八八、九〇九円一〇銭となり、これを二分して長男弥兵衛に四四、四五四円五五銭を与えて相続させ、残りの半分を父(自分)・熊楠・常楠・楠次郎に四分すると各自が一一、一一三円六三銭八厘の財産となるとしるし、他に熊楠をのぞいた三人の息にはそれぞれ家屋・家財の分与のこともしるしている。そこに三、〇〇〇円で建築する紺屋町一丁目一六番地の家屋を常楠に譲るとあるのは、常楠と自分とがいっしょに居住することを意味しているものであろう。この分配表の書かれた明治二二年は弥右衛門は六十一歳であり、長男弥兵衛は三十歳、熊楠は二十三歳、常楠二十歳、楠次郎十三歳であって、かくのごとく年少の子弟にまで分配をきめて財産を二分しているのは、さきの熊楠の文面の通り、相続人たる長男の到底家を維持するに足りない人物であることを見ぬき(当時家督相続人たる長男の相続権は大きかった上、弥兵衛は法律をたてにして訴訟することを好み、よく裁判所に出入して自己の利益を獲得しようとするような性であったから)、一家の前途を憂慮した上のことと推測される(熊楠の文面中、姉熊に対する分与の長男以外の男子と同じなのは当時の財産相続上の慣例からみても不当と思われ、これはおそらく女権を重んじる外国に多年住んでいた熊楠の記憶違いであろう)。

在英時代の経済生活

熊楠がロンドンに着いた時には、上記の分配から三年九ヵ月も後のことで、国元の一家の経済状況も変化しており、

> 小生、ロンドンに在《あり》し事九年、最初の二年は亡父の訃《ふ》に摂《せっ》して大いに力を落し、又亡父の死後次弟常楠その家を継《つぎ》しが、年漸く二十三―四にて、兄より財産分けに対し、種々の難題を持ちこまれ、色々困りたる事もありて、小生への送金も豊かならず。小生は日々ケンシングトン公園に行き、牧羊夫の中に坐して読書し、又文章を自修せり(『全集』巻八、一一〇ページ)。

とあり、その後の在英時代の生活は米国在住時代よりも、さらに貧困な生活を続

ロンドン到着直後の逸話

けなくてはならなくなるのである。

ロンドンに着いた初めの頃、あやしい暗宿《くらやど》に泊っていた時に、つぎのような逸話がある。

初め予ロンドンに着いた夜、勝手が分らず、ユーストン街にユダヤ人が営む旅館に入って、日夜外出せず。客の間《ま》に植物標本を持ち込んで整理し居る内、十七-八の女毎度馴々《なれなれ》しくものいひかける。予は植物の方に潜心して返事せぬ事多きに屈せず、阿漕《あこぎ》が浦の度重《たびかさ》なりて、そんな目にあふ。ところへその姉と称《とな》へる廿四-五の女が来て、俗用のフランス語で若い女をしかるを聴くと、「その男はかつて女に会つたことのない奴《やつ》だ。かれこれいふだけ無駄《むだ》と知らぬか。商売柄目が利《き》かないにも程がある」といつた。翌日から若い女はサッパリ近寄り来たらず、それでやうやくこのいはゆる姉妹は、仇《あだ》し仇浪《あだなみ》浅妻船《つまふね》の浅ましい世を乗せ渡る曲者《くせもの》とも分れば、かかる商売の女は男子を一瞥《べつ》して、たやすくその童身か否かを判ずる力位はもつものと知つた（『全集』巻二、二九九ページ）。

足芸人美津田と片岡プリンス

閑話休題《それはさておき》、熊楠は明治二六年七月六日正金銀行支店から招かれ、そこから英国皇太孫（後のジョージ五世皇帝）の結婚式の行列が通過するのを観覧に行った時に、足で曲芸を演ずる美津田《みつた》滝次郎という四十余歳の芸人に会い（『全集』巻六、四六ページ）、美津田が熊楠の巡遊した諸国を既に巡行していたことを聞き、話があい、その後七月一一日の夕美津田の家に遊びに行って日本料理の接待を受けた際、たまたま片岡プリンスという男が来合せて、片岡とも知り合いになった。片岡は英語の名人で当時英国人の老未亡人を妻とし、大規模な東洋の骨董店を開き、多数の金満家の英国紳士を得意にもって派手な生活をしていた（その性行が悪いために、後には英国におられなくなり行方不明になり、罪を得ているが）。片岡が熊楠と面会すると、「変な男だが学問はおびただしくしてゐると気付」き、大英博物館考古学・民俗学部長で富豪のサー＝ウォラストン＝フランクス（Sir Wollaston Franks）に紹介してくれ、これが契機となって、やがて同博物館にしげしげと通うようになるのである（『全集』巻八、一一〇ページ）。

一躍名声を得る

熊楠は馬小屋の二階を一週一〇シルリング（二円五十銭）で安く借りて下宿し、貧困に堪えて勉学しているうちに、一躍名声を得るようなことがおこった。それは彼の書いた論文が、一八九三年（明治二六）英国第一の週刊科学雑誌『ネーチュア』(Nature) に掲載されたからで、その時のことを矢吹に、

『ネーチュア』誌への寄稿

其時丁度ネーチユールに天文学上の問題を出せし者ありしが、誰も答ふるものなかりしを小生一見して、下宿の老婆に字書一冊を借る。極《きわ》めて損じた本でAからQまであり、RよりZまで全く欠けたり。小生はその字書を手にして答文を草し、編集人に送りしに、たちまちネーチユールに掲載されて、タイムス以下諸新紙に批評出で、大いに名を挙げ、川瀬真孝子《し》（当時の在英国公使）より招待されたる事あることわりし。これは小生が見るかげもなき風《ふう》してさまよひ居る内は、日本人一人として相手にするもの無かりしに、右の答文

で名が多少出ると招待などとはまことに眼の明かぬ者かなと憤りし故なり（小生この文を出し翌週に当時開き立てのインペリアル＝インスチユートより夜宴に招かれたるなり）（『全集』巻八、一一一一二ページ）。

と報じており、これは“Nature”の四八巻一二四九号所載の「東洋の星座」（The Constellations of the Far East）という論文のことである。熊楠が自分で書いたものには上記同様「雑誌ネーチユールに天文学上の問題出でしを見当り、試みに之を解し一文を草しおくりしに掲載され」（宮武への書信）などとあって、この問題が懸賞論文で一等当選したということはしるしていないのであるが、大正一〇年田中長三郎の書いたといわれる南方植物研究所設立の趣意書にそのように宣伝して以来、「一等当選」というように伝えられている。それはともかくとして、無名で学歴もない異国の貧書生が、一流の科学誌に論文を載せられたことは、高く評価されるべきことで、この時にも次のような逸話がある。そのことは矢吹への書信にもあるが

サー＝オラストン＝フランクスの招待

（『全集』巻八、一二二ページ）、ここでは宮武への書信を引用する。

その時の拙文を活版にすり校正のため送り来りし日、丁度故サー＝オラストン＝フランクス（大富人にてセミチック諸語の大学者、其前年迄大英博物館長たりし。大英百科全書にその伝あり）に識《し》られ饗応《きようおう》されし席にて、右の稿の麁《あら》ずりを出し見てもらひしに、さればなり。外国人は文章がいかにうまくてもこんなことがある故、英国の小児ほどにもゆかぬと苦笑して示されたるを見るに、星辰《せいしん》の集りぐあひのことを論じた所に definite Sketch とありしを Outline と書くべしと教ふ……。とあり、辞書に Sketch と Outline を異詞同意としてあっても、Sketch は indefinite であるからこの形容が不当であると教えたのである。矢吹への書信には、その時の饗応のさまを、

大なる銀器に鵝《が》を全煮《まるに》にしたるを出して前に据《す》ゑ、自ら庖丁《ほうちよう》してその肝《きも》をとり出し小生を饗せられし。英国学士会員の耆宿《きしゆく》にして、諸大学の大博士号を

いやが上に持ちたるこの七十近き老人が、生処も知れず、たとひ知れた処が、和歌山の小さき鍋屋《なべや》の伜《せがれ》と生れたものが、何たる資金も学校席位も持たぬ丸で孤児院出の小僧ごとき当時二十六歳の小生を、かくまで好遇されたるは全く異数の事で、今日始めて学問の尊きを知ると小生思ひ申し候。それより、この人の手引で（他の日本人とかはり、日本公使館などの世話を経ずに）直ちに大英博物館に入り、思ふまゝに学問上の便宜を得たる事は、今日といへどもその例無き事と存じ候（『全集』巻八、一一三ページ）。

とあって、多感な彼は素直に感激している。その後『ネーチュア』への寄稿は多数に及び、明治三二年の発刊三〇週年特別記念号には、進化論のハクスレーが序文を書き、同誌の寄稿家中の名士数百人を列記した中に、

諸外国の大家とともに特別寄稿家として名をつらねる

各国よりチンダル、ハクスレー、ベルムホルツ、ワラスなどみな学士会員階の人名のみ特別投書家として出したる内に、日本よりは（杉浦重剛・藤沢利喜太郎・長

岡半太郎諸氏も投書せることあるに）伊藤篤太郎氏と小生のみ名を列したることあり。

伊藤君はケンブリッヂ大学の哲学博士にて、日本にても理学博士なり（宮武への書信）。とあって、熊楠は伊藤と自分が日本の官学出身者でないことを誇りとしている。またこの一流誌への寄稿について「小生大いにうれしがり、国元にある母に申し通ぜしに大いに悦《よろこ》ばせて死なし申し候」（『全集』巻八、三五五ページ）ともしるしている（注、熊楠の母は彼の在英中明治二九年（一八九六）二月卒中で死亡している）。『ネーチュア』誌の社長はロッキヤーといい、熊楠も面会したことのある「実に倨傲《きよごう》無比《むひ》の老爺」（『全集』巻八、三五四ページ）であったというが、熊楠の学識を認め、彼の論文は、同誌に相ついで掲載され、学界に貢献したものも少なくなかった。

土宜法竜と相知る

熊楠はフランクスの知遇を得て、大英博物館に出入し、フランクスを助けて仏像・仏具を整理し、陳列品の名札をつけることなどを手伝っている時に、米国から土宜法竜が渡英し、正金銀行の支店長中井の家で面会する機会を得た。法竜は後年高野山管長となった人であり、安政元年生まれであるから当時は四十歳であった。彼は十六歳で高野山に入って学び、二十二歳で慶応義塾別科を卒業したインテリ僧で、明治二六年七月米国シカゴの万国宗教大会に日本仏教代表委員として出席して講演、その後英国に渡ったのである。法竜は一二月一五日にパリのギメ博物館の招きで同館の仏教部で解説書を作るために渡仏、六ヵ月して帰国しているので、英国滞在期間は短かく、熊楠はロンドンではその宿に三泊して宗教上の談議を交わしたのであるが（後に二七年ぶりで高野山管長としての彼に面会している）、「初めて面会し旧識のごとく一生文通絶たざりし」というような親交を生じている。

熊楠がロンドンからパリの法竜に明治二六年一二月一九日から翌年三月一九日までの間に送った手紙が九通『全集』巻九に収められており、また法竜の『木母堂全集』には別信が一通収められている。それらを読むと、当時法竜は四十歳から四十一歳、熊楠は二十七歳から二十八歳にかけてで、両者の年齢には十三歳のひらきがあり、法竜は仏教に専念する学僧であったにもかかわらず、熊楠の書信は種々の宗教哲学上の質疑応答で、法竜を啓発するところが少なくなかったようであるし、種々の教戒まで申しおくっている。

当時、熊楠は馬小屋の二階に住んで一日一食（柳田への書信による）で飢えをしのんで読書していたが、法竜へは多数の宗教哲学上の名著を寄贈（たとえばコールブルックの『印度宗教哲学論集』など）し、また名著の紹介をしている。明治二六年一二月二一日付の手紙には、

仁者、欧洲の科学・哲学を採《とつ》て、仏法のたすけとせざるは、是れ玉を淵に沈めて悔ることなきものなり。小生ははなはだ之《これ》を惜む。心内の妙味云々は仁者一人の楽しみなり。而して何を修めてもそれ相当の楽しみはあるものなり。一人の心は千万人の心也と杜牧之《とぼくし》が賦《ふ》にも見えたれば、仁者一人の心を今少しく広くして之を千万人にあて及ばされ度く候、

とあり、また自分の生活を述べて、

> ただ仁者自ら小生の如く食を減じ衣を麁《そ》にして、其書を多く求めて之を学ばんことをすすむるなり。日本の坊主ら入りもせぬ増上寺の堂や金剛峯の大塔を心配して成らぬことを企るよりは、外教の経典注疏《そ》を翻訳して、利用することをせぬは実に〳〵たはけたことなり（『全集』巻九、二〇ページ・二六ページ）。

と忠告もしている。

当時の熊楠の生活は、

> 当地にありても知遇の恩を蒙るものは、フランクス氏とリード先生（人類学会員にてフランクス氏の副として博物館に居る人）二人位のことにて、他は一向招けども小生は辞して行かず。とにかくこれ迄色々難苦して世を渡りしに、悪行虚言し信義なき者のみ多く、人間といふもの、十の七-八は心に何の守る所もなく、又知識とても僅かに書を読んで、受売り位のことに安んずるもののみの様にて一向面白からず。故に常に閑居して跡をくらまし、古今の書に目をさ

らし、又何の冥福も畏《おそ》るゝ所もなきが、とにかく足るを知るといふことにて立命安身（心）したきばかりに、衣装等のものは、一切人の旧物を乞ひ受け、断食がちにて寒暑共裸《はだか》にて居り候（『全集』巻九、一三一ページ）。

とあるような質素をきわめたものであるが、書物には目のない彼のことで、できるかぎり多く購入していたらしく、

要するに小生の洋書の集彙《しゅうい》は、ちとホラかは知らぬが、日本一私人の蔵としては一－二なるべく、又珍冊・奇篇あることは、決して公立の書庫にもあまり劣るまじと存じ候（『全集』巻九、一二七ページ）。

と自負している。後年にも、

予などロンドンで馬小屋の二階に住みし程の貧乏だったが、一冊百五十円の欧書は幾部も購うて持て居る。日本の板行絵本なども外国の物に成ってしまふは惜しいと思ふた物は、日本人の店から一冊五十円・六十円で多く買ひ戻《もど》

したこともあつた（『全集』巻五、一五四ページ）。

と回顧しているが、衣食を犠牲にしても書物を集めてやまなかったのである（もっとも一日一食であの精力的な仕事ができたかどうかということを考えると、福本日南に彼が「おれは食ふ物は食はなくても、飲む物だけは飲んで勉強した」といったという逸話のように、アルコールはとっていたのであろうが）。

法竜はその「海外漫筆」（『木母堂全集』六二六ページ）に、

ロンドンのブリチス＝ミュージヤムに数年間出入し、彼の書籍館に在りて梵《ぼん》学《がく》の調べを為し居る紀州の南方熊楠といふ人あり。博学の人にして実に卓見宏識の人物なり。

と讃していて、熊楠が後年、

そもそも、熊楠幼時より信心厚く、何でもごされで諸宗の経典に眼をさらし、断食苦行などは至極の得手もので、先日円寂した土宜法竜大僧正など、「汝出家せば必ず中興の祖師となれる」と勧められた(『全集』巻二、二九八ページ)。

というのは、多少の誇張はあるにしてもおそらく事実であったろう。

法竜との逸話

熊楠は、法竜と面談中に、法竜が熊楠の童貞を疑ったことに対して怒り、彼は後年までそのことを度々筆にしたり、話したりしているが、その例として柳田への書信をあげると、

さて、又呆《あき》れしは、小生と甚だ親交ある日本には中々高名の高僧にして、一日(小生二八歳のとき)小生一切女人と交りし事なしといふを聞き、まじめにその言は信ぜられずといひし人あり。小生はこれを聞て、この高僧の高名なる所《ゆ》以《え》んたる清行(昔しの修行積みたる禅僧などはいづれも人の一生犯不犯くらゐはちよつと見れば分つたものときく)をも疑ふものなり(『全集』巻一一、一二六ページ)。

とあり、別の文には、

然るに今人天の師とも仰がるゝ土宜師にその程の鑑識も無く、漫《みだり》に予の童身

を疑ふは高僧果して娼婦《しょうふ》に如《しか》ず（『全集』巻二、二九九ページ）。

とあって、前記の色を売るロンドンの二十四－五歳の女が、熊楠を一見して、童貞と見きわめたのに劣るとしるしている。もっともこれは熊楠の方が無理かも知れず、色欲を断った生活をしている法竜よりも、日夜海千山千の水商売をしている女の方が、性の真相を知り得たのは当然かとも思われる。法竜が熊楠の精力絶倫で、男の中の男といえるような体格・容姿をしているのを見、また大飲酒家で、若くから海外諸国を漂泊しているその経歴を聞いて、その童身を疑ったのもあながち無理とはいえまい。

オステン＝サッケン男の来訪

熊楠は、その名をあげた「東洋の星座」の論文に次で、その翌年（二七年）には同じく『ネーチュア』誌に「bees《ミツバチ》 と wasps《ジガバチ》 について東洋の見解」（Some Oriental Beliefs about Bees and Wasps）という論文を発表しているが、昆虫にもくわしかった彼は、その下宿に、ロシアの有名な蠅虻《ハエアブ》の分類法をたてた昆虫学者で、外交官としてはニューヨーク総領事もした男爵オステン＝サッケンの来訪を受けたこともあった（『全集』巻一一、二四六ページ）。これは聖書に、〝英雄が獅子《しし》を打ち殺したところ、その尸《しかばね》から蜜蜂が生じた〟とあるのを、サッケンは「それは蜜蜂ではなくぶんぐが生じたのである」との新説を出したが、だれにも受け入れられなかったところ、熊楠が実証をあげてその説に賛成したので（大英博物館に特に蜜蜂とぶんぶんとを並べて、その酷似の様を公開させた）、第二版を刊行した際に、その感謝のために来訪したのであったという（『全集』巻八、三五五ページ）。その時熊楠の部屋が馬小屋の上なので馬の小便の臭気がはげしく、サッケンは出された茶を一口も飲まずに帰ったそうで、熊楠と当時六十六歳のロシア貴族の学者との応接の場面を想像すると、なかなか面白い光景である。

ロンドン大学事務総長ディキンスとの出合い

熊楠の名は次第にロンドンで人に知られ、当時第一流の日本通の国立ロンドン大学事務総長フレデリック＝ヴィクター＝ディキンスと知己になり長く親交を結んだのである。その出合いがまたふるっていて、実に彼らしい面目があらわれている。

熊楠は度々『ネーチュア』誌に投稿して、東洋にも、古くは西洋にも恥じぬ科学があったことをヨーロッパ人に知らせようと努め、また外国人の学者の誤りを指摘するのを痛快がっていたので、ある時ハーバート＝スペンサーの説にちょっと「一本試みた」のをディキンスが読んで、その意気を「壮なり」として熊楠をその総長室に招いて初めて引見したという。ディキンスは十四歳で日本に渡り、品川の東禅寺で茶坊主をしたこともあり、成人して横浜で弁護士と医師を兼ねて営業していたころ、日本公使で有名なハリー＝パークス（水夫上りの剛の者で阿片戦争に功をたて、中国公使もした外交官、男爵）に認められ、その知遇を得て、ついにロンドン大学事務総長にまでなった人である。日本の事物とあれば浄るり・古文・国学から動植物までも世界に紹介し、日本協会がロンドンにできた時、その理事となった日本通であった。熊楠は貧困の極、じゃがいもと螺蠣《ばい》のみを食べて暮していたところ、ディキンスに招かれて話しているうちに、ディキンスは自ら訳した『竹取物語』を出して見せた。熊楠

はそれを読んで、

「日本の士を履《ふ》んだだけでも報恩の心がけありたき事なり。しかるにこの訳本中、〝諸貴人 in their turns に姫と好愛せんと求む〟とあり。悪く読むと日本には貴姫が、南洋土人のごとく今夜はこの男、明夜はかの男と七人もある男を毎夜一人づつ抱き寝ると思ふも知れず。〝諸貴人の中の一人を定めて、その人と好愛する事を勧《すす》む〟と書きかへてくれ」といへり。その時ヂイキンス大いに怒り、老人ながら彼方《かなた》の人は気も剛なれば熱心もあり、大学より自宅へ返る汽車中鉛筆にて五ページばかりの弁明書を筆し送り来る。その中には「日本

ディキンス事務総長肖像

は必ず南米ごとき百年に九十度も革命軍起る国とならん。近頃の日本人無礼にして耆宿《きしゆく》（注、老大家）を礼する法も忘る。……汝は外国に来りながら長上に暴言を吐《は》くとは」といふ様な事のみなり。因《よつ》て小生又大学に行きヂイキンスに面し、「われ汝《なんじ》を悪く思うて言ひしにあらず。日本が南米のごとくならば英国はアフリカのごとくなるべし。いづれも予言なれば甲乙なし。中《あた》るも中らぬも予言なり。日本人は自国の耆老《きろう》をこそ礼すれ。自国の不面目なる事を捏造《ねつぞう》（注、無実のことを作りいう）して書《かか》るるやうな外国の老人を敬すべき筈《はず》なし。……外国に来りながら長上に暴言を吐く程の気象無きものは外国に来て何の益無《なか》らん。汝等外人は皆日本に来り、日本の長上を侮《あなど》り、今帰国して迄も日本の事を悪様《あしざま》にいふ。不埒《ふらち》千万とはこの事、礼を失するのははなはだしきなり云々」といひしに、呆《あき》れかへり、それより大いに仲よくなり、……（『全集』巻一〇、二五八－二六〇ページ）。

と自ら柳田に報じているが、日清戦争前の「ただただ腰を外人に曲《まぐ》る事のみ上手なりし」卑屈きわまる在外日本人の多い中で、この一貧書生が一歩もゆずらず正々堂々と抗議してやまぬ面魂《つらだましい》に接しては、さすがディキンスも豪の者なので、その満身の英気に深く感じ、遂に意気投合してやがて友人として自己の日本学研究に協力を求めるようになったのである。熊楠ほどの比類なき頭脳をもち、絶えざる精進を続け、しかも正義のために戦う勇気と、燃える愛国心をもつ人にして、初めてかかる行動がとり得たのであって、熊楠は「一日小生をその官房に招き、益〻小生に心酔して氏が毎々出板する東洋関係の諸書諸文はみな小生が多少校閲潤色したるものなり。」(『全集』巻八、一一六ページ)といっているのは、さして誇張した表現ではなく、後年『方丈記』を共訳したり、熊楠の妻に敬愛の意をこめてダイヤモンドを贈ったりしているのは、「小生へ心酔し」という言葉が不当でないことを証しているであろう。またディキンスが『亜細亜《アジア》協会誌』に、「南方は予が見たる日本人中で最も博学で剛直無偏の人」と書いて推賞しているのも、いわゆる「心酔」の理由を知るに足りよう。

日清戦争のための献金

明治二八年八月一日に日清戦争を生じた際、人一倍愛国心に燃えていた熊楠には、こんな逸話もあった。

その年八月一日両国開戦を宣すると、三田の福沢先生が、時事新報社で恤兵《じゅっぺい》事業を創《はじ》めた。丁度その時伊太利から帰朝した土宜法竜僧正からその事を聞いた予は、同郷の人で横浜正金銀行ロンドン支店長たりし中井芳楠を訪うて勧むる所あり。中井氏、公使内田康哉氏(後に伯爵)等と謀って在英邦人へ廻文を配った。扨衆に卒先して予は金一ポンド(十円ばかり)を寄附した。故にその時の官報には在英邦人和歌山県平民南方熊楠以下何十何人より寄附金を出願したから受取ったとあつて、予が一番、内田辦理公使が二番、大越総領事が三番に名を列ねある。その後政府よりその褒美として銀盃とかをくれる通知を受けた、予は、予のごとき大飲家に盃を呉れる等は、はなはだ宜しからずとて、寄附金の受領書を貰ひ、銀盃は受けなんだ(『全集』巻五、一八七ページ)。

熊楠は、学問によって自国及び東洋のため万丈の気を吐こうと努めていたので、外国の高名な学者にも一歩もゆずらず、その誤った説を打破することを快としたために、種々の逸話を生じている。

シュレッゲルを謝罪さす

たとえばオランダ第一の中国学者グスタヴ＝シュレッゲルが中国の『正字通』に所載の落　馬《ロスマ》を Nar Whal (死白の鯨、コール〔一角魚《ウニ》〕)であろうと誤ったのに反対し、落　馬《ロスマ》は、一七世紀に中国で康煕《こうき》帝の愛顧をうけた伊太利のカトリック僧で南懐仁《なんかいじん》と中国名を名乗っていた Verbesti ヴァベスチの著『坤輿図説《こんよずせつ》』に初めて出る動物で、ノルウエイ語 Ros《ロス》 Mar《マール》 (海馬、人魚の起源と認められる海獣)の中国訳であると訂正したのであるが、その間の消息を、

シユレツゲル、毎々小生がロンドンに出す論文に蛇足《だそく》の評を加ふるを、小生面白からず思ひ居りし故、右の落　馬《ロスマ》の解の誤りを正しやりしなり。然るに

わざと不服を唱へて色々と難題を持ち出せしを小生悉く解しやりしなり。……汝は日本人に向つて議論をふきかけながら、負けかかりたりとて勝つ者に無礼よばはりをする、……自分で自分の無礼に気付ざるものなりと、所謂人を気死せしめるやり方で攻撃したり（『全集』巻八、一九ページ）。

とあって、「謝状を出さずば双方の論文を公開してシユレツゲルの拙劣を公示すべしといひやり」「ついに降参せしめて謝状をとり今も所持せり」というような戦法で勝利を得ている（『全集』巻八、一八ページ）。

チャンブレンへの抗議

また、

小生は外人に日本の事を知らせるばかりを力《つと》めず。これと同時に外国には日本よりつまらぬ事多きを必ず附記して警告しやる。たとへばチヤンバレーンが「日本人は上帝《ゴッド》を崇《あが》むるを知らず、故に戦斗に命を惜まず」と書き新聞へ出せしを、小生駁《ばく》して、「日本の禄を食《は》みながら、そんな事をいはぬものぞ。

僅か二世紀前にイタリー人が英国に来りし記行に、『この国の者は新教を奉じ旧教の有り難さを知らず。故に日夜ビールのみ飲み、酒飲む故むやみに強し。生命を惜しまぬは惜しきと知らざるなり』とあるぢやないか。又『上帝を崇《あが》むるを知らず。故に命を惜しまず』とならば、上帝を崇むるを知らば命を惜しむべきや。オムヅルマンで近日鹿砦《さかもぎ》（注、竹や木でつくった外敵の進入をふせぐ障害物）と短刀のみを力とし、数倍の英国騎兵の銃火を物ともせず奮斗して一足も引かず、犬死せし輩《やから》は皆これ熱心に上帝を奉ずる回教徒たりしに非ずや」といへり（これを新聞へ出さんとせしに日本領事館小言をいひとう〳〵止めぬ）（『全集』巻一〇、二五七ページ）。

というように道理に反した言説には、いかなる高名の学者にも一歩もゆずらなかったのである。

大英博物館の嘱託となる

熊楠は、大英博物館の考古学・民俗学部や、東洋書籍部の仕事を手伝っていたときに、正規館員となることをいろいろとすすめられたが、自由を失うことをおそれて、「自分は勝手千万な男故辞退して就職せず、ただ館員外の参考人たりしにとどまる」(『全集』巻八、一一四ページ)というような地位で薄給に甘んじつつ明治三一年一二月七日まで四年近くも同館に在籍している。嘱託になる以前に出入していた期間を合せれば、「凡《およ》そ六年ばかり居りし」というほど長期にわたって博物館へ往復していたのである。

参考人をしつつ執筆して、『ネーチュア』誌に数回にわたって連載して発表した「拇《ぼ》印考《いんこう》」(The Antiquity of the "Finger-Print" Method)は有名な論文で、各国で出版される罪人検証書の冒頭に引かれ、「列国で拇印指紋に関する書が出る毎《ごと》にオーソリチーとして引《ひか》るるもの」(『全集』巻八、一一六ページ)である、という。これは、

或る国民は、上世より手足の紋理が、個人ごとに異《こと》に、永久不変なるを知り、注意してこれを識別せしは、支那に古くより個人に指紋・脚紋を用ひしにて知るべし(『全集』巻一〇、一六八ページ)。

という古東洋の風習への注目から発して、科学的な考察におよんだものである。

大英博物館においては考古学・民俗学部に出入し、同部長のサー＝チャーレス＝ヘルチュルス＝リードを助け、また東洋部長で東洋部図書頭のサー＝ロバート＝ダグラスとも親しく交わり種々の業績を残している。

大英博物館時代の逸話

熊楠は仏教を始めとし他の宗教についても、専門家の法竜を感歎させたほどの知識を自学習得していたので、リードはいろいろ彼から便宜を得て同館の整備に当ったが、その間にもおもしろい逸話がある。明治三〇年熊楠は、京都の骨董屋藤田弥助からパリで売れ残った奇妙な宗教画（立川流のエロ神の像か）を買って、大英博物館へ寄附したのであるが、

その頃、予時々法衣に九条の袈裟といふ出立《いでたち》で参館し、人々を煙《けむ》に巻いたので、一昨春（昭和三年）七十三歳で死んだチヤーレス＝リード男が「南方阿闍梨《あじやり》寄贈」と書き付け陳列し居た（『全集』巻三、二六八ページ）。

と回想しているように、熊楠はパリの法竜から贈られた袈裟を着て博物館へ行き、衆人を驚かせ、リードはそれをからかって、ユーモアのある陳列板をつけて出品したのである。

大英博物館での業績

大英博物館での公的な仕事としては、同館の『日本書籍目録』(Catalogue of Japanese printed Books and Manuscripts in Library of the British Museum) 編集に力を尽したことであって、この著の序文に東洋図書部長男爵ロバート＝ダグラスが、熊楠の功を特記している(『全集』巻八、一一四ページ)。また、

予は洋行前一向漢学の素養なく、渡英後故楢原(井上)陳政氏とダグラス男の『大英博物館漢籍目録』編纂を助くるに臨み、愴惶《そうこう》としてその学に志せし時、……(『考古学雑誌』大正元年一〇月号)。

と謙遜しているが、幼時から漢籍を好んだ彼のこととて、同館の『漢籍目録』の編集にも、相当協力したことと思われる。

外国語の天才

熊楠は、外国語の習得では、天才といえる程、能力のある人で、上松に、

語学なども小生は半ヶ月で大抵自分行き宿りし国の語で日用だけは辨じたり。（略）物の名や事の名は「汝はこれを何と呼ぶか」といふ一問さへ話し得れば誰でも教へてくれ申し候。前置詞乃ち日本で申さばテニヲハ、これだけは六－七十是非おぼえるが必要なれど、他の事は別段書籍に拠《よら》ずともぢきに分り申し候。それから読書の一段になると欧米には対訳本といふもの多くこれあり、一頁が英語、一頁が伊語といふ風に向ひ合せに同一の文を異語で書きあり、それを一冊も通読すれば読書は出来申し候。その上むつかしき字は字書で引くに候（『全集』巻八、三五六ページ）。

と、その習得法を報じている。大英博物館は諸国語の辞書が完備していたので、彼に幸いして、後年、

小生彼地に在し間は、彼地には字書とポリグロット本 Polyglot（対訳本）自在な

る故、十八―九の語を自在に読み書き抜きたり。只今は四―五しかたしかに読み得ず（『全集』巻一一、三〇七ページ）。

と報じているように、在英中は、英・仏・伊・スペイン・ポルトガル・ギリシャ・ラテン等の諸国語の文献を読み、かつ抜き書きをしていたのであって、そのいわゆる『ロンドン抜書帳』は大部のノートで五三冊もあり、それは「小生、大英博物館で写せしもの前日かぞへしに四万八百枚（頁にあらず）」（『全集』巻一一、二二二ページ）というような大量のもので、その中には「わが国で見られぬもの多く、またアルメニア・アラビヤ・ペルシヤ等の語でわが邦人が読み得ぬもの多し。……小生欧洲でも毎々やり合ふ（注、論戦のこと）に、この写本より希覯《きこう》の書を全文訳出して引くに、驚かざるものなし。それもその筈、英皇ジョージの秘庫の本、大英博物館に一本しかなきもの等、彼方の人にも容易に見せぬものを多く控え置きたるなり」とあるような珍本を筆写していたのである。筆者は、先年そのノートの幾冊かを田辺の旧宅の

『ロンドン抜書帳』

書庫で見る機会に恵まれたのであったが、大型の上質のノートの紙面にぎっしりと写された欧文の意味は分からなかったにせよ、その充満した精力には、全く圧倒される思いであった。

上記のようなはげしい勉学とともに、よく両立し得たと思われるのは、その驚くべき飲酒であって、博物館の帰路には、町角《まちかど》ごとの居酒屋で、はしご酒で飲み歩き、そのため角屋先生とあだなされている。

角屋《かどや》は、ロンドンでは街の角は必ず居酒肆《いざかや》なり。三井物産会社社員の倶楽部の合田《ごう》栄三郎といふ人、益田孝氏の従僕なりしが、十六－七年前、彼の倶楽部の賄《まかな》ひなり。この人英語を知らず。居酒肆を角屋といふ。この事を小生福本誠氏に話せしに、日南「それはよき名なり」とて、小生を角屋先生といふ。小生大抵ロンドン中部・西部の居酒肆を悉く知り居り、毎日大英博物館より帰りに一軒一軒一盃づつ飲み歩きかへるなり。故に八時に館を出て帰宅は十時又十一-二時也。因《よつ》て角屋と名づく（『全集』巻一二、八九ページ）。

とあって、その命名者は日南であったのである。

邦人のための尽力

熊楠は博物館に長く嘱託していたし、それに例の強気もあって相当の権限を得ていたようで、旧藩主嗣子徳川頼倫《よりみち》・鎌田栄吉（後の慶応義塾長、文相）らを特別の秘室に案内し珍品を見せて解説して驚かせたり、多くの日本人に、英国人ならばいかなる貴族でも、三日乃至七日前に閲覧の届出を要するような館則を破って、熊楠の保証で即日図書の閲覧を特許するような便宜をはかったことも度々あり、その恩恵を受けたものも少なくなかったという。

軍艦「富士」の士官との交際

明治三〇年、軍艦「富士」が回航して長期間、海軍の将兵が在英した時には、熊楠はしばしば艦を訪れ、将兵と親しく交際し、また博物館へも招いて種々の講釈を聞かせている。後年その時のことを回顧して、

過《す》ぐる明治廿九年（三〇年の誤記）春、予屢々当時ロンドン附近のチルベリー渠《こう》に在った富士艦

士官室に招かれ、士官の心得になるべき講釈を成し、今の海軍大臣斎藤実《まこと》君なども当時中佐で謹聴された。その時たしか只今海軍中将たる坂本一君（当時少佐）や野間口兼雄君（当時大尉後大将）に語ったと思ふ。「軍人は武勇兵略を第一とする事だが、英国などには武人に科学の大家が多い。これはその人、科学に嗜好深く、飲酒・玉突きなどむだな事にいささかたりとも費す暇《ひま》があれば、それを科学に転じ用ふるからだ。……どんなつまらぬ事物でも注意する人は必ず何か考へ付き、万巻の書を読み、万里の旅をしても何一つ注意深からぬ人は、徒らに銭と暇を費すばかりだ。これを生きた製糞機といふものだ」と言って、艦長三浦大佐から野間口、当時の大尉や、後年旅順の戦況を先帝（注、明治天皇）にまのあたり奏上した斎藤七五郎君（当時少尉）など、多く大英博物館へ招き、色々彼の国人等が何でもないと思ふ物について一々軍備上の参考となるべき事を話した（雑誌『不二』所載）。

としるしている。海外で万丈の気焔をあげているこの快男子熊楠に接した当時の士官たちは彼のことを忘れかね、大正九年には斎藤七五郎少将(後中将にて死亡)が、昭和十年には中島資朋中将(当時の少尉)が田辺の彼の家を訪れて、往時を懐古して歓談している。富士艦の将校は、その帰航にあたり、「本艦在英中、君之厚意ヲ謝ス」の礼状を数十名の連名で彼に贈り、その連名の中には前記の後年の将官の他、軍令部長加藤寛治大将(当時の少尉)などの名も見える。また艦上で撮った艦員の大きな写真も贈っているが、それは写真屋に届けさせたのだが、熊楠が馬小屋の上に下宿していたので住居が分らず、一旦持ち帰って、その後郵便で送られて入手したそうである(『全集』巻一〇、三九ページ、この写真は現在南方記念館に展示されている)。

敷島艦進水式の逸話

このころは日本の軍艦は英国に注文して造船させており、明治三一年一一月一日敷島艦の進水式の時の熊楠の行動は奇抜で、

当時敷島艦進水式あり。新式の大艦にて英人なども参看を望むもの学士会員

なども多く、小生いづれも桜孝太郎（大主計）および公使館へたのみ見せやり、小生は当日西蔵帽《チベットぼう》で異風の装して学士会員バザー夫妻の中に立ちて見に行き、一同の眼光小生ら三人に集り、なんとかいふ主計、小生を中心として艦を背景として大写真をとり候。これは前帝（注、明治天皇）の御覧に供へたものと承り候（『全集』巻八、三三五ページ）。

とあって、鬼面人を驚かせるような演出もしている。

孫文との出合い

明治三〇年（一八九七）の三月一六日は熊楠にとって特に記念すべき日で、この日博物館の東洋部長ダグラスの部屋で孫文に初めて出あったのである。孫文は前年一〇月一日米国より英国へ渡ったところ、一旦清国公使館内に囚《とらわ》れたが、英国の世論と政府の干渉で一二日で釈放されて自由の身となっていたのである（この時は孫のキリスト教入信時の宣教師カントリー（James Cantlie）が尽力して、救出したという）（『全集』巻八、三六四ページ）。

柳田への書信に、

孫逸仙と初めてダグラス氏の室であひしとき、「一生の所期は」と問はる。小生答ふ。「願くは我々東洋人は一度西洋人を挙げて悉く国境外へ放逐したき事なり」と。逸仙失色せり（『全集』巻一〇、二五七ページ）。

と報じているが、はたして「失色」したかどうかは別として、驚いたことは事実であったろう。上松へは「英国人を東洋より追出すべし、といふことはダグラス男が孫氏を小生に紹介せし当座に小生が申し出しことにて、ダグラスも孫も大いに驚かれたり」（『全集』巻八、三六七ページ）とも報じていて、一嘱託が長上のダグラスをも無視した非礼と勇気は、到底常識人のなし得ぬところであるが、人の意表に出て対者を驚かすことは熊楠のよくするところであった。

孫文との親交

この日以後の熊楠の日記（『全集』の月報に転載）には、孫文がしばしば登場しており、博物館で会ったり、富士艦へ同行案内したり、お互いの宿を訪問し合ったり、食事に招かれたり招いたりしていて、その交際がいかに親密であったかを想像するにたりよう。二人の会話は多方面にわたったことと推測れるが、その中心となったのはやはり東洋と西洋の問題で、いかにして西洋先進文化を取り入れて新しい東洋を建設すべきかというようなことではなかったろうか。時に孫は三十二歳、熊楠は三十一歳でほとんど同年であり、両者とも憂国の志士なのでその意気の投合は想像にかたくない。上松への手紙に、

当時孫氏落魄《らくはく》してロンドンで親友とてはアイルランドの回復党員マルカーンと小生のみなりし。徳川頼倫侯、鎌田と大英博物館へ来りし時、小生孫と二人長椅子に腰かけ待ち居り、孫を侯に紹介せり。その時たれかがかかる亡命徒をかかる華族に引き合す南方は危険極まる人物と評せり(『全集』巻八、三六一ページ)。

とあって、当時の孫の不遇と、心なき人の不評を知ることができる。

孫は、熊楠に『紅十字救傷第一法』と『原君原臣』の二書を贈っており、前者は医者であった孫が外科の手当を説いた翻訳書で、発行所は倫敦《ロンドン》城紅十字会印と

あり、この本の扉には「恭呈南方熊楠先生大人雅政　中原逐鹿士《ちゆうげんちくろくし》孫文拝言」とし
るしている。後者は、中国革命の秘密出版で、「南方先生鑒《かん》　孫文持贈」とする
してある（両書とも今日南方熊楠記念館に陳列されている）。
また熊楠の明治三〇年の日記帳には「海外逢ニ知音一　南方学長属　香山孫文拝
言」と記入していて、これに添えて熊楠が、「コレハ六月二十七日孫文親筆也」と
書きそえている。おそらく孫のロンドンを去る前、熊楠が自らの日記帳を取り出
して、これに記念の一筆を書くように依頼したための執筆であろう。
矢吹に、孫との別離の際のことを、
逸仙ロンドンを去る前、鎌田栄吉氏下宿へつれゆき、岡本柳之助へ添書を書
きもらへり。これ逸仙日本に来りし端緒《たんしよ》なり（その前にも一度来りしが、横浜位のみ
数日留りしばかりなり）。マルカーンとかいふアイルランドの陰謀士ありて、小生
とこの人と二人逸仙出立にヴヰクトリア停車場まで送り行きたり。逸仙は終

始背広服上図の（注、ここに小さな中折帽子の画を書いている）様な平凡な帽をかぶり、小生が常にフロックコート、シルクハットなりしと反映せり（『全集』巻八、一一四ページ）。

と報じているが、この二人の姿の対照を想像してみると珍妙である。その彼のフロックコートは在米中友人三好太郎からもらった古着であった。

「日本斎忌考」の発表

翌三一年秋ブリストルで英国科学奨励会人類学部の学会があり、熊楠は学会には欠席しているが、その際に「日本斎忌考《ゼ＝タブー＝システム＝イン＝ジャパン》」という題の発表をしている。後にこの時のことを、

この斎忌の制が不成文ながら我が国にははなはだ厳に行なはれたので、日本国民は読書せぬ者まで恭謙温厚の風、清潔を尚《とおと》ぶ俗が万国に優れたのだといふ訳を、明治卅年（三一年の誤記）ブリストル開催、英国科学奨励会人類学部で、開会の辞に次で熊楠が読んだ。その後大英博物館の博物部長レイ＝ランケスターは、人のみならず畜生の別種族独立にも、この斎忌が大必要だと論ぜられた（『全集』巻七、二六六ページ）。

としるしている。

博物館での暴行事件

この前年一一月八日、大英博物館閲覧室で、熊楠は館員をなぐる暴行事件をおこした。彼はその時のことを、

小生大英博物館に在る内、独人膠州《こうしゅう》湾をとりし事あり。東洋人の気焔すこぶる昂《あが》らず。その時館内にて小生を軽侮《けいぶ》せるものありしを、小生五百人ばかり読書する中において、はげしくその鼻を打ちし事あり。それがため小生は館内出入を禁ぜられしが、学問もっとも惜しむべき者なりとて、小生は二ヶ月ばかり後、また参館せり（『全集』巻八、一八ページ）。

としるしており、これは『ロンドン=タイムス』その他の新聞にも所載の事件であったという。この暴行事件は短期間の入館停止で許されたが、その翌明治三一年

再度の暴行事件

にはたびたび乱暴な諸事件をおこしたので、一二月七日に館から追放されたのである。この事件については、国元の兄弥兵衛が父の死後、相場や遊興で破産して

しまい、そのため送金の絶えた時で、
兄の破産のつくろひに弟常楠は非常に苦辛したが、亡父存日既に亡父の一分と常楠の一分を含め身代《しんだい》となして造酒業を開き居りし故、兄の始末も大抵方付《かたつけ》し。しかるに兄破産の余波が及んだので、常楠が小生に送るべき為替《かわせ》、学資を追ひ〳〵送り来らず、小生大いに困りて正金銀行ロンドン支店にて逆為替を組み、常楠に払はせしも、それも暫くして断わり来れり。よつて止《やむ》を得ず翻訳などしてわづかに糊口《ここう》し、時々博物館にゆきて勤学する内、小生又怒つて博物館で人を撃《う》つ。既に二度までもかかる事ある以上は棄て置き難しとあり、小生はいよいよ大英博物館を謝絶さる。……大抵人一代の内、誤った事は暮し向きより生ずるものにて、小生はいかに兄が亡びたればとて、舎弟が、小生が父より受けたる遺産のあるに、兄の破産に藉口《しやこう》して送金せざりしを不幸と思ひつめるのあまり、己れに無礼せしものを撃《うち》たるに御座候（『全集』巻八、二五ページ・二六ページ）。

とあって、その経済的な不満が誘因となっているという。上松蓊《しげる》の談話では、喧嘩したのは二度ほどで、その一ぺんは相手は大英博物館にいる学位をもった役人で、若い学士タムソンであった。なんでもサンスクリットに関する問題とかで、その時にもやっぱり南方先生に見事にやっつけられ、ぐうの音も出なかつたという。ところがこの時のことをいつまでも根にもつて、何かにつけて意地悪な御殿女中がいぢめのような、それはもう我慢のならぬ仕打ちをして先生をいぢめつけはじめた。で、とうとう先生は、「この野郎、生かしちや置けぬ」とばかり、酒の気も手伝ひ、いきなり相手の鼻に噛《か》みついて、いやといふ程高い鼻をいためつけてやつたという。日本でも昔はその様な奴は伝家の一刀をもつて成敗したものだ。なアに、かまやしない。と先生はよく思ひ出話をして言ってゐられた。……（南方先生を偲ぶ座談会）。

とあり、これは前回の暴行の時のことであるが、相当の誇張と誤伝がある。

大英博物館より去る

二回目の追放後、小説家アーサー＝モリソンが、熊楠の学才を惜しむあまり、同館の評議員である英皇太子（後のエドワード七世）・カンタベリー大僧正・ロンドン市長の三人に歎訴状を出し、また東洋部長ダグラスも百方尽力してくれて、復館することが出来たが、その条件として、熊楠はダグラスの部屋で読書し、他の閲覧者と同列させないということがあったので（これはまた暴行事件を生じない予防策であったろう）、彼は「ダグラス男監視の下に読書せしむるは、発狂のおそれあるものと見てのこと」と不快に思い、ついにダグラスに一書を呈して大英博物館から永久に去って行ったという（『全集』巻八、二六ページ）。

ナチュラル＝ヒストリー館・南ケンシントン美術館に入る

その後、熊楠は、

この事を気の毒がるバザー博士（只今英国学士会員）が保証して、小生を大英博物館の分支たるナチュラル＝ヒストリー館（生物・地質・鉱物の研究所）に入れ、また

> スキンナーやストレンジ（大英百科全書の日本美術の条を書きし人）などが世話して小生をヴヰクトリアおよびアルバート博物館（所謂南ケンシントン美術館）に入れ、時々美術調べを頼まれ、少々づゝ金をくれたり。かくて乞食にならぬばかりの貧乏しながら二年ばかり留り……（『全集』巻八、二六ページ）。

と矢吹に報じている通り、ナチュラル＝ヒストリー館に出入し、三月一七日南ケンシントン美術館に短期間雇われているが、定収入が給されたわけではなく、これまでよりもさらに貧乏な生活を続けなくてはならなかったのである。この南ケンシントン博物館に通っていたころには、日本美術のために貢献しており、

『日本美術目録』への寄与

> 小生は糊《こ》口《こう》のため、南ケンシントン博物館の技手として、しばしば絵画その他の目録を作りたり。然れども特約ありて館規と多少方を異にし、時に銭ももらはずに余計にはたらき、ひたすら精細確実のものを仕上る事をつとめやりたるなり（日本には到底欧洲ほど日本の絵画なき故、これは欧洲のみならず、行く〳〵は日

本の為めの学問の種となるべしと思ひてなり）。また責任を明らかにせんとて目録毎《ごと》に総裁の名と序に小生の名を入れしめたり。今も入れあるや否や知らず。大英類典第十板・第十一板の日本美術の条は友人ストレンジ氏の筆で、その取り調べは大方小生がせしものなり。故に西洋人の好奇心を元とせず、日本人の立場より一切作りたり。欧米には建築・絵画・彫刻の外を美術とせず。小生は書字、又硯箱等の漆工までも美術と云ひ張れり。故に今度はこれらをも美術としあり。小生は「審美《しんび》学など一向知らず。しかし、西洋の審美学は日本の審美学に何の関係あらんや」といふて押し通したり。……小生は外国で奉公しながら自国の云ひ分を立て通した男なり（『全集』巻一〇、二六二ページ）。

と、独自の主張を押し通すだけの見識をもっていたのである。

小説家アーサー＝モリソンとの親交

このころ大英博物館に復職運動をしてくれたアーサー＝モリソンと三年ぐらい親しく交わっており（モリソンの口添えで南ケンシントン美術館にも入れたのであり）、彼は一見商家の番頭風の人で自ら「もと八百屋とかの丁稚《でっち》で、外国語など知らず、詩も作り得ず、算術だけは汝にまけず」といって自己の才能をかくしていたので、熊楠は平凡人として扱っていたところ、後年（大正年間）になって『大英類典《ブリタニカ》』（一九一一年版）を見て有名な小説家であることを知って驚いているような始末である。熊楠はモリソンに浮世絵の詞書《ことばがき》などを説明して聞かせたり、自作の英文を修正してもらっているが、モリソンは熊楠の英文に対して、

　ロンドンにある外人中、貴公ごとく苦辛して英文を書くものはあるまじ。今十年も修練せば大文章家となるべし（『全集』巻一一、二二六ページ）。

などと激励している。またサヴェジ倶楽部でモリソンから招待された席で熊楠が、「西洋人の写生が必ずしも究竟《くっきょう》の写生でなく、東洋風の絵《え》虚事《そらごと》が却《かえ》って実相を写し得る場合もある」と話したのをモリソンは大いに感心して聞いた（『全集』巻一、二五七ページ）としるしているが、これは東洋美術の真をついた言である。

『ノーツ=アンド=キウリース』

この南ケンシントン美術館に入った年(一八九九)に、熊楠は初めて、当時有名な週刊誌『ノーツ=アンド=キウリース』"Notes and Queries"に寄稿し、それ以後引きつづき同誌に多数の有名な論考・随筆を発表していて、その寄稿は帰朝後も長く続くのである。

『ノーツ=アンド=キウリース』は一八四九年の創刊で、最初の編集者トムスは今日民俗学と訳されているフォークローア Folklore という語を初めて作った人で、この雑誌は一冊をノート(Notes)と問い(Queries)と答え(Replies)の三段に分け、ノートには論考・随筆を、問いには工業・商業・自然科学以外の文科面の疑問を所載し、答えには読者が問に対する解答を出すような編成法である。大正二―三年頃まではサー=チャーレス=ヂルク(ヂルクは海軍のことに通じている点では英国第一と称せられた大政治家であったが、友人の妻との浮き名で政界を去り、ただこの雑誌の編集を楽しみに一生を終ったといわれる)が持ち主で、非常によく売れ、熊楠がこの雑誌に執筆し始めた頃は、その全盛期であって、サッカレーの小説の中にも「それはノーツ〃アンド〃キウリースに出したら分るでしょう」などというような会話があるほど有名誌であったのである。

「漂泊ユダヤ人考」

熊楠は、この雑誌に種々の寄稿をしているが、一八九九年と翌年に連載した「漂泊ユダヤ人考」(The Wandering Jew) と一九〇〇年に連載した「神跡考」(Foot-Prints of Gods) とは長文の論考で、特に有名である。

この「漂泊ユダヤ人考」というのは、放浪しているユダヤ人の乞食の伝説として〃キリストが死刑にされる前に、ユダヤ人の靴屋の前で休息したとき、その靴屋が腹黒い奴《やつ》で、「お前は刑死すれば永遠の休息を得るのだから、こんなところで休む必要はあるまい」といったので、キリストは怒り、「なるほど、我は刑されて永遠の休息を得るが、汝はその意地の悪い言行の罪で永遠に休息は与えられぬぞ」といい、それ以来この靴屋は死ぬことができず、また少しも休めずに歩きまわらなければならなくなった〃というのがあるが、熊楠はそれは『阿含経《あごんきょう》』に引用してある賓頭《びんどろ》が釈尊の戒を破ったために、涅槃《ねはん》に入ることを許されず、永久にこの世界にあって今に死ぬことを得ずに世間を歩きまわっているという仏説を原話とするとの新説を発表したのである。この発表から二十年たって一米国人が「ワンダリング＝ジュウ」を「伊太利の民間でButtadeus《ブッタデウス》というのは、仏説の名残があろう」と述べて熊楠の説を支持したという（以上、柳田と宮武への書信による）。

「神跡考」の方は、筆者もその雑誌（写真は「神跡考」所載の号である）を座右にもっているが、熊楠が柳田への書簡中に自ら長文の翻訳をなしているので、その内容を容易に知ることができる（『全集』巻一〇、一三六一一七〇ページ）。各国の神々の足跡（鳥獣の足跡も）の所伝をおびただしく集成して、最後にかかる伝説の生じた理由について考察したすばらしく精力的な論考であって、東西にわたる博識には驚歎される。文章は前記のアーサー＝モリソンの校正を受けたというだけあって達意で、その訳文と照応

「神跡考」

浮世絵を売って生活

してみると、さらによく彼のいわんとするところが分る。

熊楠が南ケンシントン博物館にいた短い期間に、上記のような有名な民俗学的研究を発表しているが、彼の生活は定収がないので随分苦しかったらしく、広島県人で高橋謹一という「何ともならぬ喧嘩好き」の無頼の徒と協同で、浮世絵を売って約二年の間生活を支えていた。

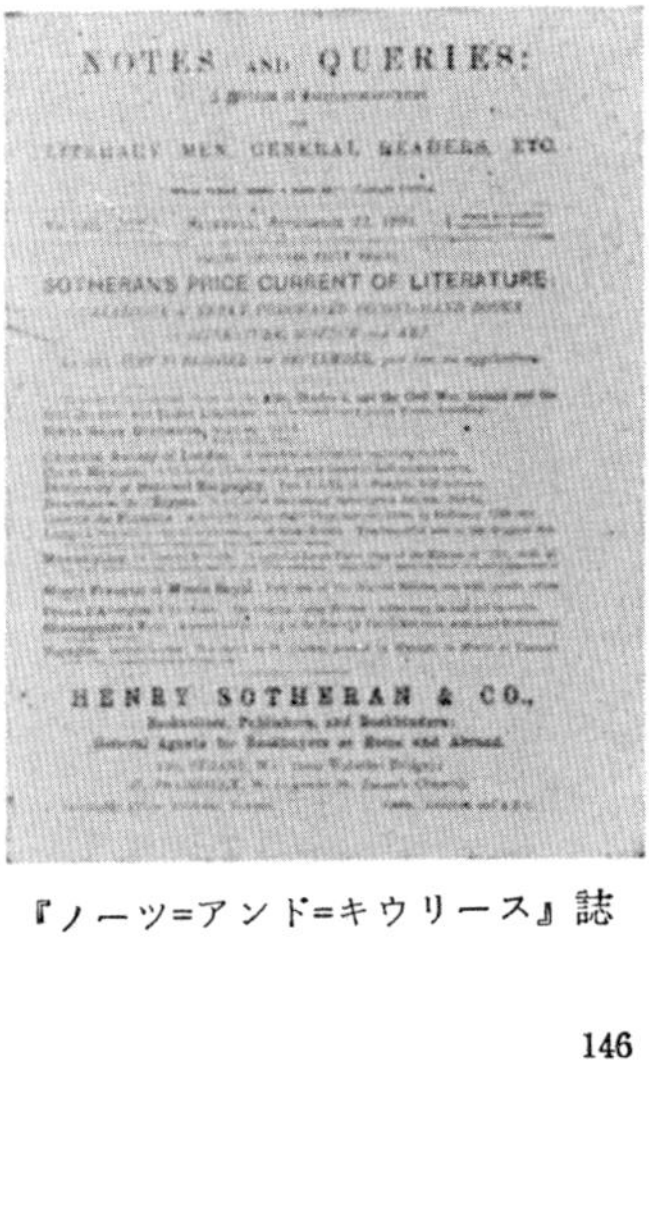
NOTES AND QUERIES:

SOTHERAN'S PRICE CURRENT OF LITERATURE.

HENRY SOTHERAN & CO.,

『ノーツ=アンド=キウリース』誌

熊楠はディキンス総長から五〇ポンドを借り、本願寺の売り立てに渡日したこともあるパリのビングから一〇〇〇円近い浮世絵を借りうけて、その絵の解説目録をおもしろく書き、高橋はそれをロンドンの内外に売りまわり、ある時は金満家の女の画家ウルナーから大枚九〇〇円を英蘭銀行の小切手で支払われ、その銀行に預金がないので小切手から現金を引き出すのに一苦労したような景気のよいこともあったが、結局高橋は女に、熊楠はビールに費消してしまい、そのうちボーア戦争が起こって浮世絵などは売れなくなり、この商売も長くは続かなかったという（『全集』巻五、二〇六ページ）。

熊楠帰朝の原因

その後まもなく熊楠は不遇のまま帰国するのであるが、帰国の直接の理由としては、山田栄太郎へ、

小生今暫く英国でふみこたえたらケンブリジかオクスフオドか、いづれかの大学におかるべき日本学の助教授になる処を、小生の学資を送らざりしため、小生は二年ほど日本絵の才取《さいとり》りなどしてぶらつき居り、その内ロンドン大学総長の世話で右の日本学教授となる筈の処へ南阿戦争起り、その事も中止の様子、且つ英国一同節倹自戒して日本の絵画など売れず、因て止《やむ》を得ず帰朝

せしなり。駒井某といふ新聞通信員が、其後渡英して件《くだん》の助教授になり候。小生のお蔭でこの人は大きな拾ひ物をしたるなり（『全集』巻一三、三一四ページ）。

と報じている。宮武への書信には、日本に長く在住して日本文学・日本文化に通じていたアストンかチャンブレンが教授となり、熊楠はその助教授というようなディキンスの計画であったことは分るが、日本学の講座の創立は、戦争がなくても困難で、駒井某の助教授就任についても確証はなく、駒井が某大学の図書館にでも勤めたくらいのことであったかと思われる。

この帰国の一因として同志社出の同県人児玉亮太郎（後に原敬大臣の秘書官）が（熊楠はその大英博物館在職時代に相当便宜をはかったにもかかわらず）、ある日争論したことを根にもち、

児玉帰国して申せしは、「熊楠は実に働きある人なり。然るに毎々国元へ金を送れと催促の様子、かかる人に金を送るは、その志を弱めて、いたづらに惰弱遊蕩《だじゃくゆうとう》せしむるのみ。何の益もなし。送金せずばせぬで奮発して自ら金を

こしらへる事必せり」と云ひしとの事にて、「児玉の言、その理あり」とて小生の金を小生に送らざりしことにて小生は学問を廃するにおよび、それより色々事起り止《やむ》を得ず帰朝致し、……（『全集』巻八、三三七ページ）。

というような経済的事情があったという。またもう一つの遠因として（これは同時に博物館での暴行の遠因でもあるが）、ヴィクトリヤ女皇即位六十年祭の際、旧藩主嗣子頼倫の宿を男爵ダグラスの邸に、熊楠の世話で定め、頼倫も鎌田栄吉もその邸を見に往き移住を約束したので、ダグラスは日本の貴族が移り宿るといって他の知人の借用もことわり、家屋を修復して待っていたところ、公使館員が「その宅はテームス河の南にある故、交際社会ではあまりもてぬ」といったので、頼倫らは急に気乗りがしなくなり、「何の理由ものべず、又もはや移るを好まずと明言してことわりもやらず、打ちやりおきし故その男爵はもとより小生も大いにこまれり」というような次第で、頼倫らはその後仏国へ渡ってしまい、何とも小生の迷惑はなはだしく、ただ英国の風習に達せざる人なれば、悪《あし》から ず解を乞ふとのみ言ひてすませたものの、男爵及び一族ははなはだ小生を面白からず思ふらしく……小生は英人に対する面目を全く潰《つぶ》し、日本の貴族といふものはあんなやりちらしなものかと英人どもに思はるるも恥かしく、怏々《おうおう》として居る内、又故国より小生の金を送り来らず、やけ糞になりて博物館内で大喧嘩《けんか》をなし立ち去るに及べり。それが今にこの田舎に浪々として空しく老いたるわけであるなり(『全集』巻八、三七〇ページ)。

と上松に報じているような事情もあったのである。熊楠の長い在英中、大英博物館時代が最も幸福な時代であったといえようが、上記のような経済的事情や社交的事情も災《わざわい》して暴行事件を生じ、同館を去ってからはその境遇は次第に悪化してゆき、頼みの綱としていたディキンスの企画も成功しなかったので、不満のうちにやむなく帰国することになり、明治三三年(一九〇〇)九月一日ロンドンを去ったのである。

七　帰朝直後と孫文来訪

ロンドンを去る

熊楠は明治三三年（一九〇〇）九月一日の午前中に、雨中を、この二年ばかりいっしょに浮世絵を売って暮した高橋の見送りをうけ、ロンドンを去り、リバプール港に行き、丹波丸の下等室に乗船、午後四時の出帆で英国と別れた。彼の二十一歳から三十四歳までの長い海外生活は、はかり知れぬ多くの知識をその頭脳に収め得、また貴重な書籍や標本類を多量に集め得たのであったが、帰朝の際の経済的に恵まれぬ姿はうらぶれたもので、志を実現するにいたらずに帰る心は、さびしさに満ちたものであったろう。

神戸帰着

かくして丹波丸は一〇月一五日の早朝神戸港へ着き、税関の検査をうけると、上陸は一〇時過ぎになった。熊楠が帰着の電報を国元の和歌山へうつと、午後五時頃には弟の常楠が迎えに来た。一五年前兄が意気揚々と立派な新装で横浜を出発した際に見送った常楠は、「蚊帳《かや》のごとき洋服一枚まとうて」帰ったこの尾羽うちからした姿を見て驚いたことであろう。熊楠はその時のことを、

次弟常楠神戸へ迎へに来り、小生の無銭に驚き（実は船中で只今海軍少将たる金田和三郎氏より五円ほど借りたるあるのみ）、また将来の書籍・標品のおびただしきにあきれたり（『全集』巻八、一二八ページ）。

としるしておる。

常楠はこうした超俗の兄の帰国に対して、いかに処遇すべきかに随分困ったことと思われる。

和歌山の南方家の現状

和歌山の南方家では、相続人の長男弥兵衛は一時国立四十三銀行頭取で、和歌山紡績会社の創立をなし、豪勢に暮していたが、亡父弥右衛門の予想通り、その死後五年で破産して、すでに郷里にはいられなくなって他国に流浪していた。弥兵

衛は酒は飲まぬが無類の女好きの遊び人で、本妻に三人の子があるのに妾五人をおき、常に芝居や遊里に出入しては幇間《たいこもち》のごときとりまき連におだてられ、相場などにも手を出して、父が一代で苦心してきずきあげた大財産を費消し、母スミが明治二九年に死亡した頃はすでに家内はがらあきで、翌三〇年には全く破産していたという。弥兵衛は、

全く破産して身の置き所もなく、舎弟常楠の家に寄食し、その世話で諸方銀行また会社などへ傭はれ行きしも、やゝもすれば金銭をちよろまかし、小さき相場に手を出し、たま〲勝たば女に入れてしまふ。……こんな事にて兄の破産のつくろひに、弟常楠は非常に苦辛したが、亡父存日既に亡父の一分と常楠の一分をふくめ身代《しんだい》となし、造酒業を開き居りし故、兄の始末も大抵方付《かたづけ》し（『全集』巻八、二四ページ）。

というような状況であって、熊楠は在外中から兄弥兵衛の不品行をきらい、法竜

に「私は故あつて兄と絶交」と報じているように、文通もしていなかったのである。

熊楠の留守中、前記の通り父母は死亡し、常楠の次の妹藤枝も若くしてゆき、兄は他国へ去っており、当時和歌山には常楠の他には垣内家に嫁した姉熊と、末弟の楠次郎（当時二五歳）が居住していたのである。常楠は兄熊楠を直ぐ自宅に迎え入れることを好まず、この時のことを熊楠は、

兄破産以後、常楠方ははなはだ不如意《ふにょい》なればとて、亡父が世話した和泉の谷川《たがは》といふ海辺の理智院といふ孤寺《こじ》へ小生を寓《ぐう》せしめたり（『全集』巻八、一二八ページ）。

理智院の仮住居

としるしている。それで、神戸に着いた翌一六日の朝、熊楠の大荷物を神戸の駅から和歌山の常楠の宅へ送り、兄弟二人は汽車で一二時に梅田へ着き、人力車で難波駅へ行き、さらに汽車で吹井駅に到着、ここで下車し、かねて常楠から連絡してあった大阪府泉南郡深日《ふけ》村谷川の理智院へ徒歩で行った。途中で、その寺の

僧にあい、寺の下男に熊楠の荷物（植物圧搾器）を運ばせている。その夜夕飯後に常楠は下男に駅まで見送られて寺を立って和歌山へ帰り、こうして熊楠ひとりがこの小寺に仮住居をすることになるのであった。ところがこの寺に食客兼留守居番をしていたもと和歌山藩下士の和佐という男がいて、その男から常楠の家の繁盛を聞き、熊楠は和歌山の常楠の宅へ、一八日に予告なしで夜間突然おもむいたのである。その際のことを、

小生この人（注、和佐のこと）と話すに、「和歌山の弟常楠方は追ひ〳〵繁盛なり」といふ。「兄の破産が祟《たた》って潰《つぶ》れたやうに聞くが」といふに、「中々左様な事なし。店も倉も亡父の存日より大きく建て増せし」といふ。不思議な事に思ひ、「こんな寺はどうなってもよいから……予を案内して和歌山へ行かぬか」といふに、「それは結構」といふ事で、小生あり切り四円ばかりの紙幣をこの人に渡し、夜道一里許り歩きて、停車場に着き、切符を買はせ、汽車に乗て三十分

ばかりの内に故郷に着きぬ。それより歩んで常楠の宅へゆくに、見し昔しよりは盛大な様子なり（『全集』巻八、二八ページ）。

としるしている。

弟常楠は、東京専門学校（早稲田大学の前身）を卒業後、父と造酒業を営み、明治二七年二十四歳の秋に結婚して、その時は三十歳を越えており、すでに長男もできていた。兄熊楠を自宅に直ぐに迎え入れなかった理由の一つとして、当然妻の反対があったことと思われる。

常楠の妻は中野氏の女で、紀州で有名な華岡《はなおか》随賢（青洲。紀州平山村の人で紀州藩にかかえられた。世界の医学史にも載る名医。外科の手術に麻酔を使用することを始めた人）という外科医の玄孫である。この妻の妹は華岡家の当主に嫁していて、華岡・中野両家は重縁の素封家であった。熊楠は在英中に、常楠と中野家との縁談を聞き、南方家ごときにわか成金の家は、「系図古き家の娘を妻女にもらうは、何となく他族に威圧させるの端を開くものとして小生は不同意なりしなり」（宮武への書信）と反対しており、これが帰朝後常楠夫妻の冷遇を生じる端をなしたと自らしるしている。また「人間得難き者は兄弟、この千万劫《ごう》にして初めて会ふ値《ち》遇《ぐう》の縁厚き兄弟の間も、女性が一人でも立ち雑《まじ》ると漸く修羅《しゅら》と化して斗争するに及ぶ」（『全集』巻八、二四ページ）ともしるしている。常楠の妻は夫常楠の経済的に不振の折は妹の婚家華岡家（華岡家も後に当主の土地の思わく買いや、遊興で破産してしまうのであるが）へ融通を求めに行ったりしたこともあったそうで、内助の功のあった女性であるが、それだけまたこの家は女権の強い家であったかと想像される。

　熊楠が多額の亡父の財産を費して十五年も海外に在留しながら何らの学歴もなく、全くみすぼらしい姿で漂然と帰朝したことに対して、常楠らの態度は冷たく、

　小生が大英博物館に勤学すると聞いて、なにか日本の博覧会、すなはち昔ありし竜《たつ》の口《くち》の勧工場ごとき所で読書し居る事と思ひ居たるらしく、帰朝後も十五年も海外に居て何の学位をも得ざりしものが帰つてきたとて仏頂面《ぶっちょうづら》をする。

……かくて小生舎弟方に寄食して一週間ならぬ内に香の物と梅干で飯を食はす。これは十五年も欧洲第一のロンドンで肉食をつづけたものには堪え難き事なりしも、黙して居るとおひ〳〵色々と薄遇し、「海外に十五年も居たのだから何とか自活せよ」といふ。こつちは海外で死ぬつもりで勉学して居たものが、送金がにはかに絶えたから、色々難儀してケンブリヂ大学の講座を頼みにする内、南阿戦争でその事も中止され、帰朝を余儀なくされた者で、弟方の工面がよくば何とぞ今一度渡英して奉職したしと思ふばかりなるに、右ごとき薄遇で、小使ひ銭にも事をかかす始末（『全集』巻八、三〇ページ）。

としるしており、随分誇張した表現ではあろうが、弟夫妻に歓迎されなかったことは事実であったに違いあるまい。これは一面からいえば、もっともなことで、熊楠のごとき非常人の偉大さは普通人には分らず、徒らに大言壮語する無頼の徒としか思えなかったらしく、この一風も二風も変った人物が家庭内に突然入ってくることは、ことに主婦の好まぬところであったと想像される。また常楠が兄に生業に就き自活の道を得ることを求めたのも常識として当然のことであろう。そうして、常楠家に帰って来た熊楠が上記の文面通りに冷遇に黙し我慢して、寄食していたとも思われず、自ら明治三三年正月福本日南あての書信には、

神戸に上陸すれば五円しか嚢《のう》中に無レ之《これなく》候。帰国後毎日大酒致し候に兄弟呆れ果て候故、「酒屋が酒徒を悲しむ理由奈阿《いかん》」と問ひ候へば、「いかにも酒屋は酒徒の多きを悦び候へども、家兄のごとく無銭多飲の客はあらずもがな」と遣《や》りこめられ返答出来ず、ここ少々閉口の体に御座候。

ともしるしているような大飲酒の状態であるから、嫌われるのもまたやむを得ぬところであったかと思われる。当時は常楠夫妻のみでなく和歌山の親族・知己も皆、彼を軽侮したようで、それは後年、

叔父古田善兵衛

帰朝後、見すぼらしく浴衣一枚でふらつき居りし際も、尊父だけは小生を侮《ぶ》

蔑《べっ》されざりし（『全集』巻一二、二三八ページ）。

と叔父（父の弟）古田善兵衛の優遇を従弟に感謝していることでも分る。このように熊楠は一族から見限られ、ことに直接常楠の妻は被害者といえば被害者なので（熊楠の側からいえば加害者のはなはだしきものであるが）、何とかして自家から出て行ってもらいたかったらしく、それが女性らしい芸のこまかな薄遇となったことも推し測れるし、といって熊楠は普通のサラリーマンなどのできる人ではなく、またそれを欲しないのであるから、結局常楠の宅を出て（或は出されて）和歌浦愛宕山の円珠院に移ることになったのである。彼が、

和歌浦円珠院の生活

三三年十月帰郷、然るに拙弟常楠夫妻小生が家に在るを好まず、小生父母は小生留外中に死に果て、兄は破産して家なく、小生はゆき所なきより二月ばかり和歌浦愛宕山寺に僑居《きょうきょ》候（『全集』巻一二、二〇三ページ）。

としるしている通りで、この寺の住職貫忠和尚は蘭など好んだ趣味のひろい有徳

の老僧で、熊楠とも話が合った。またこの寺によく出入した大壇家の和中金助という素封家は、「この寺に欲なき人居る由一度面会したし」と熊楠を訪れ、その後も時々熊楠と閑談しており、かくして和中家との交際は後年まで続くのである。熊楠は和中のことを「この人無学なれども至て学識に富み、すこぶる筋道の分った人なり。コムトの所謂世間の相談役たるべき人なり」とか、「この人、生ながらの有福の相あり」とか日記中にしるしているが、比較的無私の境涯に達していた大長者の和中には、世の常の物欲から超絶している熊楠の真価が直感的にか、あるいはおぼろげにか分り、尊重したようである。

円珠院在住中の発見

熊楠はこの寺の十三塔を見て、英国で仏教芸術なども研究していたので直ぐに、その稀代《きだい》の逸品であることを認めているが、それが後年重要美術品となるのである。また寺の桜の木から新種の粘菌《ねんきん》を発見したり、手水鉢から淡水藻の一種「光り藻」を発見したりしているし、御坊山に登っては隠花植物(菌・藻類等)を調査し始めている。彼の隠花植物の採集研究と図録製作は在米時代からのことであるが、ロンドンを去る前、大英博物館で英国学士会会員ジョージ＝モレイから、帰国後は日本の隠花植物の目録を完成するようにとすすめられており、彼は早くもその調査をここで開始しだしたのである。

孫文との文通

熊楠はロンドン時代から親しかった福本日南から、孫文すなわち日本名、中山二郎の横浜の住所を教えられ、早速音信したところ返事が来て、それには和歌山来訪のことも報ぜられていた。その孫文の手紙は短文であるので原文のままここに入れておくと、

Tokyo. Dec. 11th 1900

Dear Mr. Minakata

Your letter reached me at Yokohama yesterday. I am very glad to hear that you have came back to your own land again. I am looking forward to see you

soon and talk over our faring to each other of the last few years.
I have only return from Formosa last month and may leave here again before long, but before my departure I will call upon you if you cannot come up Tokyo by that time.
Many regards and wishes to you.

Your very sincerity
Sun Yat-sen

上記のとおりで、この英文は日本紙に毛筆で書かれていた。

こうして明治三四年（一九〇一）二月一三日・一四日・一五日と孫は横浜で貿易業を営む富商温炳臣《おんへいしん》を通訳としてわざわざ和歌山へ来り熊楠を訪ねたのであって、ロンドンでの二人の交情がいかに深かったかを知るに足りよう。孫と温は常楠の宅を訪れ、また南方兄弟と常楠の子常太郎とで写真屋へ行き、記念撮影をしている。

この孫文の来訪を、熊楠の中学・大学予備門の同窓生小笠原誉至夫《よしお》が、大阪と

孫文来訪の記念写真

熊楠　温炳臣

常楠　孫文　常太郎　楠次郎

和歌山間の汽車中で、温と知人であったために聞知し、いちはやく当時の知事椿蓁一郎を訪問して密告しており、

小生方へ孫が大事をたくみに来りし様報告し、さて孫と小生と談話中、温を自分方へまねき色々と談話し、其委細を探りしやうに候。而して小生方へは刑事が乗り込み色々と探索に及び候も何事も無くすみ申し候（『全集』巻八、三五八ページ）。

小笠原の逸話

というような不愉快なことがあったのである。小笠原は「無双の才子」で、熊楠が東京留学中のある日のこと、

小生大伝馬町の保証人方へ学資一ケ月分を受けに行き帰りに、跡よりいつに似ず丁寧に話しかけ付け来る。気味が悪いので、本町の薬肆共の前を一目散に走り出すと、たちまち大声して「スリダー、スリダー」。薬店の小僧等立出で、その頃店々に使ひし勇み肌《はだ》の熊公・金さんなど「フテイ奴だ、この野郎」と小生の胸倉をとりすゑた。小生は麁《そ》服、彼は吉原通ひの美装故、スリと見らるゝも異論なし（『全集』巻八、三九八ページ）。

のような逸話もあり、新聞社長や相場などで富を得た目さきのきく才物であったらしいが、折角の孫の来訪に水をさすような行為をしたので、熊楠はいたく憤慨して、

小生因て小笠原と温を招き、孫と共に和歌浦第一の芦辺屋へゆき、何とか申

しし西郷従道《つぐみち》などを手鞠《てまり》につきし尤物《ゆうぶつ》の酌《しやく》でのみ、勘定は小笠原が払ふから
と云て帰りしことあり。幼少よりの親友たりしものが、其後久濶《きゆうかつ》に暮せば
とてかかる仕様《しざま》やある。……(『全集』巻八、三五八ページ)。

とあり、この一夕の宴会費は三〇円ばかりで、「その頃の和歌浦としては随分の盛宴」であったともしるしている。熊楠の上記の文面にあるとおり小笠原への報復のため宴会費を支払わせたのであるが、彼は孫を歓迎したいが経済的余力がなく、弟常楠は常識人なのでかかる注意人物の来るを好んだとは思われず(思いなしかもしれないが、その記念撮影も、常楠の横顔は冷たく迷惑げな表情である)、窮余の一策ともとれなくもない。

閑話休題《それはともかく》、孫文対熊楠の間にどんな会話がかわされたかは知るよしもないが、柳田への書信中に「自ら和歌山へ小生を誘ひ和歌浦で会談せし事ありしも、汽車中より人をつけられて終《つい》に熟談し得ざりし」とある通りであったと思われ、他の

犬養木堂への孫文の紹介状

耳目をはばかり、十分懇談もできなかったようである。

孫文はこの時、熊楠に自ら常用した白いヘルメット風の帽子を記念として贈っており、またかねて自分を保護してくれている犬養木堂（毅）へ熊楠の紹介状を書いている。その封書の表には、「介紹　南方熊楠君　犬養木堂先生」とあり、裏には「従《より》二和歌山県一孫文緘《かん》」とある。紹介文には、

木堂先生足下。弟嘗《かつ》テ先生ト、昔年英京ニアリテ、一貴国ノ奇人南方熊楠君ト交リヲ獲《え》タルニ談及セシコトアリキ。今、君（注、熊楠のこと）ガ里ニ返ルヲ聞クニ因リ、特ニ和歌山県ニ来リテ訪ヒ、相見《まみえ》テ甚ダ歓ビ、流連返ルヲ忘ル。縦談ノ間ニ弟《てい》（孫文のこと）ガ先生ト忘形《ぼうけい》ノ交リヲ為スヲ道《い》ヒ及ブ。君モ本ヨリ先生ノ盛名ヲ熟耳《じゆくじ》シオリ、而シテ弟ノ故《こ》（縁故のこと）ヲ以テ、更ニ先生ニ一識《いっしき》センコトヲ思ヒ、二月後ニ上京拝謁センコトヲ擬《ぎ》ス。弟ハ特ニ寸紙ヲ託シテ以テ介紹ヲ為ス。君欧米ニ遊学スルコト将《まさ》ニ二十年。数国ノ語言・文学ニ博通ス。其哲学

・理学ノ精深ナルコト泰西ノ専門名家ト雖モ毎《つね》ニ驚倒ス。而シテ植物学一門ニ於テハ尤モ造詣《ぞうけい》タリ。君名利ニ無心ニシテ、学ニ苦志ス。独立特行十余年一日ノ如シ。誠ニ人ノ及ブベキトコロニ非《あらざ》ルナリ。先生之ニ見《まみ》エバ、想ヒ必ズヤ相見コトノ晩《おそ》キヲ恨ムノ慨《がい》アラン。此ニ致シ並《あはせ》テ大安ヲ候《うかが》フ。不一。

弟孫文謹啓　二月十六日（原文漢文）

とあり、これによると二ヵ月後に熊楠が上京して木堂を訪うようにもとれるが、実際はそうした訪問はなく、この紹介状は使用されないままで空しく保存されたのであって、就職の希望のない熊楠には木堂と面会する要もなかったのであろう。この孫の紹介はさすがに簡にして要を得て居り、短文の間に熊楠の面目を伝え得ている。

その後の孫文との文通

その後も孫文との文通はつづき、六月一日付の熊楠の書信に対し、七月一日には孫が横浜から返信を出している。これよりさき孫は、マウイ島で自ら採集した径八インチの地衣（Lichen）をハワイから熊楠に送っており、熊楠の（六月）一日付の手紙はその礼と地衣についての質問であったと思われ、孫がその地衣の生えていた現状や採集の困難だったことを報じたのが、（七月）一日付の書信である。その文末には、「東京で是非お目にかゝりたい。二ケ月以内に御上京ができるかどうか」と尋ねている。その後も度々孫とは交渉があったらしく、大正二年二月二〇日付の高木敏雄あての書信には、

小生は眼又はなはだ悪く、夜間全く何にも出来ず、早く臥すことに致し居り、……一昨日孫逸仙より伊東知也氏を通じて、小生和歌山まで上らば孫も和歌山へ下り会見したしと申し出られたる旨承りたるも、海上の旅あぶなく、家弟に命じて断らせ申し候次第……（『全集』巻一一、三六四ページ）。

と報じており、同日の柳田への書信にもほぼ同様のことが報ぜられ、「眼悪き故一人にて海上旅する事成らず、何にも出来ず梟《ふくろう》の如く黙座し居る」とあり、当

時既に田辺に定住していた熊楠は、汽車の便がまだないため汽船で和歌山へ行かねばならなかったのであるが、眼疾のためその申し出に応じられなかったのである。この大正二年二月は、中国では袁世凱《えんせいがい》が大統領で、孫は鉄道督弁として訪日し、朝野の大歓迎を受けていた時である。

その後、孫は種々の多難な途を経て、大正一〇年広東で大総統に選ばれ、翌一一年には叛軍のため一時上海に亡命しているが、一二年には再び広東に帰り大元帥に推され、同一四年三月一二日六十歳を以て肝臓癌で北京の客舎で没している。

熊楠がその死後大正一四年九月二一日付で上松へ送った書信には、孫のことを、

（略）又手紙はハワイにある内度々来り、ハワイの火山で集めおくられし地衣標品は今に存するが、それより後、全く絶信致し候。小生熊野に流浪致し色々不便のためつい〳〵絶信となりしものにて、孫氏は東京へ来る度に初めの程は書信して東京へよばれしも小生は文《もん》なし故、話しが始まらず、遂に返

書も怠りたるやうなりしなり。……小生孫氏に対し何一つ不都合・不義理なことありしにあらず、ただ人の交りにも季節有り、……されば小生は孫氏と別懇なりしも自身の身のふり方上、やむを得ず不通となり申し候(『全集』巻八、三六五ページ)。

とあって、往時を追懐して「人の交りにも季節あり」と意味深長な感慨をもらし、経済的不遇のために交際の絶えたことをなげいているのである。

八　田辺定住前後

墓参せぬ熊楠

熊楠は帰郷してから和歌浦の円珠院に仮住居したり、弟常楠の宅へ帰ったりして、約一年余り和歌山市とその附近で暮し、翌明治三四年一〇月末に南紀の勝浦へ去るのであるが、その間不思議なことには程遠くもない塩道の延命院（真言新義の寺）にある両親や妹の墓へ参っていないのである。熊楠はこのことについて、柳田へは「小生は十六歳の早春までその地（注、和歌山市）におり、それより僅か帰朝後八日ほどと昨夏（注、明治四三年夏）八日居りしのみ、父母の墓にも詣《まい》るいとまもなく」（『全集』巻一〇、三三三ページ）と報じ、山田栄太郎には「和歌山の輩、殊に小生十四年も海外にありながら博士にもならず帰りしは、まことにけしからぬ男といふを以て、今に自分父母の墓参さへもせず」（『全集』巻一二、三一五ページ）と報じている。このいいわけは、実は熊楠が墓参を無視していない証拠であるし、また彼は在英中から法竜に父の墓の所在を告げて機会あれば「何にとぞ右墓にて私に代り一回《ひとえ》向《こう》奉願上候」（『全集』巻九、一四二ページ）と依頼しているほどである。筆者はこれまで熊楠のむこう見ずなほど勇敢だった男性的な強気と奔放についてしるしたが、実は彼の性格にはそれとは相矛盾するやさしい女性的な弱気も内在していたのであって、彼は内心両親に対して何らの孝養もなし得ず、多年の外遊も十分な成果をあげ得なかったことを恥じており（といって墓にひれふして謝罪するのはその自負が許さず、彼は彼なりに勉学もし、またその成果もあげてきたのであるから）、それが墓参を遠慮させたことと思われる。筆者はこの墓参せぬことにかえって熊楠の律義な善良さと孝心が表われているとさえ解するものである。後年熊楠は画家楠本龍仙にレオナルド＝ダ＝ヴィンチについて「あれは男と女子《おなご》の性をもった偉傑だ」と語ったが、その時に楠本は「先生と相通ずる所がある様に思はれる」としるしているが、さすがに熊楠の身辺にあった人だけあって、よく観察していたと思う（熊楠が自らを語る場合、彼の言動は大むね壮大であり、その容貌も男性のたくましさに満ちているが、内心婦女子にも劣らぬほど恥ずかしがりやで弱気な一面もあったことは、その側近の人々のひとしく語るところである）。彼が長い欧米の生活中、性的な純潔さを保ち得たのは、その尋常でない意志力の自制によるとともに、人一倍の羞恥《しゅうち》心の致したところかと思われる。彼はその言葉や文章には性の秘話について何らはばかることなく卑猥《ひわい》にわたることも平気で語り、また筆にしているが、それとは反対に、その品行は方正で、恥を知ることには人一倍敏感であったのである。

帰朝後の和歌山の約一年余の生活は不愉快なものであったらしく、結局自他両面からの要求で勝浦へ去ることになった。その時のことを熊楠は、

小使ひ銭にも事をかかす始末、何をするともなく黙し居る内、翌年の夏日、小生海水浴にゆきて帰る途中小児ら指さし笑ふを見れば、浴衣《ゆかた》の前破れてきん玉が見えるを笑ふなり。「兄をしてかかるざまをせしむる事よ」といふに

「それが気に入らずば当分熊野の支店へゆくべし」との事で、小生は熊野の生物を調ぶる事が面白くて、明治卅五年十二月（明治三四年一〇月末の記憶ちがい）に熊野勝浦港へゆき候（『全集』巻八、三〇ページ）。

としるし、また、

明治三十三年帰国せしに不在中、兄は蕩産して家業滅亡し、弟は相当に造酒を営み居るも、その妻が……小生を好遇せず、因って那智山に二年半蟄居《ちっきょ》致し候（『全集』巻一二、一四一ページ）。

ともしるしている。結局弟夫妻に追放され、弟の造酒を販売する勝浦支店へ行ったようにとれるが、一面「熊野の生物を調ぶるが面白くて」とあるように、この自然児自らの要求もあって自由の天地へ立ち去ったのである。かくして熊楠は勝浦を拠点として那智山・妙法山の深山幽谷に入り、長期間の調査に従うのであった。その際のことを、

熊野での研究

その頃は熊野の天地は、日本の本州にありながら和歌山などとは別天地で、蒙昧《もうまい》（注、未開）といへば蒙昧、しかしその蒙昧なるが、その地の科学上極めて尊かりし所以《ゆえん》で、小生はそれより今に熊野に止まりおびただしく生物学上の発見をなし申し候（『全集』巻八、三一ページ）。

とあるように、人工にまだ荒らされていない未開の原始的な山川草木の間にあって、その専攻する隠花植物などのおびただしい採集調査をなし、それが帰国後の業績の基礎をなしたのである。

小生那智山にあり、さびしき限りの生活をなし、昼は動植物を観察し図記して、夜は心理学を研究す。さびしき限りの処故、色々の精神変態を自分に生ずる故、自然変態心理の研究に立入れり。幽霊と幻《まぼろし》（うつつ）の区別を識《し》りしごときこの時の事なり（『全集』巻八、三五ページ）。

というような不思議な心霊の作用もまのあたり見ており、「全く閑寂《かんじゃく》の心に居り、

心に世の煩《わずら》ひなきときは、色々の不思議な脳力がはたらき出すものに候」(同上)とも
しるしている。

小畔四郎との出合い

熊楠の熊野行きは、その生物学上からも、心霊の不思議な現象を知った上から
も大収穫であったが、ここで彼の一生にとって千載一遇ともいうべき大きな幸福
を得たのであって、それは翌明治三五年一月一五日の小畔《こあぜ》四郎との出会いである。
熊楠はその時の初対面を、

那智にありし厳冬の一日、小生単衣《ひとえ》に縄《なわ》の帯して一の滝の下に岩を砕《くだ》き、地《こ》
衣《け》を集める所へ、背広服を着たる船のボーイごときもの来たり、あやしみ
「何をするか」と問ふ。それより色々話すにこの人は蘭《らん》を集むる事を好み、
外国通ひの船にのり、諸国に通ふに、到る処下宿に蘭類を集めありといふ。
奇なことに思ひ小生の宿へつれゆき一時間ばかり話せり。それが小畔四郎氏
にて、その頃漸く船の事務長になりしほどなり。同氏勝浦港へ去て後、小生

面白き人と思ひ、「せめて一―二日留めて話さん」と走り追つて井関といふ所より人力車に乗り、勝浦へ着きしときは丁度出船後なりし(『全集』巻八、三一七ページ)。

としるしており、小畔は熊楠の死後に当時をしのんでつぎのように語っている。

それは十二月末か一月かの寒い時でした。菜つ葉服を着てワラヂをはいて那智山へ行つたのです。……さて滝を見ようと一―二町手前まで行つた時に、和服を着た大坊主が岩角で何かを一心に見つめてゐる。ちよつと見ると中学校の博物の先生のやうな感じでした。私は蘭に趣味をもつて研究してゐたので「どうですか」と話しかけたが、フンとかウンとかいつて一向相手にしてくれない。それで蘭の話をもちかけるとやつと話に乗つてきた。蘭の学名などもよく知つてゐる。これは話せさうだと、私は名刺を出して郵船につとめてゐるのだといふと、その大坊主先生、「ワシは此処で微生物の研究をしてゐるのだが、郵船の連中ならロンドン時代によく知つてゐる」とロンドンの話が出た。（略）段から降りる時に、私に何かはいつた風呂敷包みを持たせて、やをら立小便だ。……をかしな人だと思つてゐると、先生は「いや、これはまことに失礼した。君は生意気に洋服を着てゐるので、英語などをしやべるとワシはラテン語で応対し、まかり間違ふと、これで殴《なぐ》つてやるつもりだつた」と、私に持たせた風呂敷包みから取りだして見せたのは金槌《かなづち》、いやどうも、全く危いところでしたよ（「南方先生を偲ぶ座談会」の記事）。

この時熊楠三十六歳、小畔は八歳年少でまだ二十八歳の青年であったが、二人はよほど意気投合したらしく、熊楠はわざわざ人力車を走らせて勝浦港まで、小畔を追っているほどである。その後大正九年高野山に同行するまでの一八年は小畔と面会していないが、文通はたえず続いた。後に小畔は粘菌学の最高弟となる人である。熊楠は、このころから英国のA＝リスターに粘菌の査定を求めている。

小畔の父は長岡藩で名高い剣客で、彼はその四男であり、その父は彼の幼少の

上松蓊

時西南の役で戦死している。この熊楠と初面会の時は郵船会社の小汽船の事務長級であったというが、その後日露戦争に従軍して宇品から軍馬を運輸する役をつとめ陸軍中尉となり、復員後郵船の支店長などをつとめ、転じて内国通運会社専務取締役や近海郵船重役兼神戸支店長などの職についている。初めは文通によって熊楠から粘菌について学び、諸国に旅行して多くの好標本を集めて熊楠に送り、その研究を大成せしめたばかりでなく、絶えず経済的援助を怠らなかったのであった。そうして小畔の多年の親友上松蓊《しげる》（その父は会津藩の大参事であった由で、上松は古河商会の下関支店長などを勤めたこともある人といわれる）も、やがて小畔とともに、熊楠の学識・人物に傾倒して学問的にも経済的にも支援を惜しまず、この小畔・上松は車の両輪のように熊楠がその生を終るまで師事し、補佐しており、もしこの二人の協力がなかったならば、熊楠の後年の輝かしい粘菌学上の業績も半減したかと思われるほどである。

熊楠は「一ヶ月二十円で暮し」、那智妙法のいわゆる「第一回調査」を終り、小畔にあった年の三月に一旦和歌山へ帰ったが、五月には汽船で田辺へ来て旧友の喜多幅武三郎という眼科医の家に泊っている。

喜多幅武三郎

喜多幅の父は、熊楠の兄が四十三銀行の頭取であった時に副頭取であり、喜多幅とは十三‐四歳頃から親しく、和歌山中学の同窓生である。その父が早く死んだので独学力行で眼科医となり、田辺で開業していたのであった。熊楠は喜多幅を早くからよほど頼りにしていたらしく、明治二四年八月ジャクソンヴィルから東京遊学中の喜多幅へ送った手紙中にも、「小生事、身の幸ありて帰国するを得ば何とぞ見捨てぬやうに奉レ願候」（『全集』巻一二、五二ページ）などと彼にしてはしおらしく気の弱い一面を出して依頼していたほどである。喜多幅は熊楠が信頼しただけあって、地方の象皮病を私費研究したような好学の士であり、また晩年まで田辺中学の校医たること四〇余年、毎冬生徒と寒中水泳をするような豪の者であった。

この時熊楠は喜多幅の家でも毎日二―三升も酒を飲んだというが、それから田辺の素封家多屋寿平次方へ行き、歓迎されて暫く寄宿し、朝から酒を出されて「わしも随分方々廻って来たが、ここの家位飲ましぶりのよい家はない。大いに気に入った」（「南方先生を偲ぶ座談会」の多屋鉄次郎の談話）といって喜んだという。

多屋寿平次

多屋は旧家であり、寿平次は林業で一代に五〇万内外の金を作った巨富であるが、和歌・俳句・漢詩をたしなみ、『田辺方言』の著などある人（明治四一年六一歳没）で、熊楠の父とは知人であった。その家には多くの娘があり、長女は既に豪家に婚していたが次女は十八で、

すこぶる穏かなる美女にて、まことに愛敬ある女にて、おとなしく毎夜十二時・一時迄夜仕事し、予その兄弟と飲んで帰るを待ち居り、下女の手にかけず臥床《ふしと》を調《ととの》へくれる。和歌の達者なる上、手蹟頗《すこぶ》る美事、琴ひき、布織り、海を泳ぐことも、西洋料理も心得たるものなり、予一言いひしことだになし（『全集』巻九、二五

〇ページ）。

と熊楠は賛詞を呈しているが、「予一言いひしことだになし」と、例のはにかみで一言の会話さえ交わさなかったのである。六月一日には寿平次の息の勝四郎（後に渡米、帰朝後東京で造花業を営んだ）の案内で田辺湾の神島へ初めて渡り、その風景を賞し、生物を調査しているが、これより二七年後の同月同日に、この島で熊楠は天皇をお迎えすることになるのである。その翌々日は湯崎温泉へ行き、そこでフィサルム＝クラテリフォルムという世界で珍しい粘菌を発見し、英国の粘菌学の権威ミス＝リスターに報告して驚かせている（『全集』巻八、四一ページ）。この年は田辺を中心として椿温泉などへも行っており一〇月から石工の佐武友吉方へ滞在しているが、一二月に入るとまた那智山・妙法山の長期生物調査に従い、それが翌々明治三七年七月まで続いている。その間は田辺を拠点としていたらしくて、床条《とこくめ》（理髪屋）や野田定吉（女髪結・古物商）方に下宿してやもめ暮しをしていたというのは、この頃のことであろう。

ディキンス『日本古文篇』刊行

明治三六年(一九〇三)にロンドン大学事務総長ディキンスが『日本古文篇』(Japanese Texts)という大著二冊をオックスフォード大学から刊行しているが、この著は日本の古典文学(万葉集・記紀歌謡・古今集・古今集序・俳句・竹取物語・謡曲高砂など)を紹介・英訳し、原文をローマ字にしたものである。その序文にはアストン博士・チャンブレン教授・カール＝フローレンツ博士・アーネスト＝サトオ男爵と友人南方熊楠の力に負う所が多いと明記して感謝しており、その英訳中にも南方の名が散見していて、熊楠の説を引用したところも相当多く見出される。この書によって熊楠が在英中いかにディキンスに協力していたかを知るに足りるが、この校正は帰国後のことで、熊楠は「小生那智に籠り居し内、氏の嘱により之を校正し、所々に小生の註入り、又小生の著を引きし所多し」(『全集』巻一〇、一二四ページ)としるしている。ディキンスはこの著を明治天皇に外相小村伯を通じて献上したという。

初恋の人か

前記多屋家に泊って歓迎をうけた時に、何くれと世話をうけながら一言も交わ

さなかった美人の次女は名を高《たか》といい、熊楠が熊野へ採集に去ってから後に文通し始めているが、熊楠は、

西洋にチバルリー（注、騎士道 Chivalry）といふことあり。これは吾朝、殊に支那などには、一寸訳《やく》の出来ぬことにて、人の妻でも娘でもよし、中古の武士が守り本尊のごとく一人、女を胸中に認《みと》めて、ただその女に辱《はじ》かぶせず、ほめられん〳〵とのみ武道を励みしことなり。……男子たるもの、意中に真に可愛いと思ふ女のありなんには、まことにその人の業進み、行修《おさま》り、意固く、心たしかなる功あること……（『全集』巻九、二五〇ページ）。

などと法竜に報じ、それとともに、

ディキンスの『日本古文篇』

田辺なる多屋の高子が、那智のやどりに文しておとづれたりけるに、かへし遣はすとてそえたる

田辺なる多屋がかどべにかけし橋
　ふみ見るたびに人もなつかし

を始め二―三首の恋の歌をしるしている（『全集』巻九、二五二ページ）。これまでの熊楠は女性に対してあらわに関心を示していないが、ここで始めて恋慕の情をもらしているのである。

熊野での生活

熊野での生活については、法竜に、

日中は数百の昆虫を集め、数千の植物の顕微鏡標品を作り、又巨細《こさい》に画し彩色し、英国にて常に科学の説を闘はし、また文学上の投書し、且つ不断読書し、又随筆し……（『全集』巻九、二五八ページ）。

と報じているように生物研究とともに、一九〇三年から一九〇四年にかけて英国の科学雑誌『ネーチュア』には数回、『ノーツ＝アンド＝キウリース』には三〇回以上発表している。

明治三七年一〇月からは田辺に借宅して定住しているが、田辺に定着したのは親友喜多幅がいたことと、この地方の人気がよく、物価は安く、町は静かで、風景と気候がよいことが気に入ったからであるというが、また田辺が南紀の珍しい生物調査の本拠として適していたからであったろう。

『方丈記』の共訳刊行

明治三八年(一九〇五)『英国王立アジア協会雑誌』の四月号にディキンスとの共訳の鴨長明の『方丈記』が「十二世紀の日本のソロー」(A Japanese Thoreau of the Twelfth Century)と題して発表された。これは熊楠が熊野にある時ディキンスのすすめで共訳したものである(この共訳は後にグラスゴーより「世界名著文庫」の一冊として単行本となって出版されたが、それにはディキンス訳となっている。もちろん熊楠の援助をうけたと明記されてはいるが)。

田辺定住

熊楠が田辺に住んだ初めのころは随分大酒を飲んだと見えて、後年多屋鉄次郎は、そのころを追想して、和歌山からか、ロンドンからか知らないが、よく金を送って来たらしい。そんな時はよく夜中に私の家をたたき起して、「鉄つさん。金が来たから使うのを手伝ってくれ」といつて来る。そして二人でまた石友さんや川島草堂君らと一緒に〝二葉〟などへよく飲みに行つたものだ。何しろ当時は芸者に歌はして一時間十二銭、酒が一本四―五銭位の時だから使ひでもあり、みんなベタクタに飲みまくつたものだ。あの奇人のことだから服装なども一向おかまひなし、冬の寒中に浴衣を三―四枚も合せて着、太つてゐるものだからコウ前をあけつぴろげてゐることが多かつた。飲まなくてもだが、飲むと奇芸奇術を発揮して到底常人では及びもつかぬことが多かつた。しかしさすが豪傑で、酒はあびる程飲んだが、女には石部金吉で、一度も醜聞を蒔《ま》いたことはなかつた（「南方先生を偲ぶ座談会」）。

と語っている。文中の「石友さん」は、石工で俠客の佐武友吉で、熊楠がその家に下宿していたこともある人であり、川島草堂は田辺附近で名高い画工で、猪狩《ししがり》の名人である。

結婚

明治三九年、四十歳になった熊楠は、その年の七月に結婚した。熊楠は「独身にては不自由故、喜多幅の媒介で妻を娶《めと》る。小生四十歳、妻は二十八歳、何《いず》れも其歳まで女と男を知らざりしなり」(『全集』巻八、三六ページ)としるしており、その妻は田辺地方の総産土神《そうぶすながみ》で県社であった闘鶏《とりあわせ》神社の社司田村宗造の第四女である。闘鶏神社は、昔熊野別当湛快《たんかい》が三所の権現をこの地に祭り新熊野と称したという伝承があり、今日も「ごんげんさん」と呼ばれている大社である。湛快の子湛増が、社の広前に、白と赤の鶏を闘わせて白が勝ったので、源氏に味方して壇の浦の戦いに加わったという伝説は『平家物語』や『源平盛衰記』にも見えるところで、それが社名の基づくところである。田村宗造はもと紀州藩士であった漢学者で、明治六年から同四〇年まで満三四年間も社司をしていた。熊楠の妻は松枝といい、その晩婚の理由を「裁縫・生花などを教へ、貧乏なる父に孝行し嫁するひまもなかりしなり」(『全集』巻八、三七ページ)と熊楠はしるしている。

松枝が嫁した時、熊楠にはシラミがわいていたといわれ、この随分変った夫には驚いたことと思われる。夫は家にあれば読書と執筆に専心し、又よく生物採集に出て何日も家へは帰って来ないし、やがて狂気のように神社合併反対の大運動に傾注しだすのである。熊楠は、

小生なども人と大飲を始るとき、妻が迎へに下女をよこす等の事あるとき、はなはだしくその心底(意地の悪さ)をにくみ、執念《しうね》く罵《ののし》り苦しめしことなどあり(『全集』巻八、三三三ページ)。

としるしているから、妻はその飲酒にも大いに困らせられたことと思われる。そうして熊楠が柳田へ、「貴下小生を明治の一奇現象といはる。これは拙妻などよりも毎《つね》に聞く事なり」といっているように、妻も、夫の変り方の尋常でないこと

にあきれたこともあったであろう。一時妻は熊楠をおき去りにして里へ帰ったとも伝えられるが、二人が結婚すると熊楠が「一交而孕《してはらむ》」と報じているように、直ぐ妊娠しており、翌年には長男熊弥も生まれたので、やがて両者は次第に親和していったようである。松枝は身体は弱かったようであるが、かしこい気性の勝った女性で、よく夫に仕え、その内助の功は、はなはだ大きかった。後年熊楠は、

この妻が小生近年足不自由に成てより専ら小生の為に菌類を採集し発見する所多し。本邦で婦人の植物発見の最も多きは、この者ならん（『全集』巻八、三三七ページ）。

とか、「拙妻は頑固な士族生れの神職の娘なるが故、士俗旧慣の生きたエンサイクロベヂア乎《こ》たる女」（宮武への書信）などと賛して、菌学や民俗学の資を妻から得たという。また「小生は人と争ふに真向ふのみ心がけ、計策事は真に下手《へた》なり。毎々妻にすらやりこめられ閉口捧首する事多し」（『全集』巻一〇、三三六ページ）とか、「南方先生が妻君に叱《しか》られた時の形容詞通り蛭《ひる》に塩をかけるとグニャリと融ける」（「ドルメン」）とかおどけ

ているが、熊楠は自分の学問以外のことには横のものを縦にもしないような人なので、家事その他万事妻の手をわずらわさなければならず、その機嫌を損じてヒステリーをおこされれば結局は自分が困るので、随分我儘はおし通しながらも一面では恐妻家でもあったようである。後年の彼の句、

さし足でわが酒盗む寒さかな

などは、その間の消息を示していよう。

熊楠は激情家である上に自尊心が強く、ごきげんのむつかしい人ではあるが、元来正義漢である上に童心のある人なので（彼の友人の毛利清雅は碧梧桐に「彼は人からはこわがられてはいるが、その性質は獰猛《どうもう》でも疎悪でもない、無邪気な単純な子供のようなものだ」と語っている）、彼の好むものと嫌うものがよく分れば、その操縦は案外楽で、かしこい妻はやがてそれを心得たらしく、熊楠は妻に十分満足していたと見えて、その手紙中によく〝拙妻〟のことをしるし、それには深い愛情がこ

められている。
熊楠は弱小のものには深い愛情を注ぐ性質であったから、子供や召使いの少女などは実によく可愛がっており、ことに熊弥は四十を越えてできた子なので、その愛しかたは尋常ではなかったらしく、幼時からその動作を一々日記につけて成長をたのしんでいる（これには科学者としての研究的な意味もあったようだが）。それは熊楠自ら柳田へ、

此子一歳のときより言行を注意して（自分不在のときのことまでも妻に聞き）一々ひかへあり。二歳（すなはち満一年二月位）のとき小生仮面《めん》きておどすに、餔匐《ほふく》（注、はらばい）しながら走り出しオトドチ〳〵といひて走る。幾日するも然り（けして誰も教へぬなり）。又英語で早く話し、あの通りまねせよといふに必ずテン〳〵といふことかはらず（此外にも色々例あれど今略す）（『全集』巻一〇、二〇七ページ）。

と報じているような有様であった。

執筆と調査採集

熊弥が生まれて幼児のころ、明治四二年から数年間、熊楠は神社合併の反対のため猛烈な運動を行っており、それは彼一代のうちでも特筆すべきことなので改めて次章にしるすが、その運動の間にあっても、執筆と調査とは怠っていない。執筆の方は英国の雑誌への寄稿のみでなく、四三年には東京のオランダ公使館書記官ステッセル博士の依頼でこの年刊行の『フラーヘン＝エン＝メデデーリンヘン』(Vragen en Mededeelingen)に『沙石集』の笑話を訳した随筆を発表している。また、次第に日本の雑誌『東洋学芸雑誌』『早稲田文学』『人類学雑誌』などに種々の論考を発表し始めている。調査の方は四一年六月には栗栖《くりす》川の水上、熊野川の採集、同一一月には川湯・蕘尾谷・瀞・玉置山・萩・湯の峰などで採集しており、同四二年二月には二川の官林へゆき、安堵峯では四〇余日も雪中の木小屋で採集し調査している。

採集中の逸話

熊楠のこの頃の採集の姿を、彼の旧友の杉村楚人冠《そじんかん》(朝日新聞の重役)は、「気分でもよければ飄然《ひょうぜん》と標本の採集に出かける。標本の採集といへば、胴乱《どうらん》を肩に鳥打帽子・半ズボンのハイカラ姿で出かける者のやうに聞へるが、彼は垢染《あかじみ》た単衣《ひとえ》に細帯一本をしめて、足にはみすぼらしい冷飯草履《ひやめしぞうり》、片手に魚籠《びく》をさげてぶらり〳〵と出て行くのである」としるしている。随分な健脚であったようで、熊楠が柳田に、

小生八年前（注、大正五年の記なので明治四一年にあたる）三番といふ所より、山を二―三里踰《こえ》て長野といふ所へ下るに、暑気のとき故、丸裸《まるはだか》になり、鉄鎚《てっつい》一つと虫とる網《あみ》を左右にもち、山頂よりまつしぐらに走り下る。跡《あと》へ文吉とて、沙河《しゃか》の戦ひに頭に創《きず》を受けし屈強《くっきょう》の木引《こび》き男、襦袢裸《じゅばんはだか》にて、小生の大なる採集ブリキ罐《かん》二個を天秤棒《てんびんぼう》でになひ、大声挙げて追ひかけ下る。熊野川といふ小字《こあざ》の婦女二十人ばかり田植してありしが、異様のもの天より降り来れりとて、泣きさけび散乱す。小児など道に倒れ、起き上ること能はず。小生ら二人、彼の人々逃るを見るに画のごとくなる故、大いに興がり何の事とも気付かず、益々走り下る（其処危険

にて岩石常に崩れ下る故、是《これ》を止《や》むれば自分等大けがするなり)。下まで降りついて、田植中の様子に気づき、始めてそれと我が身を顧み、その異態にあきれたり。それよりいつそのことそのまゝ、長野村を通り、田辺近くまでそのまま来るに、村の人々、狂人二人揃ふて来れりとさはぐ。これらは人居近き所故、これで事すみたれど、山中で臆病なものにあふたならば必ず雷神にあふたとか、山男にあふたとか言ふことと存じ候(『全集』巻一一、二九〇ページ)。

林間裸像(明治43年頃)

と報じているような逸話もある（注、引用文中の「三番」は現在中辺路町のうち）、が彼はあまりその強健な身体を酷使して無理がすぎたため、キューバで重い靴をはき英国へ行ってから脚疾になやんだという前記の旧病がまた再発するのであった。

英国に渡ってより寒冷の日毎に足が屢《しばしば》脱《ぬ》け落る様に感じ、一時は全く両足を切り除かにやならぬなど聞いたが、種々養生して幸ひに事無きを得た。然るに十四年前の秋末、大和国玉置山に登り、東牟婁《むろ》郡三里村へ下らんとする途中、山崩れのあつた跡で日が暮れ、やむを得ず霜中に一夜を臥し明してより足が又々悪くなり、時に消長あるものの到底健全に復せず（注、大正一一年の記であるから明治四一年）

（『全集』巻五、五〇ページ）

しかし、足が悪くなっても、比較的軽快なときは採集に出かけていて、明治四三年「坂泰《さかたい》官林より丹生川へ下る路上、狼糞《ろうふん》にベオミケス属の地衣が生《はえ》たを拾ひ、今に保存しある。その頃予が泊つた山小屋へ狼に送られて逃げ入つた樵夫《きこり》が二人あった」とか、「玉置山より紀州切畑へ下る。半途で、日暮れ、露宿し、翌晩起きてみると、少し下なる山畑に数疋の野猪が荒した跡があった」と、いうような危険な採集もしていたのである。そんな無理がたたって、柳田へ送った明治四四年一〇月の手紙中に「小生足ちんばにて板の間を歩むと大なる音す」とあるような身障者になってしまったのである。以上の記事で、採集が、どんな命がけのものであったかを知ることができよう。

『田辺抜書』

熊楠は、このような戸外の採集と共に、家にあっては筆録を怠らず、『田辺抜書』と題する筆記帳にたえず毛筆で筆写を続けており、明治四四年から田辺の法輪寺の『大蔵経』を借用して通覧し、その中から彼の学問に必要と思われる部分の索引を作り始め、それが大正二年に終ると、つぎには『アラビアン＝ナイト』の索引を始めるといった具合である。『田辺抜書』は日本紙の罫《けい》紙の一行に、二行ずつ米粒大の細字で書かれたもので、晩年まで続けられ、三五字詰二〇行四〇〇ページの冊子が六〇冊もあり、それを一見しただけでも、その超人的な精力と精進に驚嘆させられるのである。彼は「本を読む時は、それを写すがよい。写すとよく覚えられる」といったというが、あの絶倫の記憶力をもちながら、かかる努力を惜しまなかったのであった。

明治四四年三月一二日には河東碧梧桐が南紀の旅行の途中で彼を訪問し、その時の記録を『続一日一信』に発表している。それには当時の熊楠をよく観察・描写していて、次第に二人の意気が合って親和するさまを知ることができる。この時熊楠は当用日記を出して、「僕の日記に署名する君も名誉だよ」と真面目にいっており、碧梧桐は、

我輩は先生が真面目に宣告する程の名誉といふ感じを起さぬけれども、さることを真面目に何らの工《たく》みなしに宣告する自信と、その言ひ方の無邪気さに打たれて筆を執らざるを得なかつた。

木蓮が蘇鉄の側に咲くところ

と庭前即景そのままを叙して署名にかへた。

としるしている。思うに孫文さえも署名させた彼の日記であるから、「名誉だよ」といったのも彼にすれば当然であったろう。

この三月一九日には柳田国男が熊楠に初めて音信し、同二一日には返信を出し、それから両者のひんぱんな文通が始まり、やがて日本の民俗学の夜明けにこの二人の交際が大きな役割りを演じるようになるのであるが、それについては後章にゆずることにした。

一〇月には第二子で長女の文枝が生まれた。翌年は大正と改元になるので、大正期の活動は別章にしるすことにした。

九　神社合併反対運動

日本の斎忌（ものいみ）

熊楠は、日本の神社や神道についてはやくから深い関心をもち、前記のように明治三〇年三十一歳の時、英国科学奨励会人類学部の学会で「日本斎忌考《ゼ＝タブー＝システム＝イン＝ジャパン》」という研究発表を行なっている。それはわが国には古来神社がいたるところにあり、神道の制として（不成文ながら）斎忌《ものいみ》が厳重であったため、幼少の頃から理屈ぬきに敬神の念が養成され、それがおのずから謹慎にして優雅な良俗美風を生じ、いかめしい道義を説くことなくして、おそるべきものをおそれ、つつしむべきものをつつしみ、あえて不義無道を行なわなかったという意見であった。

神社合祀令発せらる

さて明治三九年一二月、原敬が西園寺内閣の内相となり、水野錬太郎が神社局長となった時、神社合祀令が発せられ、全国の多数の神社を合併して一町村一社を標準とすべしという法令が公布された。しかしながらこの標準はそれほど厳格なものではなくて、特殊事情も認めるかなり融通性のある法令で、合併しないでもよい例外社として、(一)古文献(延喜式や国史)に所載の古い歴史のある神社や、それに準ずるような格式のある神社、(二)勅命によって祭る神社、(三)皇室の崇敬を受けた神社、(四)武将や領主・藩主の崇敬していた神社、(五)祭神がその祭地に功績や縁故のある神社、などがあげられている。

そうして、この法令には、神社には必ず神職を置き、村社は年二二〇円以上、無格社は六〇円以上の俸給を出すことと、各社を兼務する神職には村社は六〇円、無格社は三〇円まで減ずることができることなども附記されていた。また神社には基本財産積立法を設けて、村社は五〇〇円以上、無格社は二〇〇円以上の現金、またはそれに相当する財産を現有するか、蓄積せよという基本財産の維持費をも指示していた。要するに、この合祀令は神職もいないし財産も社地ももたない廃社同然の小社が多数乱祭されては、維持の方法も立たず、神威をおとすことを憂え、また一時流行の迷信から発した愛欲・物欲の成就を祈願するための小社を除去し、伝統久しき格式ある神社を確立せしめようとする意図から発したものである。しかし、多くの神社を整理して一社に合併しようとすると、実際上は種々の特殊事情があるために、中央で机の上で考えるようにはいかないのであった。また神社を保持し祭典を全くするための維持費としての基本財産は、一たい何年間に蓄積すればよいのかなどの点の規定も示されず、合祀令そのものに不備があり、種々の問題を生じ得る余地が残されていた。原内相の後をついで平田東助が内相となると訓令を改修して、廃社の土地を耕作その他の厚生に使用せしめんとし、合併の方法と処分は府県知事に任せ、知事は郡長に任せたので、地方の郡長は村長らと計って、早急に一町村一社の制を実行して、自治の業績をあげようとし、ひたすら上司の意に添おうと努めたために、随分非常識で不条理な合併が強行されることになった。各神社の由来や古事などは考慮せずに、氏子が維持費五〇〇円を積めば一、〇〇〇円が入用であると説き、一、〇〇〇円積めば二、〇〇〇円を要求し、それが三、〇〇〇円にのぼり、さらに和歌山県では五、〇〇〇円、大阪府では六、〇〇〇円まで基本財産を保有しないかぎりは、氏子の意に反しても威圧したり、誘導したりして合併請願書に調印せしめるというような官権の乱用を生じ、強制し圧迫してやまない事態にたちいったのである。

役人は、合祀の中心となる神社の選定にも十分な考慮を払わず、神社の歴史も、地勢も、人民の信仰の度合も顧みずに、郡役所や村役場に近距離の社へ、便宜上から合祀せしめたり、森林の少ない神社に合祀したりするような理不尽な行為が多くなり、三重県や和歌山県のような森林の多い土地では、廃社してその神林を伐採し、俗吏と神職とが共謀して、私利をむさぼるような悪質の合併さえも行なわれるにいたった。

生川鉄忠の反対

かかる不合理きわまる合併に対して、多年神社に寄食していた神官は当然反対すべきであったにもかかわらず、いたずらに官僚に迎合して、その定収の入ることを喜んで合併につとめる者や、ただ黙々としてなり行きを傍観する者ばかりであった際、伊勢四日市の諏訪神社の社司生川《なるかわ》鉄忠だけは、明治四一年二月以降の『神社協会雑誌』に寄稿し「神社整理の弊害」をしばしば論じ、その弊害を列挙して、結局〝神社は整理され、縮小され、破壊され、かかる信仰のうすくなった神社や神職に地方自治の中核たれと望むことは間違いもはなはだしく、これ神道全体の衰退である〟と慨歎・抗議している。

熊楠の反対運動の理由

かくして伊勢神宮を中心とする多数の由緒ある神社をもつ三重県、続いて熊野神社を初め史上有名な古社の多い和歌山県の神社合併が行なわれ始めると、正義の熱血漢熊楠は黙視するにしのびず、その絶大なる精力を尽して合併に反対し、猛然と戦うにいたるのであった。

熊楠は明治四二年頃から数年にわたって神社合併に反対し続けたが、その理由はもちろん精神的な文化面からその不正不当に反抗したのであるが、同時に自然科学者であった彼は理科的・生物学的な面からも黙視するに堪えなかったのである。彼の文・理両面から情理を尽した大反対は、彼一代の官僚への多くの反抗の中で、壮観であると思われるので、ここに特記しておきたい。

熊楠は、彼の住む田辺とその近くの由緒ある多くの神社の神職や氏子を自ら訪問し、またこの地方の新聞や京阪の新聞に寄稿して、口頭と筆力をもって、県の処置の不当を説き、神社の合併が民心の元気を喪失し、貴重な動植物を絶滅する実例を示して、あらんかぎりの力で制止に努めたのであるが、これは一地方の問題ではなく、中央政府の根本を正さなくては到底地方官僚の合併奨励を抑止することはできないことを認めると、やがて政治活動をおこすにいたった。

熊楠は、和歌山県選出の代議士で彼の同志である中村啓次郎に、県下多数の実状の資料を提供し、また合併反対論を起草しておくり、中村はそれによって、明治四三年三月二二日衆議院において神社合祀の弊害を長時間にわたり演説し、和歌山県では三〇社・四〇社を一社に集め、さかんに廃社の神木を伐っていることを詳しく述べて質問し、平田内相に回答をせまったところ何ら返答もできず、これが動機となって、内務省は合祀の緩和令を出し、やがて六月頃には基本金五、〇〇〇円を積まなくても維持が確実ならば合併におよばないと通達され、一時合併は下火となる観があった。

熊楠への圧迫と懐柔

熊楠はその居住地附近での合併反対のみでなく、中央においても和歌山県下の乱行の実情を暴露したので、県・郡・村の役人を驚かせ、恐れさせ、また不快にさせたため、彼らは熊楠を警戒し、一面ではその自由を圧迫し、一面ではその懐柔に努めた。当時の内務部長相良《さがら》歩や、田辺町を内にふくむ西牟婁郡の郡長楠見節などは、陰に陽にその報復の機をねらっていた。たとえば、熊楠が柳田に、国史大系は当地中学校にもあれど、神社合祀一件で、多く材料を小生が取るから閲覧を禁ぜられ候。小生足ちんばにて板の間を歩むと大なる音す。因て従来は中学の図書は借覧借り出し居たるなれど、右の次第にて借覧をことわられたり(『全集』巻一〇、二七三ページ)。

と報じているように、各神社の歴史を調査して合併反対の資料を得ることをおそれて、図書の借覧まで拒絶するような抑圧をしたのである。

その年八月に、田辺中学で紀伊教育会主催の夏季講習会があり、本多静六林学博士等が講師となり、県下の林業家や教員等が多数聴講した。その修了式には知事代理相良《さがら》内務部長らこの地方の知名人が列席していた。この時熊楠は、和歌山市から海路田辺港へ帰着して、修了式のことを聞くと、飲酒して中学校へ赴いている。彼は神社合祀の推進者の県吏田村和夫の出席を知ると面会問詰せんとして侵入し、県が一方では森林の乱伐を阻止せず認可しながらも、一方では林業奨励の講習を援助している矛盾も激怒していたのである。熊楠が式場の講堂の壇上のドアから怒髪天をつく勢いで突入すると、折から相良は訓辞を与えていたので、何やら大声に叫びつつ、肩にしていた旅行用の信玄袋を相良めがけて投げつけた。袋は的《まと》をはずれたが、彼は多数の警官に組み伏せられて追放され、翌日に〝家宅侵入罪〟で連行、十八昼夜収監されるにいたったのである。

熊楠入監の報を聞くや、彼が日頃から可愛がっていた「子分」ら（彼は日頃から漁夫・職人・百姓らの無学・無教養であっても邪気のない庶民を自分の「子分」とよんで愛していた）は、激怒し、裁判所や警察署にも反抗の気勢をあげ、郡長楠見の宅の門の下を夜中に掘りくずして乱入し、構内の夏みかんをことごとくちぎり取って放り捨てて憂さばらしをし、また警察署へ突進して巡査をほうりなげるような乱暴も働いている（『全集』巻一〇、一三五ページ）。

入監と聞いて和歌山の弟常楠は田辺へおもむき、兄に保釈をすすめたが、それ

には応じないで、

神社合併一件にて乱暴して監禁されたる時、家弟金子を用意し、自ら来りて保釈をすすめたるも肯《がえ》んぜず、監禁さるるはさるるだけの欠点あるなり。金を以て欠点を償《つぐな》ふ日には富者は毎《つね》に悪事に慣れ行ひ、貧者のみ獄に入るに慣れて、これを何とも思はぬやうになるべしとて、十八日まで未決囚たりしに責付となり、ついで無罪となれり（中山の『南方熊楠』七五ページ所収）。

と、金権の利用を拒否して庶民と行動を一にする態度をとっている。しかし獄中の熊楠はかなり自由に遇されていたようで、ここでも専門の粘菌を採取しており、従来ステモニチス＝フスカという粘菌は原形体が白色とされていたのに、深紅のものを発見している（後にこれを英国のリスターに送ったところ、この学問の「犠牲たりし人の好記念品とて永く保存す」との謝状を送って来たという）。また獄の庭に多く生えているハナヒリグサという草の実が鼻煙草《はなたばこ》の代用となることを知っていたので、タバコにも不自由しなかったともいう（以上は「神社合併反対意見」中より）。

ここにいくらかの筆者の想像を加えれば、彼の家の近所に住んだ田村四郎作という検事があり、田村は後に新宮で弁護士をしているが、熊楠は田村を先輩と称してその後長く好意をもって文通しているので、この時熊楠の心事を理解して好遇したのではないかと思われる（宮武への書信による）。

一方熊楠の家庭では妻は気丈な人ではあったにせよ、四歳の幼児をかかえ随分憂慮していたであろうが、いわゆる「子分」ばかりでなく小学教員や校長らの地方の識者は県の処置を好まず、内心神社合併に反対であったから、公吏・村吏に憎まれることもいとわずにその家を慰問したり、なかには未決監にいる熊楠に慰問状を送って来たものもあったという。家庭から監にさし入れの弁当箱は、陶器製の重箱で、これは今日でも南方家に残っていると聞くが、妻は夫の好物のテンプラなどを調理して、この比類ない夫にさし入れて慰めたことであったろう。

反対運動続行

和歌山市の弁護士会は、熊楠の収監反対に気勢をあげ（日露戦争後、弟常楠の家業の造酒は急に繁栄し、明治四〇年頃大隈侯に「世界一統」という酒銘をつけてもらい――実は市島謙吉（早大幹部）の命名というが――盛んに営業していたから、この市の有力者（市会議員）は、兄に保釈になることをことわられたので地元の弁護士にたのみ、その援助に努めたのかもしれない）、世論は彼に与《くみ》し、民心は官から離れてゆくことを察知した予審判事は、微罪として免訴・放免と決定した。出監後の熊楠は自己の主張の正しいことを確信しているので、さらに堂々と合併反対に猛進し、つぎつぎに巨弾を投げて官僚を驚かすのであった。

明治四四年三月三〇日には同志の代議士中村啓次郎は大臣官房を訪い、平田内相に面接して、熊楠が撮《と》った紀州諸名社名蹟の亡滅の写真を示して合併の不可を説いたところ、内相も同意して一時に基本金を積ませたり、一村一社の制を励行することの有害を認めて、四月の地方長官会議には訓示して各府県知事に当局の真意を伝え誤解のないようにすることを確約している。その地方長官会議には、内相は約束通り訓示はしたが、一度かかる暴挙を生じ始めると地方の末端まで政府の意向は通達せず、全国でも熊楠の住む和歌山県と隣県の三重県の合併は最大級で、三重県では同年六月までに五、五四七社を減じて九四二社となり、和歌山県では同一一月までに三、七〇〇社を六〇〇社に減じ、なお刻々に合併の度を加えつつあった。

その年の三月、柳田国男は民俗学上のことで熊楠に音信し、それ以来両者の間には盛んに質疑応答の文通が始まったのであるが、熊楠は神社合併の不可なることを力説して中央の官庁にある柳田(当時、内閣法制局参事官、宮内省書記官兼任)の協力を求めたところ、柳田もその意見に同意し、自らの名は出さずに黒幕の中で応援することを承諾した。

熊楠はその八月二九日と三一日に東大の植物学教授松村任三(松村が水戸の人で国粋家であることを海藻学の岡村金太郎から聞知したので)に長文の手紙を書き、神社合併が生物学上はなはだしい弊害を生じていることを幾多の例証をあげて示し、その対策について進言し助力を求めている。この時の二通の手紙は柳田の一覧を得てから松村に達していて、柳田は七月に「意見書は東京にて出版し給ふがよろしく候、小生奔走且つ校正致すべく候」と音信している通り『南方二書』と題して自費で出版し、志賀重昂《しげたか》ら数十名の識者に発送している。熊楠は、柳田の厚意を感謝し、なお三宅雄次郎(雪嶺)と法竜(当時仁和寺大僧正)にも送ってくれるように依頼しているが、その喜びの余り、子分らを集めて祝宴を行い、柳田に、

小生、貴下拙意見書刊行下されしを喜び、今日三時頃より子分等を集め飲み始め、小生一人でも四升五合ほど飲み大酔、一度臥せしがたちまち覚《さ》め候。このまま暁まで居るもいかが故、御約束の馬蹄石のことに関係ある「神跡考」翻訳差し上げ申し候(明治四四年九月二八日書信。『全集』巻一〇、一三五ページ)。

と報じ、深夜から筆をとり、帰朝の直前『ノーツ＝アンド＝キウリース』に載せた

Foot-Prints of Gods. を翻訳して柳田の民俗学研究の資を提供している。この『南方二書』は相当に反響があったと思われ、雑誌『山岳』の編集者小島烏水は熊楠に、その誌上での発表を要望したので、熊楠は多くの人に読まれることを希望していたから快諾し、やがて二回にわたって連載されている。『南方二書』の内容は、その対者《あいて》の松村が植物学者なので、主として植物学上の大被害を中心にして書かれてはいるが、その間もちろん天災・地災・人災におよぶ被害のはなはだしいことにも言及している。二通中の前の書信では、那智山の乱伐事件のため滝の水を貯える山林は切り尽くされ、滝は涸れ山ははげつつある惨状をしるし、拾ひ子谷の杉檜の林は、ことごとく皮をはがして枯死させている現状などが詳しく報ぜられ、また紀伊の国は本州にありながら植物は熱帯と半熱帯のものが多いので特に保存につとむべきことを力説している。糸田の猿神社のタブの老木には、従来日本にはないと思われていた粘菌が三〇種もあったが、廃社となってより樹木は一本もなくなっていることなども報じ、生物学上の被害も考古学上の資料の亡失もはなはだしいことを述べ、その対策として為政者が神社合併をすみやかに中止してその森林を保安林とすること、既に合併したあとも保存して廃滅せしめないようにはかること、考古学上の資料は皇室の所有とし大学又は博物館へ置くことなども提案している。後の書信では、合祀の経過を述べ、紀州は海産も山産も野産も半熱帯と温帯の交錯した生物研究上重要な特殊地域なので、森林伐採を至急中止するように助力されたきことを、くわしく現状によってかさねて進言している。

熊楠の憎んだ那智の山林乱伐の主犯、新宮の津田長四郎は八月に捕えられてすでに刑務所に入れられており、その公判の近きことを熊楠は柳田に報じ、

彼の巨魁《きょかい》津田といふは中々の姦雄《かんゆう》にて子分多く、その中には生死知らずの者多し。故に小生事により襲《おそ》はるるも知れず候。しかるに小生また大武力あり、三十余斤《きん》の鉄棒を昼夜臥牀《がしょう》の頭に置き、毎日一上一下、上三下四と稽古《けいこ》し居

れば、中々三―四人位のものに負くる事成らず、ここが見物《みもの》なり。況《いわ》んや此辺の漁民・仲仕・人足・小百姓・博徒《ばくと》皆子分なれば、いよ〳〵襲撃とならば是こそ見物ならん（『全集』巻一〇、三三八ページ）。

と、かつは勇み、かつは警戒していて、文中には豪快な誇張と共に、その裏の細心も表われている。

柳田の忠告

柳田は、植物学者で史蹟保存会に関与していた東大教授白井光太郎博士と親交があったので、熊楠に紹介したところ、熊楠は白井に文通し協力を求めているが、賢明な柳田は熊楠の遠慮なき猛進に対し、

白井教授は寡黙《かもく》の人なれど内部火のごとき感情の人にて、先年独逸にて父君の訃《ふ》を聞き発狂せられしことあり。今度の手紙もよほど大なる刺戟らしく候故、何とぞ御通信の折は御手加減なし下されたく候（『定本柳田国男集』別巻第四、四一七ページ）。

と警告し、また柳田は官僚の心理をよく知っているので、知事始め地方官公吏と

はできる限り争わず、その自尊心を傷つけないようにしつつ、実質において目的を達成するようにとも忠告し、新任知事川村竹治とはかねて知り合いの間柄なので十分話しておくから親和して善処するようにとも音信している。しかしながら野の人である熊楠には、そうした話し合いや調節には欠けるところがあり、激情のおもむくままに行動してゆくのであって、政府や役人・学者が自分の立言を傾聴して合併中止を行わぬのならば、世界の学者に報告して、その連名で日本の政府に抗議させると、諸方面へ通信し始めたのである。

明治四四年一一月一九日付で川村知事に送った書信中には、

本県神社合祀と、これに偕《とも》なひ行はるる古蹟・古物・名勝・神林の破壊濫伐は、尋常ならざる罪悪事なる由を縷述《るじゅつ》し、欧洲著名の人士に質《ただ》し、その連署して一篇の告文を我が政府へ遣《おく》られん事を求めんとす。折柄、昨朝英国ロンドン大学前総長フレデリツク゠ヴヰクトル゠ヂキンスの書翰に接し、氏は必ずこの事を斡旋《あっせん》さるべきを確知せるにより、早速件《くだん》の文を草し、発送致すべく思ひ立ち候。（略）ヂキンス氏に送るべき陣述書は、発送の節一通写し置き進呈仕るべく候（『全集』巻八、一四八ページ）。

と報じている。それより少し前、白井光太郎は史蹟保存会の戸川残花と共に川村知事に書を送り合併の抗議をしていたが、熊楠が海外の学者に訴えて目的を達成せんとすることを聞いて激怒し、自国の恥を外人に知らしめるごとき者とは今後文通を謝絶する旨の絶交状を熊楠に送ってきた。熊楠は一面では国際人なので一国の暴挙も人類や学問に被害を与えることであれば、世界の識者の力で抑止すべきであるという新らしい考えをもっていたと同時に、一方では国粋論者なので、自国の恥をさらし出すことはけしからぬという考えももっており、この二面は白井の絶交状を受けてから柳田に送った二通の書信中に表われているが、同志で植物学上からも敬意を抱いていた白井の自分への不信と離反には、大いに閉口し反

省したらしく、柳田への明治四四年一一月一六日夜にしたためた書信には、

白井先生らへ御言ひわけのため二十六年ぶりに昨夜頭を丸め全く剃《そ》り落し、芸当はとても師友の土宜法竜におよばぬから南方法蚓《ほういん》(注、ミミズ)と号し、素性《そせい》法師では無いが〝法師の子は法師なるぞよき〟とて、悴《せがれ》五歳になるものも剃頭《ていとう》させ法蟹《ほうかい》(注、カニ)と法号せしめ、閉門して一切世事を謝し、新聞も見ず塵外《じんがい》の思ひをなし居り申し候(『全集』巻一〇、三一六ページ)。

と報じ、また同一二月一〇日付の書信には、ディキンスへの申し出は中止したことを述べて、

小生過《あやま》ちを知て自ら改めたる由、貴下何とぞ白井博士に御通知、小生心得違ひの段御謝し下され度く候(『全集』巻一〇、三三四ページ)。

と依頼している。右の僧形については、実際に熊楠とその子熊弥とが髪を剃ったのであって、柳田は冗談《じょうだん》と思っていたところ、後年田辺でその事実を聞いて、「あ

まり奇抜な行ひだつた為に、人はこの心境を解することが出来なかつたのである」としるしている。白井は柳田のいうごとく激情家であったが、元来熊楠を尊敬していたので、この謝罪を聞くと直ぐ心解け、再び文通している。

神社合祀の意見書

翌四五年二月六日付の白井への書信は、長文の「神社合祀に関する意見」の原稿とともに送られており、これは合祀の経過をしるし、その不可なる所以を、

第一、神社合祀で敬神思想を高めたりとは、政府当局が地方官公吏の書き上げに瞞《だま》され居るの至りなり。

第二、神社合祀は民の和融を妨《さまた》ぐ。

第三、合祀は地方を衰微せしむ。

第四、神社合祀は国民の慰安を奪ひ、人情を薄ふし、風俗を害する事おびただし。

第五、神社合祀は愛国心を損ずる事おびただし。

第六、神社合祀は土地の治安に大害あり。
第七、神社合祀は史蹟と古伝を滅却す。
第八、合祀は天然風景と天然記念物を亡滅す。

と八章に分けて、各章とも多数の精密な実例をあげ抗議しており、その文章・論旨とも日本人の書いた文章中卓越したもので、熊楠がいかに国を憂い、民を重んじていたかの至情がおのずから表われている。この書は前記の『南方二書』が主として生物学上の見地からの反対であったのに対し、(これにも生物学上の被害についてももちろん多く記入してはいるが)、主として文化面の被害の限りなきことを説いている。この意見書は『全集』巻八に収録されているが、別に前年碧梧桐の来訪を機として、その世話で、『日本及日本人』から寄稿を求められて発表した意見書が四五年の四月一五日号から連載されている。白井へ送った『全集』所収のものと『日本及日本人』に連載されたものとでは多少差違があり、『全集』所収の方がくわしいが、『日本及日本人』の意見書には興味ある附加が施されている。
熊楠は床次《とこなみ》内務次官の「神社を宗教外のものと断言」した政府の理念を非とし、これを当然宗教と認めるのであるが、彼自身は神社に参拝して祈念する信仰の人ではなく、古来神社が中心となってこの国の道義を生じ、良風善俗を養成し、その神域はある時は民衆の親和愛敬の場となり、ある時は天災・地災の避難の地となっており、神社のために伝統ある文化を生んだことを強調して、その廃滅はやがて我が国固有の文化をも廃滅せしむることを憂慮しているのであって、ここに民俗学者であった彼の愛国の至情を知ることができる。
本稿では、『南方二書』と、この意見書との内容をくわしく紹介するだけの紙面がないが、文章は「経国之大業」というにも価する情理兼備の卓論と称すべきである。後に熊楠は、
去年(注、昭和三年)死せし志賀重昂氏は、明治二十年頃、井上・伊藤・陸奥等が日本

をむやみに欧米化して、その下風に安んぜしめんと企てたる際、屹然《きつぜん》国粋主義を唱へ出せし人にて、今日迄も日本人が丸で外国の走狗《そうく》となり了《おわ》らざりしはこの人の力多きによる。死亡に臨み、南方は我が先きに立て行くべき人なりとて、その全集を出版するに第一の序文を小生に望むよう遺言され候由、其男富士男氏より申し来り候(『全集』巻一二、三一八ページ)。

としるしているが、志賀の深い熊楠への敬意と信頼は、主としてこの二文献によるものであろう。

同四五年三月一二日同志中村啓次郎は衆議院において一時間にわたる反対の質問演説をなし、六六人の賛成を得ており、白井もまた大いに尽力して柳原伯爵等より貴族院に働きかけている。大正年間になると次第に不合理な合併は下火となり、約一〇年後の大正九年になってようやく貴族院で神社合祀無益と議決されているが、熊楠はこの反対運動に自費七、〇〇〇円を使ったとしるしている(『全集』巻八、五九ページ)。

紀州に現存する古社や、その山林の草木・鳥獣魚・微生物にいたるまで、この熊楠の猛烈な尽力によって廃滅をまぬかれ得たものもはなはだ多いと思われ、その一つの象徴として田辺湾上に浮ぶ神島がある(この島の保護についても時を同じくして尽力したのであるがそれは後章に述べるので、ここでは省略した)。

〔追記〕『柳田国男・南方熊楠往復書簡集』(二〇八ページ)によると、上記の熊楠・熊弥の剃頭は、(柳田の「ささやかな昔」の記事は記憶の誤りで)白井が絶交状を送ってきたからではなく、白井・戸川の県知事への反対の応援が効を奏さなかったことの詫びのためと、しるされている。

一〇　大正時代

文科方面の活躍

大正時代になると熊楠は、まだ汽車も通じないような田辺の小さい町にいながら、その文・理両面の学識をもって、全国の識者に博学多才を知られ、その活躍も盛んで、張り切って多方面の仕事をしている。

熊楠は前記の通りロンドンでは、文・理両面の一流誌に度々発表して名を知られ、帰朝後も数多くの寄稿をしていたのであるが、相当長い期間にわたって自国の学界や雑誌からは全く冷遇されていた。熊楠が自ら、

弘法大師も日本へ帰つては筆の勢が下つたと嵯峨天皇に対《こた》へ申せしとか。小生は何へ投書しても出してくれず、只今チヤホヤされる大毎紙もその通りで、入らぬことと思ひ、那智山に浴衣一枚で三年ばかり居り申し候。『東洋学芸

『人類学雑誌』に発表

雑誌』のみは小生の書簡を出してくれしも、一度として本欄に入れてくれしことはなかりし。小生は学位もなく、学閥もなければなり。後に坪井正五郎氏のすすめで『人類学雑誌』へ書きしが始めてに御座候（大正一三年三月宮武への書信）。

としるしているとおり、種々の寄稿も没書とされてしまい、明治四一年九月『人類学雑誌』所載の「涅歯（おはぐろ）について」あたりから次第に執筆の機会を生じてきている。坪井は明治一九年から民俗研究社を設けて『人類学雑誌』を創刊した先覚者で、いち早く熊楠の学識を認め、つぎつぎに寄稿を所載したばかりでなく、柳田が『石神《いしがみ》問答』を著した時、これを熊楠へも送るようにすすめており、それが柳田と熊楠とを結ぶ因《もと》となったといわれる（柳田の『故郷七十年』中の「南方熊楠先生」）。

『太陽』の猫一疋の話

柳田は、雑誌『太陽』に熊楠の「猫一疋の力に憑《よっ》て大富と成りし人の話」と題する論考（これは熊楠が前年一二月の『ノーツ＝アンド＝キウリース』に発表した『ウイッチングトンとその猫』（Witington and his Cat）の英文の論文を自ら翻訳したものである）を紹介し、これが明治四五年の一月号に掲載されたが、その後一〇余年にわたって、熊楠は毎年多数の論考・随筆を『太陽』に発表するようになった。――この「猫一疋」は、漱石でいえば「吾輩は猫である」にもあたるもので、熊楠の日本における文名はここにあがったといってよく（もっとも、この「猫」は小説ではないから一般人には分からなかったが）、その東西にわたるスケールの大きな博識とすばらしい推理は、今日読んでも感歎に価するものがある。――それは英国ではだれでも知っている、猫一匹でリチャード＝ウイッチングトンが成金になり、三度もロンドン市長になったという物語の紹介から始まり、この話は『一切経』の『根本説一切有部毘奈耶《うぶびなや》』巻三二にある仏教説話が、印度から中国を経て露国へ、蒙古を経て英国へ、トルコを経て欧洲へ、また印度からペルシャへと伝来しつつ変化するありさまを推測考察したもので、最後にこの仏説が我が『宇治拾遺物語』のわらしべ長者の説話の原話ではなかろうかとの推測を述べている。――

『十二支考』の十考

この興味深き国際的比較説話学の論考は、おそらく当時の識者を驚かせたことと思われ、その後『太陽』には、

①大正三年―一・五・九号。「虎に関する史話伝説・信念・民俗」(1)および(2)
同三年―二号。「支那民族南下の事」
②大正四年―一号。「兎に関する民俗と伝説」
③大正五年―一・二・三号。「田原藤太龍宮入り譚《はなし》」
同年―一四号。「戦争に使はれた動物」
④大正六年―一・二・六・一四号。「蛇に関する民俗伝説」
同年―五号。「戦争に使はれた動物」
⑤大正七年―一・二・四・五・七・一一・一四号。「馬に関する民俗伝説」
⑥大正八年―一号。「羊に関する民俗と伝説」
⑦大正九年―一・二・五・一三・一四号。「猴《さる》に関する民俗と伝説」

⑧大正一〇年一一・二・三・五・一四号。「鶏に関する伝説と民俗」
⑨大正一一年一二・三・四・一四号。「犬に関する伝説と民俗」
⑩大正一二年一一・四・七・一一号。「猪《いのしし》に関する民俗」

と毎年発表しており、①〜⑩までの動物の民俗伝説は、後にいわゆる「十二支考」として編集されるもので、毎年その年の干支《えと》にちなんで執筆したのである。当時の『太陽』は、今日でいえば『中央公論』や『世界』にもあたる一流の大雑誌であるから、かく連年多数の稿をつぎつぎに寄せ、しかもそれが常人の及ばぬ博覧強記な卓論である上に、文中に性の秘話・笑話と身辺の諸雑事をユーモアをまじえて入れているのであるから、読者は驚きあきれ、その筆者は一体いかなる人物なのかに興味と関心をいだかずにはいられなかったであろう。大正一二年九月一日関東に大震災があり、『太陽』は編集者がかわり、一三年の「鼠に関する民俗と信念」はすでに成稿していたが掲載されないで中絶した。

『日本及日本人』

前章にも書いたように『日本及日本人』には、碧梧桐の紹介で「神社合併反対意見」を明治四五年四月一五日号から連載し、同年「船に丸字を加ふる事」などの論を発表して以来、昭和一六年一二月彼の没年没月に発表の「蔵六」までその寄稿が続いたのである。

柳田との文通は、前記の通り明治四四年三月から始まり、熊楠は同年中に六五通、翌四五年(大正元年)中には五五通、大正二年には一六通、同三年には二一通というように多数の長文の書信を、やつぎ早やに送っており、柳田はこれらの書信を筆写させて冊子とし「南方来書」と題して保存していたが、この手紙は貴重なもので、欧州の民俗学のあり方を説いて柳田を啓発し、その民俗学への開眼の因となったものである。

『郷土研究』への発表

大正二年三月柳田は高木敏雄とともに月刊誌『郷土研究』を創行したが、熊楠はこれに対しても種々有益な進言をしており、この誌が『ノーツ＝アンド＝キウリース』にならって問答欄を設けたことも、熊楠の提案によったのである。彼は、またこの誌の読後感を述べて批評したり、多数の寄稿をしたりして初期の民俗学に寄与するところが多かった。この誌への寄稿中には「紀州俗伝」のような熊楠の身近な郷土の民俗資料を報じたものもあり、「今昔物語の研究」のような比較古説話学の研究もある。後者は大正二年六月東大教授芳賀《はが》矢一が著した『攷証今昔物語』上巻の欠を補い、『今昔物語』中の説話の原典となった仏典・漢籍中の説話を多数指摘したものであって、芳賀の下で直接編集にあたっていた石橋尚定はその博学に驚き、熊楠に書をよせて未載の説話を教えてもらいたいと依頼して来たほどである（大正三年七月柳田への書信）（『全集』巻一二、二四四ページ）。

柳田の訪問

大正二年歳末には、柳田は親友の松本烝治（東大法学部教授）と田辺の熊楠の家を訪問している。まだ乗物の不自由な時代なので、黒江から人力車をやとって長途田辺まで会いに行ったというが、熊楠は「いずれこちらから伺《うかが》う」といって自宅では面会せずに、その夜柳田の旅館へ行き、その帳場で「初めての人に会うのはきまりが悪いから」といって酒を飲み、すっかり酔っぱらってから初対面している。この夜は学問上の話はできず、翌日柳田がひとりで別れの挨拶に行くと、熊楠はまだ寝ていて、「僕は酒を飲むと目が見えなくなるから、顔を出したって仕方がない。話さえできればいいだろう」といって搔巻《かいまき》の袖口をあけて、その奥から話をしたという（柳田の『故郷七十年』）。この変った応接には柳田も驚いたようであるが、熊楠にはこうした恥ずかしがりやの一面があり、初対面の人などは正視しないで、横を向いて応答していたという程であるから、多くの来客を面会謝絶した理由の一因にも、この性癖があずかっていたのかもしれない。

柳田の刊行した『郷土研究』は、一年後に高木がその編集から退いたので柳田ひとりで編集し、当時は民俗学の初期で寄稿者も少なかったので、柳田は種々の変名を用いて自分の原稿を載せなくてはならなかった程であって、同六年三月ついに廃刊している（それより少し前から熊楠は柳田と絶信しており、後年柳田は「まことに馬鹿げたことで、先生からうとんじられて、その間六－七年しかお付合いをもっていない」と語っているが（『定本柳田国男集』第二三巻、四三二ページ）、この絶交の理由については語っていない）。『郷土研究』と同じころ、坪井や白鳥庫吉の民俗学会から『民俗』が刊行され、これにも寄稿したが、この雑誌も五号で終刊になっている。しかし民俗学はそれで衰えたわけではなく、同七年八月には折口信夫《しのぶ》らの『土俗と伝説』が創刊され、これにも寄稿しているし、『土の鈴』『民俗資料』や『現代』『変態心理』などにも多数の発表をなしている。

以上は大正期の文科方面の活動の概略をしるしたので、つぎに理科方面の活動をしるすべきであるが、これは後にしるす機会があるので、しばらくこの期の彼の動静の主なものをのべておきたい。

和歌山城保存に関する尽力

大正三年、和歌山城の堀を埋めて多くの借家を立てようという案が、和歌山市の市会で議せられたことがある。和歌山城は熊楠と親交のあるディキンスの『パークス伝』にも、英国公使パークス夫妻が紀州侯に招かれて遊び「仙境のごとし」と賞したほどの名勝であり、熊楠はこれを聞くとこの年四月から貴族院書記官長に任ぜられていた柳田に、史蹟名勝保存会長で貴族院議員である旧藩主徳川頼倫侯に働きかけて、その中止に尽力するように依頼している。この埋立案は世論の反対も多く、一〇月中旬には撤回された。また翌四年には本多静六が和歌山城の枡形《ますがた》をつぶし、石垣を崩して仏国・伊国式の花園を設くる案を出したのを、熊楠らは必死になって防ぎ、知事に不認可にさせている（『全集』巻一二、四二四ページ）。

スイングル来訪

同年五月五日にはワシントンの米国殖産興業局主任スイングル博士が農学博士田中長三郎とともに来訪している。スイングルは熊楠を明治三九年頃から米国へ度々まねいていたが、熊楠は英国は好むが米国を好まぬ上に、「妻は一向の国粋風の士族の娘にて、第一肉類を食ふことができず」（『全集』巻一一、一五一ページ）という家族の事情もあってことわりつづけていたところ、日本へ来る機会があり田辺へ訪問し「東西の科学に、智識材料に、最も精通せる人」(『全集』巻一二、一二〇ページ)として自ら迎えに来たのであった。熊楠はその申し出をことわり、その後になって、田中がゆくことになった。熊楠はスイングルを神島に案内したところ、その風光がギリシャの海島に似ていると称賛したという。スイングルはこの時熊楠がかつて米国で得た標本を買い求めようとしたが、熊楠はこれにも応じていない。熊楠は田辺の某旅館所蔵の中世末か近世初期の『山の神草子』という狼《おおかみ》の山神がオコゼ魚を恋いしたう珍しい絵巻物を見せたところ、スイングルが所望したので、原画を画工広畑に写させ、詞書は自ら書き、またオコゼの写生図も自ら画いて贈り遠来の客を慰めている。

家屋と宅地の購入

大正五年二月一五日熊楠は和歌山市へ赴き同一九日に帰宅しているが、その帰りの汽船中で風邪をひき肺炎となって、五ヵ月にわたって病んだ。この和歌山行は、田辺の中屋敷町三六番地の家屋と宅地の購入を弟常楠に交渉するためであったが、結局この家屋と土地は弟の名義で買いとり、熊楠はここでその後の一生を過ごしている。熊楠の借家生活は同じく中屋敷町内でこれまでに二度移っているが、今度の家は四〇〇坪近くも敷地があり二軒の小借家もついていた。家屋はそれほど広くはないが庭が広く、彼の植物の実験には好適であった。ここはもと紀州藩に属した与力屋敷のあとで、所有者は田辺藩士で陸軍工兵中佐渡辺和雄であったという。熊楠は至極この家が気に入って、上松に、

小生は幸ひに父母の余沢により、今も餓死に瀕するやうなことなく、随分広い、風景絶佳な家に住し、昨今四顧橙橘《とうきつ》の花を以て庭園を満たし、香気鼻を撲《う》ち、実に身が不遇にしてこの田舎《いなか》に居ればこそ、この王侯にもまさる安楽を享《う》け得ることと喜び居り、人も羨《うらや》み申し候（『全集』巻八、三三〇ページ）。

と報じている。この構内には安藤ミカンの大木が三本あり、その大なるものは地

上六〇センチのところで幹周約一・五メートルに近く、樹高約五メートル半、推定樹齢一〇〇余年であったという（この大木は昭和二二年頃枯死し、他の二本も今は枯れてない）。安藤ミカンとは、昔藩士安藤治兵衛の邸内で自生したので、かく名づけられたと伝えられ絹皮ミカンともいわれる。田辺は幕政のころ紀州公の臣安藤氏の領地で、昔からこの安藤ミカンと、縄《なわ》まきずし・古谷《ふるや》石《せき》・まんぼう（魚）の四つが領地外には出してはならぬ「おとめもの」として珍重されていたそうである。大正

南方旧宅外構

五年一二月二三日の柳田への書信に、

小生只今、日中より黄昏迄邸内のみかんとりに忙しく(霜が降ればみかんはだいなしになる)、今日中に二十貫ばかりとる(『全集』巻一一、二八一ページ)。

としるしているように、大木のこととて大量の収穫があったらしい。郵船会社に勤めて海外のことにもあかるい小畔《こあぜ》が、米国のグレープ＝フルーツにもまさる美味で日本の果物中外人の好むものはこれであろうといったそうで、熊楠は自まんして、毎年好意をいだく知人にこれを贈っている。後年この本宅から少し離れたところに借家中に自ら建てた書斎(平家建九坪)を移して、この書斎の傍には前から土倉があり(三間半に三間の二階建)、ここを書庫としていた。彼がこの家に移った翌大正六年この庭の柿の木から珍しい新属の粘菌を発見し、それを英国に送ったところ、大正一〇年に英国菌学会長リスターは、新属「ミナカテルラ」として紹介した。

大正九年五月ロンドン以来文通していた土宜法竜が高野山の管長となり、熊楠を招いたので八月二三日に小畔と川島友吉（草堂）、その他二人をともなって高野へのぼり、一乗院に十数日泊っている。川島は田辺の人で、この地方の日本画家として名高く、熊楠は彼から菌の写生の技術を習得していたし、また飲み友達でもあった。

金剛峯寺では二七年目に法竜に面会し、法竜の出された名士の手蹟帖に、再三辞退したが許されぬので釈尊入滅前の故事によって、

爪の上の土ほど稀れな身を持て法の主《ぬし》にも巡りあひぬる

と書いたと自らしるしている（『全集』巻八、三九ページ）が、同行した小畔の後年の追想によると、随分奇行もあったようで、熊楠は「〃よし、ではこれから貴人に物を頼む作法を教へてやらう〃と毛脛《けずね》をぐっと放り出して足を伸ばし、指の先へ扇子をはさんで〃さあ管長、これへ書け〃まつたくもの凄《すご》い作法もあつたものだ。管長はニコ〳〵笑ひながらそれを見て何か話してゐる。……その間も先生例によつて物すごい猥《わい》

談《だん》をやつてゐる。管長は真面目くさつて相手になつてゐる」というような対面であったらしい。熊楠は、この聖域高野も今は風紀が乱れていることを諷刺して、法竜の前で女が三味線をひく略画を描き、それに、

高野山仏法僧の声をこそ聞くべき空に響く三味線

と書いたりしている。法竜の尽力で、普通人では見られぬ宝物を金堂に陳列してもらい、弘法大師将来という古軸も見せてもらっている。宝物中の大日如来の大幅の美麗な絵画を見て、川島はこれはサンゴの粉末をまぜて彩色してあるといったという。ここでも菌類の採集と写生とが主な仕事であったが、その間に熊楠は西行の名歌をもじり、

心なき身にも豆腐は飽かれけり高野の山の秋の夕飯

などの狂歌を作って笑わせている。

翌大正一〇年にも一一月一日から二八日まで、熊楠は楠本秀男をつれてまた高

野山にのぼり、この時の楠本の日記が信時潔《のぶときききよし》によって「南方熊楠翁―高野の一と月―」と題して発表(『心』昭和三九年秋特集号)されている。楠本は東京美術学校出の洋画家であるが、後に日本画に転じた田辺では名高い画家である。この日記を見ると熊楠はこの山上の二八日間に、奥の院へ一回、霊宝館と金堂参りに一回と、夕刻金剛峯寺に法竜を訪ねたのとで三回しか外出せず、一室にこもってひたすら楠本の採集してくる菌の写生をすることに専念しており、この時写生図一五〇枚を描いたそうで、そのはげしい仕事ぶりに楠本は驚いている。法竜を訪れた時にはやはり酒を飲んでいて、熊楠は別に挨拶もせずに入り、楽書きしつつ法竜と話をしたが、「管長はただ子供をあしらうやうにあしらふ柔容かはることなし。」と楠本はしるしている。やがて熊楠は眠り出し、「先生いつもの通り大なる鼻より青いものを垂らさる。長く延びてまさに肩に落ちんとす。管長おもむろに懐紙を出して、右手に受け居ることやゝ久し。小生先生の肩をたたく。先生大なる眼をまたたいて

〃あゝ快かつた。即身成仏《そくしんじょうぶつ》であつた〃と起きて相共に辞す。」とあり、この時のことを熊楠は「洟《はな》たれた次は関白自害の間」と狂句にしている。また小畔へ送る自画像の戯画を描き、それには、

くさびらは幾劫《いくごう》へたる宿対ぞ

の句（注、くさびらは菌のこと）をしるしている。

高野山での自画自賛の像

南方植物研究所設立

この大正一〇年の春、熊楠は隣家の野中某との間に争いを生じた。野中は熊楠の植物実験用の畑のすぐ南隣りに高さ六メートルばかりの二階建を新築したので、冬期三ヵ月は畑に日光があたらなくなり、多年の植物実

験が不可能となるような事態になったからである。これを契機として田中長三郎や弟常楠の首唱で南方植物研究所を設立することになり、田中はその六月に趣意書を起草している。

その趣意書は、科学研究の保護奨励・普及・宣伝の重要なことを説き、南方の略歴をしるし、その博識と創見・発明の才を兼備していることを推賞して、「先生多年固持せし独楽の境を捨て、邦家のため公人として此事業に貢献せんことを快諾し、吾人の委託せんとする全事業の劃策遂行を約せられたり」とあって、一〇万円の基本金の財団法人を作ろうと意図したのである。この挙の発起に賛成した協力者として政治家の原敬《たかし》・大隈重信ら、貴族院の徳川頼倫・鎌田栄吉ら、和歌山県の知事小原新三以下の理事官・県会議員・市長ら、新聞社では毎日の本山彦一、東京朝日の杉村楚人冠、学者では幸田露伴・高田早苗《さなえ》・白井光太郎・安部磯雄・三宅雄二郎、宗教家では土宜法竜、その他雑誌『太陽』主筆浅田江村らが名をつらねている。

翌大正一一年、熊楠は植物研究所の資金を募集するため三六年ぶりで上京した。三月二六日田辺を発し、同日は和歌山に泊り、友人の県会議員毛利清雅とともに二八日東京着。その後五ヵ月の長期にわたり滞在した。共立学校時代の旧師高橋是清首相始め床次内相・内田外相・中橋文相・山本農相らの諸大臣を訪い、旧友・知人や、民俗学者折口信夫《しのぶ》・中山太郎等多数の人に面会している。その三月二六日から五月一四日までの日記が「上京日記」であり『牟婁《むろ》新報』に載せられた。当時の熊楠の動静がよく分る興味深い読み物である。この日記の最後は五月一四日に大磯の徳川頼倫邸を訪うところで終っているが、頼倫はその前年五月男爵三浦英太郎（紀州家の重臣、三浦為春の子孫）とともに熊楠の田辺の宅へ自ら訪ねていて、熊楠には特別な厚意をいだいた人である。彼は田安家の出で公爵家達《いえさと》の実弟であるが、「貴族ぶらず、はなはだよき人物にていかにも度量寛弘、気宇濶達《かったつ》」と熊楠も敬意をいだいていた。この時の資金募集は「四十七円もち、汽車中で牛乳二本をのみしのみで上り、三万三千円ばかり持ち帰り申し候」という成績で、徳川侯一万円・岩崎男一万円が最高であり、この後にも大毎の本山彦一の五、〇〇〇円の寄附があり、結局諸方から聞き伝えて翌年末には六万円以上集まったようである。

上京中高田屋での撮影

平沼大三郎

この上京中に多くの来訪者があったが、四月二七日の午後に横浜の平沼大三郎が来訪している。平沼は横浜の富豪、故専蔵（神戸の乾と併称された金融業者）の孫で、当主義太郎の弟にあたる当時二十三歳の「貴公子然たる若者」であった由で、前年末会の熊楠に『松葉蘭譜』を贈って来たことのある篤志家であった。この時は四時間ほど話をして帰っているが、この後平沼から熊楠は多くの支援を受ける幸いを得ている。

七月末からと八月の初めにかけて日光へ一週間ほど上松蓊《しげる》・平沼大三郎・六鵜《ろくう》保《たもつ》の三人と採集に行っており、三人の採集した多くの標品を足の悪い熊楠は旅宿でひとり写生している。六鵜は大正五年初から熊楠と文通しており、同六年六月に田辺の熊楠の宅を訪問していて、当時、「三十一才とか云ひ居しが二十二―三に見える眼も改まるほどの美男子」(宮武への書信による)で、ギリシャ神像のごとき体格をした多力健脚の人であったそうで、この時は東京三井物産石炭購入係り次席をしていたという。六鵜はこの時、黄金色の粘菌の珍らしい新種を発見し、上松・平沼も各新種を発見している。六鵜は熊楠在京中には度々訪ね、東京出発の時は駅まで見送っており、またその尽力で熊楠は震災前の東京の粘菌三四種を入手しているが、震災を受けて郷里大分県中洲へ帰って後は、熊楠から遠ざかっている。熊楠のいわゆる「人の交りにも季節あり」というべきなのであろうか。

国学院大学へ行く

この上京中にもまた奇行があり、熊楠は五月一四日夜国学院大学での講演を約し、紋服に袴をつけて中山太郎とタクシーで同大学へおもむき、その玄関まで学長芳賀矢一（熊楠と大学予備門の同期生。この五月東大教授より国学院大学学長に移った）が出迎えたのであるが、熊楠は控室で飲酒、そこに腰かけていた某教授を見て、「君のはげぶりは年の若いに似ず実に立派なものだね」と白扇を開いてその頭をあおいでふざけ、講堂では三〇〇人の聴衆の前で「酒をもつて来い」と命じてガブガブ飲んで何もいわず、いろいろな奇妙な面相をしただけで立ち去ったという。中山には「吾輩は、英国のあるビショップの真似をしてやらうと思つたができなかつた。そのビショップといふやつは破れたズボンをはいて神様を拝せよなどいひながら、向ふをむくと、ズボンの破れた所から尻《しり》が見える。婦人などは忽ち大笑ひといふ滑稽《こっけい》なんだ」と語り、上松には「この南方といふ人間の顔を見たいといふのであんなに集つたのだらう。顔を見せてやつただけさ。そして顔だけじやつまらなからうと思つていろいろな顔をして見せてやつたのだ」と語ったという。この奇行の理由として、一つには学長芳賀に対する不信不満(その前年刊の芳賀の著『攷証今昔物語』には、熊楠の説を数多く転載しながら全く一言もそのことにふれていないのを、熊楠ははなはだ心外として怒っていた)が別の形で表われたともとれるし、今一つには、一五-六人位の小集会と聞いていたのに多人数の教員・学生が整然として待ちうけていたので、こうした講演をしたことのない彼の例の恥ずかしがりの心理が、反対の表現となったものともとれるが、その真意は不明である。もし後者とすれば柳田の来訪の時の飲酒も、法竜と対面の時の飲酒も同じ心理から発したものかもしれない。

常楠との不和

熊楠は高野山で楠本に、「吉祥天が家に入ってくると黒闇天が敷居に待つてゐる。」と語り、吉祥天は黒闇天を〝わが妹〟と言ったという仏説を話しているが、全くその通りで、この植物研究所の資金が相当の成績で集まり、熊楠が田辺へ帰

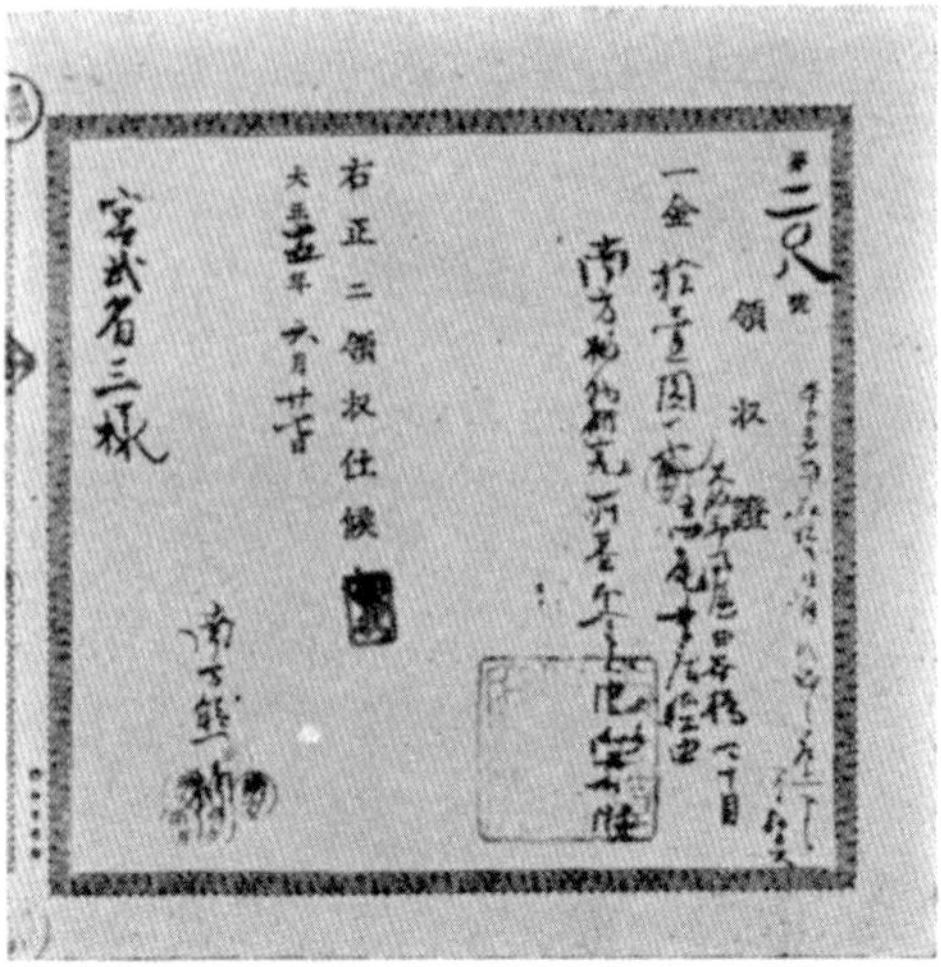

南方熊楠署名の領収証

宮武は有志より研究所のため寄附金を集めてたびたび送金した。その領収書は他にもあるがこの領収書には印を十二もおしてあるのが面白く、かつ

本日多用取忙ギ候付此証ノミ差上申候　早ゝ敬具

大阪市南区日本橋四丁目

高尾書店経由

一金拾壱円也

南方植物研究所基本金ノ内ニ御寄附

と記入してあり、書簡を兼ねたものなので、ここに掲載した。現在の、大阪市北区梅田一丁目の高尾書店が、当時、日本橋四丁目にあったのである。先代店主の彦四郎氏の言によれば南方翁は、たびたび同店より書籍を購われた由である。

って後、弟常楠との間に不和を生じている。元来この兄弟はあまり仲がよくはなかったようだが、これまでは熊楠入監の時には弟は田辺へ見舞って救助しようとしているし、大正七年の米騒動の時には熊楠は常楠の安否を気づかい和歌山まで訪れているような間柄であったが、この資金を得て後、常楠は音信を絶ち従来のごとく兄一家の生活の補助費も送らぬようになったという。熊楠は、弟は植物研究所の資金を自らの事業に入れて商利を得んと志したのに、その意に反して銀行に預け入れたことを不満としたための絶信であるといい、また二万円の寄附を約しながら一文も出金せぬことを憤慨している（『全集』巻一二、一〇一ページ・三一三ページ）。熊楠は植物研究所の資金は財団法人のもので、これで生活費をまかなうことはできず、従前通り常楠から生活補助費を予定していたところ、その送金が絶えたので大いに困り、そのしわよせは当然妻の家計におよんだことと思われ、松枝は熊楠の代りに和歌山へ行って交渉したが不首尾におわり、熊楠はこのことを「妻は当地の生れにて、和歌山の事を知らず、又小生兄弟の履歴も多く知らず、故に種々翻弄されて嘲笑裡に帰り来り候」（『全集』巻一二、三一三ページ）としるしている。

この兄弟の不和不信の真相について、ここに委しくしるすことは（熊楠側の資料のみからは真相は分らず、筆者は常楠側からも多少の資料を求め得てはいるが）省略するが、この兄弟は元来次元のちがう世界に住んでおり、お互いに理解同情し得ず、熊楠の専心する菌学にしても民俗学にしても収入という点から見たら全く問題にならぬ世界であり、営利の世界に住む弟には兄の仕事の価値など分らなかったろうし、兄はまた弟を「俗物」「拝金家」よばわりをするのであるから、双方の溝《みぞ》はますます深まっていったのである。常楠も賢明な亡父から南方家の支柱とされ、またその期待をうらぎることなくその事業に成功しているので相当な人物であったことと思われる。真実の兄弟や、夫婦など最も近しい関係にあるものが、かえって他人よりもお互いに理解も同情もなし得ないということは世に珍しいことでもなく、それは人間のはかない宿命ともいうべきであろうか。

一家の不幸

こうした兄と弟の両家の間に不和を生じている時に、さらに大きな不幸が熊楠の家におそってくるのであって、それは独り息子の熊弥の発病である。熊弥は大正一四年三月高知の高等学校受験のため田辺から大阪へ行き乗船、高知上陸と同時に精神に異常を呈し、二人の看護人とともに田辺へ帰宅している。その病状については、熊楠が親交ある人々へくわしく報じているのでよく分り、随分発作のはげしい時は大変であったようで、石工で俠客の七十歳近い石友(佐武友吉)を住みこみでやとって看護させているが一進一退で快癒せず、昭和三年の五月まで三年以上自宅療養の末に京都市の北、岩倉村の病院へ入院させている。熊楠一代の最大不幸事ともいうべく、その惨状についてしるすことは遠慮するが、宮武への書信中に「やむを得ず小生研究室に患者を入れ、専念父の慈《いつくしみ》を以て介抱しがてら研究を怠らず」としるし、また「拙児聊か勉強心ごときも出、分らぬなりに読書などしだし候につき、父としては出来るだけのことはしてやりたく、上松蓊《しげる》氏に頼み、顕微鏡余り小むつかしからざるを送りもらひ」というように、心をこめてその看護にあたり、回復に努めている親心には同情なきを得ない。この原因について熊楠は、その責を弟常楠の薄遇や中学教育の欠点などに帰しているが、要は、こうした天才の家にまま生じる運命的なものといわざるを得まい。

ただ真の学者は、いかなる不幸の中にあってもその学業を捨てないのであって(学問以外には楽しみも、生きるべき道もないのであるから)、熊楠はその間心身ともに弱り果てながらも、研究に執筆にできる限りの努力を尽して休むことがなかった。そうして、あれほどの酒豪が全く禁酒してしまい、その後生涯酒を断ち、他から酒をもらっても喜多幅や川島らへ贈って自らは一滴もとらないのであった。

一一　進献と進講

熊楠と粘菌

熊楠が専攻している生物学のうちで粘菌学は重要な位置を占めており、理学者としての彼が内外に声名を得ている所以《ゆえん》も、多数の粘菌の発見と、それに関する創見に、よるところが大きかった。

粘菌とはいかなる生物か

粘菌は、一見小さな菌《きのこ》のような原始的生物で、植物学者は下等菌類と見なすが、動物学者は下等動物としている中間的な微生物であって、その学名をミケトゾア(Mycetozoa)という。日本では市川延次郎が粘液菌という意から粘菌という語を用いて以来、それで通用しているが、熊楠はミケト(myceto)は菌類でゾア(zoa)は動物であるから菌虫(中国では虫とは動物のことであるので)とでも訳した方がよかったかと述べ、用語は粘菌という慣用語に従うとしても、けっして植物ではなくて動物であるというデ

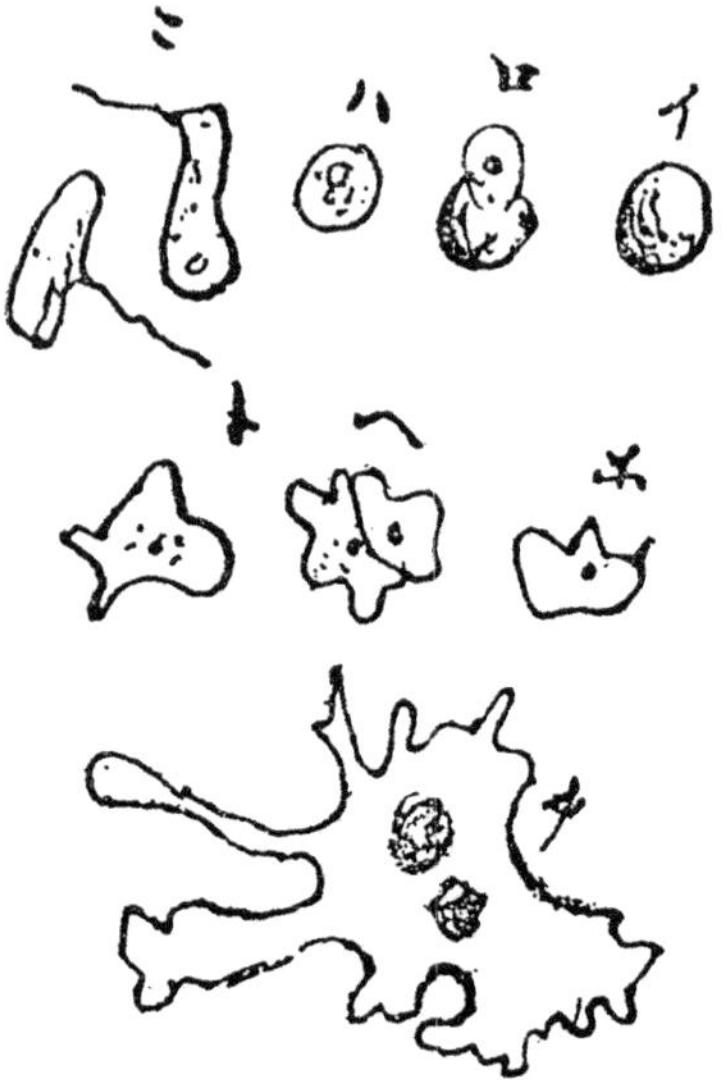

粘菌発生図（自筆）

バリー以来の説をとっている。

熊楠は、粘菌が動物である理由を、次のように説いている。粘菌の胞子(イ)が割《さ》けて、(ロ)(ハ)の浮游子を生じ、やがて(ロ)(ハ)のそれぞれの前端に一《(ニ)》毛を生じて游《およ》ぎ進み(ニ)、つぎに(ホ)毛がなくなり游ぐことをやめてはい歩き、(ホ)のようなものが(ヘ)二つ寄り合い、三つ寄り合って(ト)だんだん大きくなる。そしてついには(チ)のような原形体をなして、それから胞嚢《ほうのう》や茎を生じてくる。(ホ)(ヘ)(ト)(チ)は、みな体の諸部がアミーバ状の偽足となり出て、食物をとりこんで成育してゆく。原始植物や、アサクサノリなどの藻《も》、またキトリヂア類の菌には、胞子が（ロ）のように裂《さ》けて、中から出たものが（ホ）のようにアミーバ状に動くものは少なくないが、このアミーバ状に動くものが二つ以上より合い融合してだんだん大きくなり、原形体を作るということは原始動物にのみある特質であって、植物界には全くないことであるが故に、粘菌は原始動物であるというのである（『全集』巻八、二二四ページ）。

粘菌研究の沿革

この微生物の研究は、西洋では一六五四年にドイツ人パンコウがルコガラ属一種の発生する状況を図にして速成菌と名づけたのが最初の記録で、その後二〇〇年間は大した科学的研究も行なわれず、一八五九年になってドイツ人デ＝バリーが『粘菌説』を著わして、その性質を説き、その門下から出たポーランド人ロスタフィンスキーが一八七五年（明治八）に『粘菌譜』を作って、その分類を講じてのち、諸外国でようやくその専門の学者を出し、研究が行なわれるようになったという。

東洋では唐の段成式の著『酉陽雑俎《ゆうようざっそ》』のうちに、短文で粘菌のような生物が記録されていて、もしそれが粘菌であれば西洋人よりも八〇〇年も前に中国人がすでに粘菌に注目していたことになるのであるが、その後一、〇〇〇年間東洋には粘菌について何らの記録も残っていない。明治の初年になって某外人が小笠原島に産する数種を採集し調査・命名したことはあるが、明治三五年（一九〇二）理学博士草野俊助が一八種を採集して、ケンブリッジ大学に贈り、英国学士会員で粘菌の権威アーサー＝リスターがその名を査定し、発表したのが、整然とした日本産粘菌の調査報告の最初のものであるという。

熊楠は、在米中、西インド諸島におもむき、他の生物とともに採集・調査し始め、帰朝後もこの国の粘菌研究に従事し、多くの新種・新変種を発見したばかりでなく、その発生・形態・奇病などについての創見も多く、すでに大正二年（一九一三）には「訂正本邦粘菌類目録」（『植物学雑誌』三二一号）に、一〇八種の名を列記して発表している。また大正一〇年には英国菌学会長であったグリエルマ＝リスターから熊楠発見の一種に新たに「ミナカテルラ」の新属が設けられた（以上『全集』巻八、二一七―二一八ページ）。

小畔の協力

この熊楠の研究に協力していた小畔《こあぜ》は、朝鮮・北海道・台湾・樺太の遠隔の地までおもむき、数千の粘菌標本を採集して、熊楠に送り、熊楠は重病人をかかえながら、その標本を調査し精選していた。

皇太子に進献

生物学に御熱心な摂政宮殿下には、早くから粘菌についても注目され、リスターの『粘菌図譜』の最新刊までとりよせて御覧になり、熊楠の採集や創見について御存知であられたので、熊楠は学習院教授で侍講の理学博士服部広太郎を通じて、わが国の粘菌の標本を進献することになったのである。この進献のことは大正一五年二月頃から小畔の発議で始まり、熊楠とその門下が着々その準備をしていることを、殿下は服部侍講からお聞きになると、よほどお待ちかねであられたようで、大正一五年一〇月二九日付の熊楠が和中金助にあてた書信中には、摂政宮殿下、小生多年調査研究の粘菌類標品御覧成られ度く、前日よりしば〱御待ちかねの旨伝達有《これあり》レ之、今夕もまた侍講服部博士より督促有レ之、此状を書き了《おわ》りて直ちに進献表及び図解を認《したた》めにかかり申し候につき、本状はこれにて擱筆《かくひつ》仕り候（『全集』巻一二、二〇五ページ）。

とある。

かくして本邦産粘菌中の九〇品の標本を撰定し、同一五年一一月一〇日小畔は東宮御所に出頭して進献している。その「献上表啓」文は、小畔の名で奉呈されているが、熊楠の文であって、粘菌研究の略史をしるし、当時世界で知られている粘菌五三属約三〇〇種中、日本産は三八属一九三種（うち外国にないもの七種）、英国は四四属二〇〇種ばかり、米国は四一属二二三種あることがしるされ、なお米英に対して「遜色《そんしょく》アリトイヘドモ、帝国ニコノ類ノ学開ケテ日ナホ浅ク、人少ナキヲ稽《かんが》フレバ反《かえっ》テ、ソノ発達ノ著シキヲ認メズンバアラズ」と述べており、標品の献進者は小畔四郎、品種撰定者南方熊楠、邦字筆者上松蓊《しげる》、欧字筆者平沼大三郎とある。この九〇品は、日本産粘菌の三七属を代表する標本であって、小畔の採集五九品が主で、それに熊楠の手元にだけしかなきもの一八品を加え、その他は上松・六《ろく》鵜《う》・平沼らの熊楠の門下と、東大の柴田・朝比奈博士らの採集で、計一〇余名の人々の九〇点の採集品である。

ブレサドラの菌譜の名誉賛助員となる

なおその標本中第一八号のフィサルム＝グロスム（Physarum gyrosum）と第五二号のクリブラリア＝グラチオシッシマ（Cribraria gratiosissima）の二品には、熊楠が入念な彩色の図を画き、興味ある註解を施して進献している。前者は大正七年に熊楠が田辺で採集したもので、後者は大正一〇年日光で熊楠と上松とが成熟品と未成熟品とを別々に発見して、両人の名の学名を付けた新種である（平野の書による）。

翌昭和二年一月には、イタリヤの世界的な菌学者で大僧正のブレサドラ（Bresadola）の八十歳を祝賀する記念出版の第一冊が刊行された。ブレサドラに対し世界の著名な学者が署名して賀表をおくり、また彼の採集した一、〇〇〇種の菌を一冊五〇図の彩色図譜として二〇冊刊行する企画であった。熊楠はその名誉賛助員になることを望まれたので承諾したのであって、世界各国の名高い菌学者四三名（伊三二名・英一名・仏一名・独二名・スエーデン一名・ブラジル二名・米三名・日本一名）、中日本では彼だけが名をつらねている。この賛助のための米貨二五ドルと、第一冊の書籍代三ドル五〇セントとは、平沼が熊楠に贈っており、その他にも平沼は菌学・藻学の高価な洋書を購入して贈っている（『全集』巻八、二一二ページ）。

東北大学の動植物学会

同二年七月二九・三〇日に、東北大学で植物学会・動物学会があり、小畔は熊楠の名代で出席し、粘菌二四〇点をたずさえて、一般の展覧に供して講演し、また七〇点を動物学会に貸与した。小畔は三〇日の夜宴で、大学外の学問の国家に必要なことを力説して、師熊楠の業績を賛したという（宮武への書信による）。

熊楠の採集旅行始まる

同三年五月一二日、熊弥を、療養のため京都の岩倉村の病院へ入院させ、熊楠は二〇日に京都へ見舞に行っている。彼は三年三ヵ月にわたってほとんど「閉戸絶客して看護」したので、入院後はげしい疲労におそわれたが、やがて回復して、採集研究のため家をあけて長期の出張もなし得るようになり、八月の初めには亡兄の遺児(二四歳の北大出の農学士)らを連れて、林区署の依頼で、日高の川又の官林への生物調査に行っている。

小畔との出張

九月上旬には、小畔が東大の渡辺篤(植物生理学者)と来訪して泊り、川又の国有林におもむき菌類を採集しているが、このとき粘菌新種で三年ばかり前小畔が東京都の三ッ峰で発見し、殿下に進献したと同種のもの(Diderma Koazi Minakata in litt.)も再発見している。

上松との出張

一〇月一一日には、上松と平沼とが田辺へ来て、平沼は一五日に帰京したが、上松は熊楠の案内で一六日に田辺を発して川又官林へ行き、一九日には妹尾官林へ移った。翌日上松は小畔が九月にここで採集したものと同種の粘菌を多数採集して二一日にひとり田辺へ帰り、熊楠だけが残って長期間滞留している。

熊楠の長期滞留

熊楠は妹尾国有林斫伐《しやくばつ》事務所に滞在して越年し、翌年一月四日までの八〇日近くに三二〇図菌類を写生し解説している。ここは五〇〇町歩の大深林で、菌類の宝庫であり、日々所員の採集してくる菌を、ひとりで写生し、解剖し、また火であぶって乾かし、朝七時から夜六時まで働き続けている。全く鳥も通わぬようなさびしい山間であるが、彼にとっては「生きながら極楽園にある」思いをなして異様・希代の菌類を発見し、粘菌の新種も発見している。この間一一月二二日から一二月七日までの一〇余日は、過労と、寒気に薄着ですごしたために、腰部のはげしいリウマチスに悩まされたが、田辺の喜多幅からの薬がとどいて幸いに全治し、再び仕事を続け得ている。

熊楠下山

翌四年一月五日午後「橇車《そりぐるま》に乗り、台板の上に仰ぎ臥し、片手で板のへりを固くつかみ、四十五分間で九十六町すべり下り候。全く命がけの仕事なりし」（宮武への

山田家訪問

（書信による）というような危険をおかして串本《くしもと》という日高川上流の小村に着き、そこの針金橋を渡る時「蹈《ふ》み歩む橋板の間よりはるか下に流るる水面を見るときは生きた心地せず」（同上）というような急流を渡り、さらに嶺《みね》を上ったり下ったりして日暮れの難路をたどり、氷の上で三度もすべりころんで、やっと九時前になって川又官林出張所に到着し、所員をたたきおこして晩飯をたかせている。

翌六日には自動車を一時間走らせて、かねて約束してあった北塩屋村の山田栄太郎の家を訪ねている。山田は南部《みなべ》から御坊《ごぼう》までの間で第一といわれる豪家で、妻の信恵（当時四四歳）は、熊楠の親友羽山兄弟の妹であり、四三年前信恵が生まれた夜明けに、洋行のための別れに行っていた熊楠は羽山家を辞して、繁太郎に日高川辺まで見送りをうけて立ち去ったのであった。信恵は既に四女二男の母となっていたが、亡兄の親友の来訪を喜び、山田一家の大歓迎をうけたばかりでなく、信恵の妹で材木商中川家に嫁している季《すえ》（一六年前の大正二年二一歳で未婚の時、田辺の熊楠の家と同町の米国女宣教師の家に寄宿していたことがあり、季が熊楠の妻に話しかけ、それから羽山・南方両家の交際がまた始まったのであるから）も二子をつれて来て歓迎している。七日には熊楠は山田・中川の家族多数と共に羽山家を訪うと、家屋敷は四三年以前のままで変っていなかったが、六人の男兄弟のうちただ一人四男の芳樹だけが生存していて、御坊町から写真屋をよんでその庭で記念写真をとらせている。熊楠は一〇月以来八〇日も山中にこもり、大根と芋ばかりを食って研究しつづけたのでひどくやせ、半白のひげにおおわれた顔で大家族の中に写っているが、さすがに学者らしい風格が他を圧している。熊楠は繁太郎と別れた往時をしのび、

忘るなよとばかりいひて別れてし
　その朝霧の今朝ぞ身にしむ

と詠じ、また山田家では、

かくまでもうつりかはれる世にわれを

松風の音のたえぬうれしさ

と詠じたりして、山田家に二泊して一月八日久しぶりで田辺の家に帰った。

服部主任来訪

妹尾は一二月に入ると零下二度となり、その帰路に橇《そり》車ですべり下りた時、橇《そり》板《いた》の端《はし》を両手でかわるがわるつかんで身をささえたため両手・両腕に凍傷を生じ、癩《レプラ》病のような紫の斑点ができて痛み悩んでいる折から、三月五日、宮城内生物御研究所主任服部広太郎博士が突然田辺へ来り、予告もなしに熊楠の宅をたずねた。そうして〃未確定のことながら、もしも陛下がこの地方に行幸されるような儀があれば、御進講申しあげるか〃とひそかにその内意をたずねるのであった。この極秘の内談を承ると、熊楠は両腕をなでつつ、「この手で御進講がなりましょうか」とばかり答えて、ひたすら恐れ入っていた由で、服部はそのまま京大の瀬戸臨海実験所へ立ち去って行ったと伝えられる。

行幸請願書

服部の南紀への出張は行幸の下検分であったが、これは全くの微行で、県庁にも知らせなかったのにもかかわらず、大阪の旅館に滞在中の白浜館主湯川が彼の南紀旅行を聞くと、白浜ではおそらく自分の館へ宿泊するであろうと予測し、直ちに帰館の途につき、その所々で吹聴したため、服部が由良駅より下車するところを、白浜自動車会社御坊支店より自動車で迎え、その行く先きを問うと、先ず熊楠の宅へ立ちよるとのことであった。やがてこれがこの地方に大さわぎを引きおこし、数日後には田辺町長那須孫次郎以下、町会議員、近村の村長その他の連名で、陛下の田辺御寄港を仰ぐ請願書を熊楠あてに送り、彼に服部への取りつぎを頼むような事態に進展していった。

進講の確定

四月二五日、服部より熊楠へ、「多年篤学の趣き、かねてより聖聴に達しあるを以て、今年五月貴地方御立寄りの節、ぢき〳〵御前にて生物学上の御説明の儀仰せ出ださる」との書信が到着し、それから二〇分後には、汎《はん》太平洋会議出張のため神戸に立ちよった服部は、小畔を通じて電報で、「田辺湾神島にて御説明申し上ぐべし。諾否《だくひ》を返電せよ」と問い合せたので、熊楠は直ちに返電して、拝諾の意を伝えている。そうしてその月末には御召艦へのお召しの内報も受けるにいたった。

かくして、熊楠が神島でお迎えすること、御召艦で進講することは、次第に確定的となったので、彼は「長生きはすべきものなり。小生ごとき薄運のものすら長生すれば、又天日を仰ぐ日もあるなり」と感激し、また「我が一門の光栄これに過ぎず、殊にぢき〳〵の御説明を申し上ぐるは無上の面目たり。因《よっ》て小生はひたすら謹慎罷《まかり》在《あ》り候」（『全集』巻一二、二三七ページ）と従弟へ報じて謹慎しており、折から樗《あふち》の紫の花が咲きにおう頃であったので、「ありがたき御代に樗《あふち》の花ざかり」と感謝の句を作っている。そうして北塩屋村の山田へも音信して、「何とぞ令閨《れいけい》に何とぞ御行幸すむまで小生の無難なるやうに祈念さるるやう御願ひ申し上げ置き候」と依頼しており、そのため妻信恵は日夜熊楠が無事御進講をはたされるようにと祈願し続けていたのである。

神島

熊楠が陛下をお迎えする神島は田辺湾内の島々の中で、最も大きいばかりでなく、古い史伝をもち、樹木はよく茂り、その名にふさわしい麗容と威容を兼ね備えている。この島は東と西との二つに分れ、東の大きい方を〝おやま〟西の小さい方を〝こやま〟といい、大潮の時には二山は両分されて二島となるが、常時は平らかな岩で両山のさかいが続いて一島となっている無人島である。島の面積は三ヘクタール、周囲約一キロの小島ながら、樹木がよく密生していて原始林の美観を呈している。千数百年の昔から竜神を祭る意味で、東の島の頂きに建御雷之《たけみかづちの》男《を》神《がみ》・武夷鳥命《たけひなとりのみこと》の神島明神を祭る社があり、古くから海上鎮護の神として尊信さ

神島全景

れ、明治六年以来は新庄村の村社として斎《いつ》かれていたが、例の明治末期の神社合祀令のために、同四三年三月、廃社とされて、村の大潟《おおがた》社に合併されてしまった。一旦神社が合併されると同年九月から神林の乱伐が始まり、大木を切り始めたので熊楠は紀州第一の珍しい生物の多いこの島の保護の重要性を思い、県知事に具申し、また中央の柳田へも度々音信して保安林・植物保護林とするように貴族院の徳川頼倫へも働きかけるように依頼している。明治四四年八月から九月にかけて熊楠が柳田へ送った数通の書信を見れば、いかに神島のため日夜心を労し、力を尽しているかが分明であり、それは後に柳田が、「もしこれ(注、神社合併反対運動のこと)が為め盛年を消耗《しょうもう》し給ふがごときことあれば、その惜愛《せきあい》すべきこと、決して神島の霊木の比にあらず候」と心配し忠告したほどである。

神島の樹木は、同四四年夏には新庄村に小学校を建てる費用のため一部を入札売却して、すでに伐木しつつあったが、もしこの島が禿山《はげやま》になれば島に最も近い対岸の〝鳥ノ巣〟という海辺の地方は台風の時には大被害を受け、また湾内第一の魚付林を失うため漁業上から見ても大損失を受けることは必定《ひつじょう》なので村民からも抗議があり、熊楠は友人の県会議員毛利清雅とともに県庁に働きかけ、一方地元の村長・助役の賛同を得て村会にはからせ、すでに切りとった樹木の代価をのぞいた残りの金を入札人にもどして、その後の伐木を一切中止させた。熊楠らの運動が功を奏し、当時の知事川上は郡長楠見を神島へ派遣し検分させて、魚付林・保安林として伐木を禁止した。進講に先だち熊楠が『大阪毎日新聞』に「紀州田辺湾の生物」と題して発表した文中に、

神島の森林が荒廃した時は、キシウスゲは十二本しかなく、彎珠《わんじゅ》（注、学名ボーアニア・豆科の木質の葛で、大木によじ登って数丈に達する。夏にナタマメに似た短いさやを結び、その中に三−四の紫黒い光沢のある実があって、数珠の玉に用いられ、霊木とされている）はほとんど全滅してゐた。新旧村長らの厚意で保護二十年の今日となつては全山ほとんどキシウスゲで被《おお》われ、彎珠は在来の東の山から禿山だつた西山にまでわたりおる。

当初鸞珠の衰ろへ凋《しぼ》んだ枝葉の間に蛾《が》がただ一匹花を求めて飛び廻るをみて惨傷《さんしょう》に堪《た》えず。しかしその蛾は後の証拠に取つて今も保存す。それより余り落葉を採り焚《た》いて、蛾《が》化すべき蛹《さなぎ》の休息所を失ふたのも鸞珠が実《みの》らぬ一つの原因と考え、厳に落葉を採去《とりさ》るを禁じて、これを復興せしめたは随分苦辛したものだ。その頃の『日本及日本人』等へ書いたのを読まれたものか、四月二三日服部御用掛より来書に、神島に仮《かり》御立寄場を設け、そこで鸞珠保存の一件を申し上ぐべしとの事だつた(『全集』巻五、一七五ページ)。

とある。

熊楠は二〇年来苦心して保護につとめた神島で陛下をお迎えし、また御召艦で進講することになったので、神島の下検分に出かけたり、和歌山の常楠の家へ標本類をとりに行ったり(この時のことを上松に、常楠の「夫婦あきれ居れり」と報じている)、献上のために二七年前に発見した海に住むクモ(ギケス)を採りに、川島草堂と大力で魚つきの名人鈴木新五郎（のち新吾）と他一人の漁夫と四人で乗舟して海洞に行き、鈴木と漁夫に生きたクモ八疋とその巣一つを採らせて大風の中を帰ったり、また献上の粘菌を小箱に自ら装置したりして、連日連夜忙しく準備しているうちに、進講の日は間近くせまってきた。

神島での陛下

天皇は五月二八日東京を立たれ、八丈島・大島へ行幸の後、六月一日御召艦長《なが》門《と》で田辺湾へ臨幸されると、海軍様式の大元帥の通常服にマントをめされて、折からの小雨の中を重臣を従えて徒歩で沿道数万人の奉迎者の中を京大臨海実験所へ向われた。ここで大学側の御前講演があって後御昼食、お召し変えになって午後二時頃に御座船で神島に渡られた。熊楠は午後一時すぎに田辺を発して県立水産試験場長飯尾公寿に迎えられて、試験場のボートに乗り、神島の西方でお待ちしていると、早や間近かに小さな御座船の上に、陛下の御姿をお見受けしたので、謹んで敬意を表すると、陛下にも中折帽を取られて丁重に御挨拶があったので深

進講

く感激している。陛下の御座船の方が先きに島へ着き、つづいて熊楠と村長らが上陸して拝謁、それより陛下は熊楠らと林中に歩まれて熱心に御採集になったが、何分雨のために御好みの粘菌の御入手は困難であったようで、やがて東の島の頂上で神社のあった地点までのぼられたが、熊楠は足が悪いのでおともできず海岸でお待ちし、野口侍従に、海藻と苔の関係を知ることのできる海藻の花がちょうど咲いていたので、その話をして後刻の奏上を願っていた。

陛下は二〇分あまりで、また御船にめされて畠島へ向われ、ここでは貝の化石を御覧になったり、干潟《ひがた》の石を起して小動物を御採集になったりして後、御召艦に帰られた。それより先き午後四時頃、熊楠は御召艦に上り、御帰りをお待ちしており、五時半から約三〇分進講している。岡田海相・望月内相・勝田文相・鈴木侍従長・加藤軍令部長・関谷宮内次官・木下・野口両侍従らの陪席で、陛下の正面にイスを賜わり、熊楠の足疾を御存知の陛下から「おかけなさい」とのお言葉があったが、熊楠はお前三尺ばかりのところに終始起立して、多種多数の標本をつぎつぎに御覧に入れつつ御説明申しあげた。

先ず海の蛇《へび》で、尾端に数個のエビがついているウガ（カイラギともいう）をお目に入れて御説明し、次に二十五歳の時、西インドのキューバで採集した地衣グアレクタ＝クバナをお目にかけて、東洋人が西洋人の地域で発見した最初の新種であることを申しあげた。第三には、同じ頃米国のフロリダ州や西インドをめぐって採集した菌類などの標品帖（中にはカルキンス大佐から入手したものが多数ある）を御前に提出して御覧を願い、「先年アメリカから買い戻しに参りましたが、昔薩摩人が英国人と戦って獲《と》った碇《いかり》を英国へ返

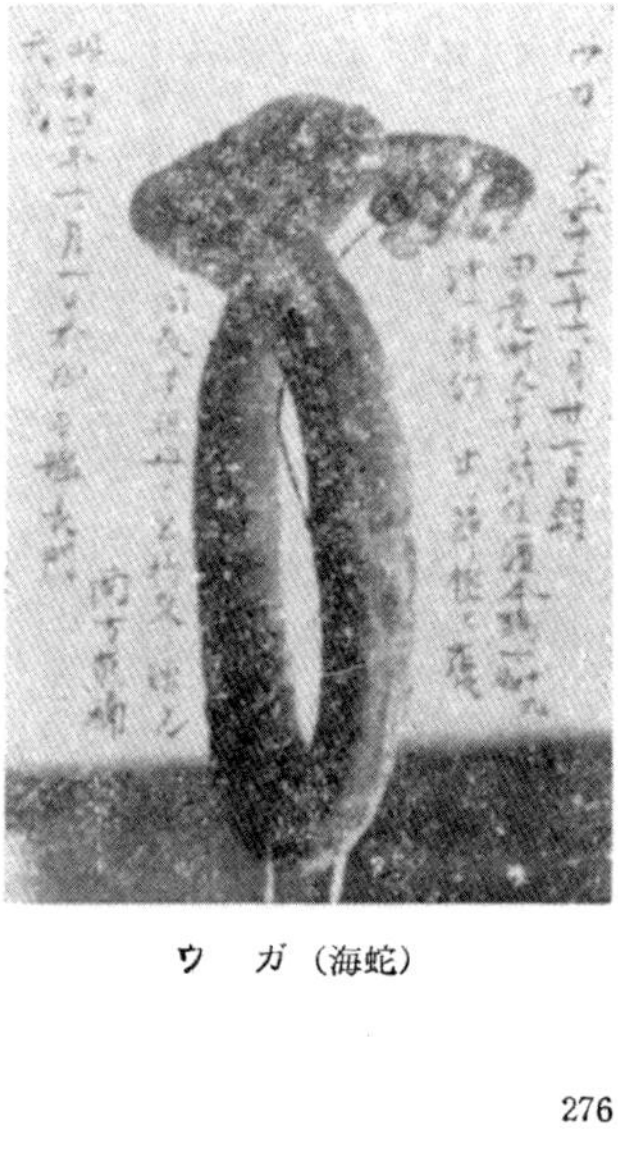

ウ　ガ（海蛇）

して後人に笑われた例もございますので、私は断然これを外国へは売りません」と申しあげると、陛下はお笑いになったということである。第四には昨年一〇月からこの年頭まで約八〇日にわたって妹尾の山林で採集し写生した菌類の図譜三二〇種を御覧に入れた。第五には海に住む珍しいクモとその巣を献上し、第六には琉球や小笠原にはいるが本州では瀬戸の鉛山《かなやま》のみにしかいない、海に生まれて丘にあがり、昼は山の樹にのぼるヤドカリの生きたものと、アルコール漬けのものとを献上し、最後に日本産粘菌各一〇種入りの箱を一一個すなわち一一〇種を献上した。時間の関係もあって早口で進講したため、二五分位で予定が終ったので御暇《いとま》を願ったところ、もう五分間ほどお話し申しあげよとのことで、この時神島の森林保護のことなども奏上したようで、また熱心な御下問などにもお答えしているうちに時間が尽きたので御召艦から退下した(昭和四年六月三日の大毎紙と、『田辺市誌』による)。

この時の熊楠は、在米時に友人三好太郎からもらった四〇年前の明治二三年に仕立てた古物のフロック＝コートを着て参上したのであるが、後に加藤寛治大将（当時の軍令部長。熊楠のロンドン在住時代には少尉であった知人）が「往日は久方振りの拝姿、相変らず神気満身之御風格」と熊楠への書信中に賛しており、また野口侍従も後年「かねて奇人・変人と聞いていたので御相手ぶりもいかがと案ずる向もあったが、それは全く杞憂《きゆう》で、礼儀正しく、態度もインギンであり、さすが外国生活もして来られたジェントルマンであり、また日本人らしく皇室に対する敬虔《けいけん》の念ももっておられた」と追懐している（『全集』月報二号）。

陛下の御印象

この進講時のことは、余程陛下の御印象に深く残ったようで、時々宮中でも熊楠のことが話題にのぼり、渋沢敬三（民俗学者当時蔵相）は、

終戦後のある日、私は陛下に拝謁を賜つた際、談たまたま南方先生のことにも言及しました所、「南方は惜しいことをした」と申され、ついでニコニコされながら、「南方には面白いことがあつたよ。長門に来た折、珍しい田辺附

近産の動植物の標本を献上されたがね。普通献上といふと桐の箱か何かに入れて来るのだが、南方はキヤラメルのボール箱に入れて来てね。それでいいぢやないか」と仰せられたことがあります。平素およそ批評がましいことを口になさらぬ陛下として、物心の本質をよく把握される片鱗《へんりん》を漏らされ嬉しく存じましたが、これも南方先生ならばこそ極めて自然であり、陛下も殊の外親しみ深く思し召されたのでありませう(『全集』巻一、二ページ)。

としるしている。

進講後の逸話

無事に進講の任を果した熊楠は、御紋章入りの菓子二箱を拝領して帰ると、同夜すぐマグネシウムをたいて自分一人のものと、妻と二人のものの二枚の記念写真をとらせた(口絵参看)。

進講の当日、山田信恵は妹季と二人で田辺へ来り、熊楠の一家には知らさずに、海辺に長時間立って、無事に進講をはたされますようにと祈念しており、御召艦

熊楠夫妻肖像（進講記念）

がいよいよ煙を出し波を立てて出航し始めてから帰宅したという。熊楠は信恵に感謝状とともに拝領の菓子一個を送っているが、筆まめな彼は、その書信中に菓子一二個（煉菓子五・干菓子七）の分配法をくわしくしるしていて、日頃親交のある縁者、小畔・上松・平沼らの高弟、親友・知己にも分け贈ったことが分るが、そのうち「脇村高女小生始め此の地に住みし時、世話になりし家の娘にて、当地高女校長の妻也。」とあるのは、壮年の日ひそかに騎士道をもって自らを鞭《むち》うっていた多屋の次女高のことにちがいあるまい。また「金崎宇吉拙宅長屋に住む裁縫師」とあるのは熊楠の家の構内の小さな借家に住んだ洋服屋で、さすがに隣人の庶民を愛した彼らしい分配ぶりである（『全集』巻一二、三七八ページ）。

小畔の進献

天皇は、田辺から一たん南紀串本の方へ行幸されたが、その後また御召艦は北上して神戸港に碇泊、六月八日神戸港より出航の直前に、同地在住の小畔を召されたので、小畔は自己の採集と他一二人の採集した粘菌標本一五〇種を進献し、親しく説明申しあげ、また御下問に答えたという。この標本は、師熊楠の指図《さしず》によって、御研究用のもののみを、そろえてさしあげたとのことである。

行幸記念碑

陛下の田辺行幸後、新庄村では陛下が上陸されて浜石の上に立たれ、熊楠を謁見された地点に行幸記念碑を建てることになり、この資は御下賜金の一部と篤志家の寄附によることにしたところ、東大薬学部教授朝比奈泰彦ら多くの人々の賛同が得られ、碑の除幕式を翌五年の六月一日行幸一周年の日に挙行することになった。その碑には熊楠自詠自筆の和歌を刻することになったが、碑は天然石の台石の上に、高さ二・五五メートル、幅一・〇五メートル、厚さ〇・二メートルと

行幸記念碑

いう大きな仙台石で製作することになったので、碑の文字も大文字で書かねばならないから一仕事であった。この時川島草堂ら三人が朝八時から数時間かかって字割りしており、熊楠はその指定の場所に一気に筆をふるったという（宮武への書信による）。その碑銘は、

昭和四年六月一日
至尊登臨之聖蹟
一枝もこころして吹け沖つ風
わが天皇のめでましし森ぞ

南方熊楠謹詠幷書

とある。歌は天皇の権威と仁愛によりさらに神島の保護を念願しての詠である。熊楠は自作のこの歌を佐々木信綱に見てもらったところ、信綱は「吹く風も心してふけ、ここはしもわが大君のめでましし森ぞ」と改めたので、熊楠は和歌の練習としては、その改修を感謝したが、碑には自作の方を書いている（『全集』巻八、四一一ページ）。宮武へは「かかるものは芸の巧拙より至誠もて吐出したるものをとるべきと存じ候」と報じているが、なるほど熊楠の素人《しろうと》の歌の方が力強くて彼らしい重さをもっている。除幕式には熊楠始め、知事友部泉蔵・毛利県会議員・新庄村村長以下役場の諸員・村会議員・小

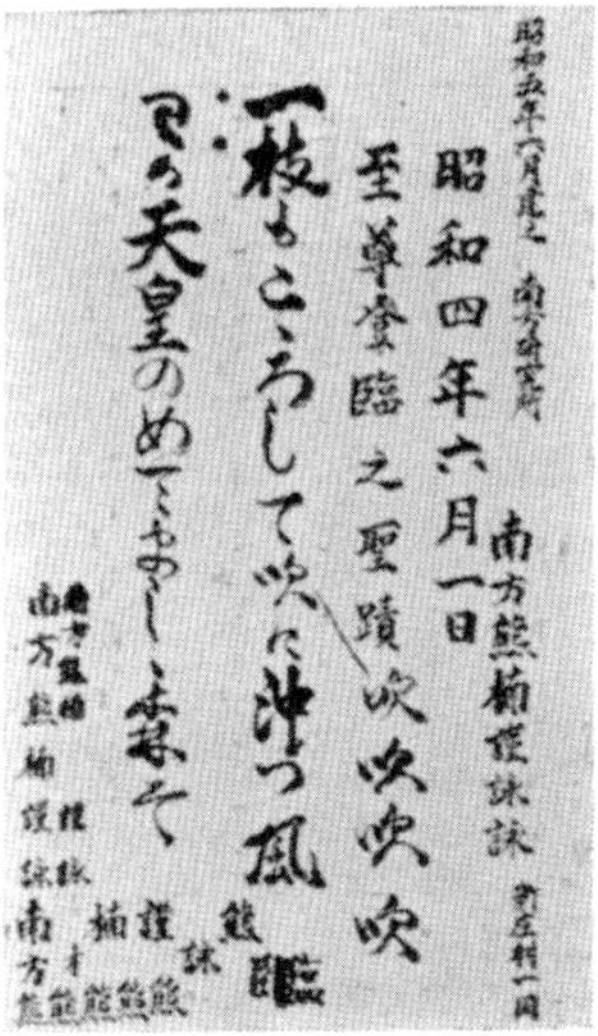

行幸記念碑原書

学校教職員など多数集って式典を行い、記念写真をとり、当日は全村休業して国旗をかかげて行幸を祝賀し、陛下に敬意を表している(『田辺文化財』)。

行幸記念団扇

川島草堂は、天皇行幸の折、近海の自筆の貝類図譜などを御覧に入れ、また献上しているが、その時熊楠は「うづもれて牟婁《むろ》の江の辺に年を経しけさ日を仰ぐかひ(貝・甲斐)もありけり」の画賛を詠じている。この行幸を記念し、また行幸記念碑に賛同した人々に贈るために行幸記念団扇《うちわ》五枚一組を作ることにし、草堂の貝類の画などと、碧梧桐の俳句の書とを組合せて製造させた。六月六日一九年ぶりで碧梧桐が、熊楠の家を訪問したので、その俳句を依頼したところ、東京へ帰ってから「雛かざる朝の渚《なぎさ》をあるき貝拾ふ　碧」と他一句とをしるして送ってきたという。この団扇は田辺の産物芦柄《あしえ》団扇《うちわ》(芦柄といっても実はダンチクの柄であるが)で、大阪の彫工と刷工とに注文した版画で、版は三〇〇組しか刷《す》れなかったという。

その後の進献

昭和七年一一月八日初めて田辺まで鉄道が開通した当日、小畔は午後二時に熊楠を訪問し、夜の八時の汽車で神戸の自宅へ帰っている。この時小畔は、上松が群馬県平滝山林で発見し、熊楠がコッコデルマ属の珍しい新種であると鑑定した粘菌の一部分を持って帰宅している。ところが小畔は大阪へ行幸中の陛下に急に粘菌を進献することになったので、熊楠に電報で連絡したところ、一四日に熊楠から送られたまだ御研究所には無いと予想される粘菌標品一四種が到着した。同日小畔はそれに自ら採集した一六種を合せて三〇点の粘菌標品とコッコデルマ属の新種の一部分をもって上阪して宿につき、侍従に御都合をうかがった。陛下には一二日以来お風邪気味で(一四日には快方、雨風の中の観兵式には臨まれたが)外部の人にはおあいにならなかったが、五時頃から小畔の上阪をお待ちであったそうで、早速侍従武官町尻大佐が小畔の宿へ来り、小畔は持参の粘菌標本の進献を依頼し、またコッコデルマ属の珍種の一部分は御覧に入れるように依頼した。陛下は大阪大学より直ぐに顕微鏡をおとりよせになり、熊楠査定のコッコデルマ属のプレパラートを御検鏡になり、「これは珍しい。うつくしいものだ」との仰せであった由で、この新珍種の一部分だけは侍従がまた小畔の宿へ持って来ている（『全集』巻一二、一三〇ページ）。その翌日、小畔は熊楠に「コッコテンラン、ソノタハミナシンケン、ゴカノウ（御嘉納）ゴマンゾクトウケタマハル、ヒミツコウ、コア」との電報をうっている（『全集』巻八、二八九ページ）。

その後の神島

昭和九年一〇月一九日、新庄村の坂本村長らは、田辺営林署長に、新庄村の神島山林樹木調査方請願書を出し、その営林署の調査を資料にして熊楠は「神島の調査報告」を作り、同一二月二一日付で文相松田源治に「神島の史蹟名勝天然記念物保護区域指定の申請書」を熊楠・毛利・坂本ら連名で提出している（『田辺文化財』第一号）。

脇水鉄五郎来訪

翌一〇年初夏、文部省は、東大名誉教授理学博士脇水鉄五郎を派して、和歌山県東南部の地質学上の天然記念物の視察調査を依頼した。脇水は熊楠よりの希望をうけて、その家を訪問したので、熊楠は三三年前に発見した神島の珍しい石の図を画いて是非検分されるように申し出たところ、脇水はさすがに専門家でその石の図を一見すると、これは香合石であるといい、翌朝第一番に神島の香合石を検分して写真にとって帰り、早速上申したので一二月一五日には、それが天然記念物として指定されるにいたった（『全集』巻五、一八五ページおよび宮武への書信による）。

三好学来訪

八月五日、文部省はまた東大名誉教授理学博士三好学を神島の視察に派遣した。三好は毛利県議の案内で朝一一時前熊楠の宅へ着き、熊楠は三好を折から来訪の中島資朋海軍中将（熊楠のロンドン在住時代少尉）とともに案内して神島へ渡り、三好は視察しつつ写真をとって、種々談話した上で二時五〇分田辺駅発の汽車で即日帰京している。三好は熊楠より年長で既に七十六―七歳の老体であり、病気であったので、パンとバナナを持参して、寝台車で出張している。熊楠は「三好博士はさすが当世斯学の宗主なる方たるだけあり、十分事実を査定されたることとなれば」（宮武への書信）と大いに意を安んじて満足していた。警保局長唐沢俊樹（もと和歌山県知事）・帝国水産会長子爵野村益三など熊楠に好意をいだく人々の支持もあって、翌一一年一月一五日には文相に申請の通り認可の旨が公表された。かくして長年月の熊楠の努力は、ここに実り、神島は国法を以て保護されるにいたったのである。

貴顕への講話

天皇に熊楠が進講して後、その名は全国に知られるようになったが、やがて皇族の方々から直接熊楠の講話を聴くことが要望されるようになった。

昭和八年一〇月八日李王垠《ぎん》が白浜に宿泊された際には、熊楠に蘭および菌についての説明を求められたので、熊楠は上山別荘で李王にお目にかかり、熊野地方の蘭六〇余種の標本を示して説明したり、蘭に寄生する生物および粘菌、食用になる菌などについてお話し、種々の質問に答えているうちに、この会談は予定の一時間が二時間にのびたそうである。

同一〇年八月二五日には、久邇宮《くにのみや》多嘉王《たかおう》・同妃・二若王を、熊楠は神島にお迎えして、約一時間半にわたって講話して後、自ら栽培した水レモン六個を献呈している。この水レモンの実を京都の宮家の温室で栽培したところ、同一二年七月には一つ結実した由で、熊楠はその報をうけている。

同一二年の年末には再び同妃・二若王・一女王が南紀を旅行された。その際のことを熊楠は昭和一三年元日に井上藁村《こうそん》に送った書信中に、

その若宮御一と方は、生物学御嗜好にて、何か其方《そのほう》の咄《はな》しを聞召《きこしめ》し度しとの御事にて、小生を召されしも、多年室内に坐つてばかり居る故脚動かず、もつとも自動車を差し向けられたる事と察せしも、ちようど例の実験観察が眼前に差し迫れる際の事とて遺憾ながら御断り申しあげたるところ、一昨々日(二十九日)御出発に際し、特に御菓子を賜り候次第、宮様折角の御召しさへ事に臨んでは拝辞し奉る儀(略)。

と報じている。

一二　業績の概要

熊楠の業績の調査・研究はまだ何人も着手していない。したがってその概要をしるすことさえ困難であるが、ここではその大観の展望だけを試みることにしたい。

熊楠は文・理両面の学者であるが、その主力を注いだのは理科面の博物学であって、文科面は従的といえよう。といってもその従的な文科面の研究も何人も追従できぬほどの壮観であるが……。

理科面の業績

先ず理科方面の業績を大観すると、その主要な業績は㈠菌類、㈡粘菌類、㈢淡水藻類、ということになろうか。

一、菌類

菌類については十七歳頃外遊前に『カーチス＝バークレー菌蕈類《きんしんるい》標品彙《い》集《しゅう》』(Curtis-Berkley Collection of the Fungi)のあるを知り、それ以上の日本菌の集彙を作りたいとの大志を抱いていて、外遊中にも諸国の菌の採集・調査をしているが、帰朝後本格的にこの初一念の遂行に努め、最晩年まで一貫して研究を怠らず、ほぼ目的を達成し得ている。

在米時代から菌を採集し、その彩色写生図に解説を施したものを、和歌山の弟の家へ送っていることは、ジャクソンヴィルから羽山蕃次郎へ送った書信によっても分るが、帰朝後はこの国の菌の採集・調査に精根を傾け、大正一三年一一月末の矢吹への書信には、

最も専門的なるは『日本菌譜』で、これは極彩色の図に細字英文で記載をそえ、たしかに出来た分三千五百図有レ之《これあり》、実に日本の国宝也(『全集』巻八、七〇ページ)。

と報じており、昭和四年一〇月の中井秀弥への書信には、

小生は久しく菌学を修め、只今凡そ七千種の日本産を集めあり。内四千種は

極彩色にて図画し、記載を致しあり、実に東洋第一の菌類の大集彙《しゅうい》に候。とても生存中に出板の見込みなし（『全集』巻一二、一四七ページ）。

と報じていて、その後も日に月に、その集彙を増加してゆき、最晩年には四、五〇〇種、一五、〇〇〇枚におよぶ日本産菌の彩色生態図譜を集大成しているといわれ、これは専門的には『日本産菌蕈《きんしん》類英文解説彩色写生図譜稿本』と称されるべきものであると聞く。

熊楠が「実に日本の国宝也」といい、また「東洋第一の菌類の大集彙に候」と自負《じふ》した、そのライフ＝ワークも、自ら「生存中には出板の見込みなし」と嘆じた予言通りであったばかりでなく、死後もいまだ日の目を見るにいたっていない。筆者は南方熊楠記念館（次章参照）で、その一部に接し、また田辺旧宅の書庫の二階で大長持一ぱいに蓄積してあるこの大図譜中の数葉に接する機会に恵まれたのであるが、門外漢のこととて量質ともにすばらしいこの業績の真価は理解できないにしても、その一代を貫いた強い執念とはげしい刻苦に、深い感動と敬意とを禁じ得なかった。死後満四半世紀も近く、その写生の着色も記述も次第に変色しつつあることを思えば、せめてその代表的なもの一、〇〇〇枚だけでもイタリヤのブレサドラ大僧正の『菌類図譜』の例にならって出版しておくか、それも不可能ならばカラー写真にでもとっておいて、現在および後世の研究の資にしたいものである。

二、粘菌類

粘菌は、富豪で法律家の英国学士会員アーサー＝リスターが『粘菌図譜』の第一巻を刊行して七十八歳で死亡したので、その女グリエルマが亡父の未成稿を校訂して第二巻を刊行し、後に同女の力で第三巻を刊行しているが、その第三巻の序文に英のクラン、瑞西《スイス》のメイランと、日本の熊楠が、父リスターを助け、そのうちでも熊楠が一番古くから協力している由がしるされているという（『全集』巻八、二七四ページ）。熊楠は初めアーサー＝リスターに粘菌を提供して鑑定を願い、次第に専門的知識を修得しており、リスターも、事あるごとに自筆で書き入れて校正した出版物を、熊楠に送って来ており、父の志をついだその女グリエルマ（終生独身で、粘菌研究に従事し、英国菌学会会長などをつとめた）も、熊楠と学問上の親交を結んでいて、その第二巻にも、第三巻にも熊楠の日本粘菌の図画とくわしい解説に対して感謝の辞を呈しているという（『全集』巻八、二七五ページ）。

世界一の粘菌国

前述の通り、日本産粘菌は、摂政宮殿下に進献の大正一五年一〇月末には、英米よりはその属と種において少し不足していたのであるが、昭和二年五月山田あての熊楠の書信には、

日本は軍事の外に世界にほこるべきものあまりなく候所、この粘菌類だけは、小生殆んど一人の力で世界で日本は一等国の列に入りおり申し候（『全集』巻一二、三〇八ページ）。

と報じており、その後、昭和四年六月一日御召艦上で進献の一一〇種、同月八日

神戸で小畔の進献一五〇種、さらに同七年一一月一四日大阪での小畔の進献三〇種中には、昭和に入ってからの新発見も多数あったことと想われる。後に小畔が「粘菌学はまだ若い。将来多い研究の一つだが、ことに日本は私の考へでは世界一の粘菌国だと思ふ。といふのは気候が粘菌向きだし、それよりも原始林や処女林が比較的保存されてゐるからだ」（大毎、昭和一一年四月八日）と語り、また後に「日本は二四〇種で断然世界一になった」とも語っているところをみると、その種の数において諸外国を越えて行ったのであろう。

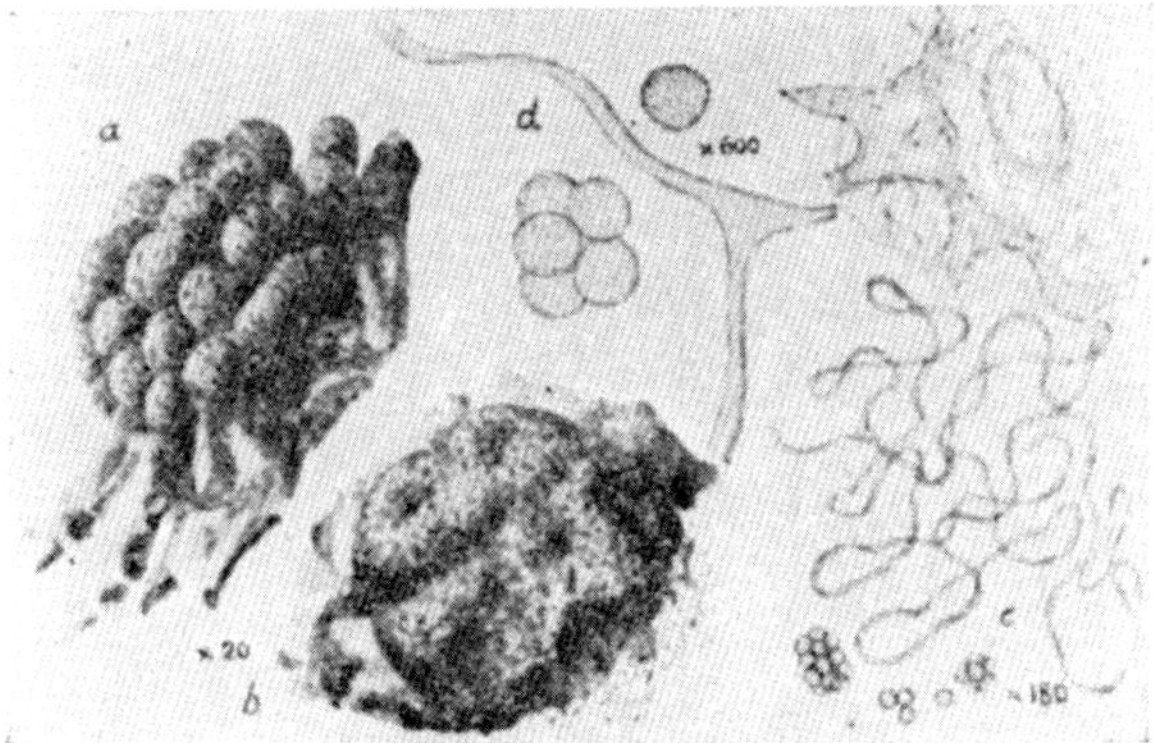

粘菌新属ミナカテルラ

ただに種の数が多いというだけでなくて世界に誇るにたるような新属新種も少なくなく、熊楠が発見したミナカテルラ＝ロンギフィラ Minakatella longifila を初め、小畔のディデルマ Diderma、前記の上松のコッコデルマ Coccoderma、平沼のアルキイリア Arcyria などの希品も相当数にのぼっていたと思われる（『全集』巻八、三七三ページ）。

粘菌生態の奇現象の発見

熊楠の粘菌研究は、ただにその発見の品種が多いのみでなく、明治三五年鉛山《かなやま》温泉で発見したフィサルム＝クラテリフォルムという粘菌（ほとんど同時に英国人ペッチがセイロン島でも発見している粘菌）は、他の粘菌とは習性を異にし、生きた物にかき上って結実成熟することを発表――粘菌はもっぱら腐敗した植物中に住んで、これを食い、成熟するにおよんで近くにある光線に向った物の上にはい上って結実成熟するとされていたのに対し――している（『全集』巻八、四一ページ）。また粘菌が活動している内の色は、白・紅・藍・黒・紫・黄・緑などの色々な色をしたものがあるが、青色のものは発見されなかったのに、青色の珍品フィサルム＝グロスムを発見して観察していると、青色の粘液状のものが湧《わ》きかえり、その上に諸所から人血とかわらぬ深紅の半流動体が吐き出す奇現象に接したので、学界に発表している（『全集』巻八、四七ページ）。

こうした生態上の奇現象についての発見ばかりでなく、熊楠は「生物繁殖遺伝等に関する研究を至細にせんとならば、粘菌の原形体についてするが第一手近しと愚考す」（『全集』巻五、一三九ページ）としるしているように、性の問題も考察している。また粘菌によって人間生死の一大事の哲学まで思索して、道教の権威で陸軍大学教授の妻木直良に説明したりしている（『全集』巻八、三九一ページ）。

三、淡水藻類

つぎに淡水藻類も、熊楠の研究中で重要なものであって、柳田に送った明治四四年六月一二日付の書信（『全集』巻一〇、五〇ページ）には、
バーミンガム大学教授ウエストと小生と日本淡水藻譜を作り出すつもりにて、日夜孜《し》勉《べん》すれど、これはこの上十年ばかりかからねば完成の見込みなし。
とあり、同年一〇月二五日付の書信（『全集』巻一〇、二八五ページ）には、

大学中の人が数十年かかり自ら集め、また見出し、また外人の書を渉猟《しょうりょう》して書き集めたる本邦の淡水藻は総て五十属ほどなり。小生大酔の上自ら覚え出して書き付け、岡村金太郎博士（注、水産講習所所長、海藻学の権威）に渡せし当国の一部（熊野と和歌山辺）と大和の北山十津川のみの淡水藻目録には、小生十年間集めし淡水藻少くとも百五十属はある（神社合祀反対で、大分損失せしが今も多分に標品のこれり）。

とあり、また大正三年四月一四日（『全集』巻一二、一六一ページ）の書信には「拙宅に藻類のプレパラート六－七千枚」とあるので、いかに帰朝後多数の採集をしていたかを知るに足りよう。

魚に寄生する藻

そうして、ただ多数の採集をしていたというだけのことではなく、種々の新発見もしている。英国シンセスター大学教授で藻学の権威ウエスト（G. S. West）が一九一六年（大正五）に『藻論』（The Alga）の第一巻を出版しており、――ウエストはその後インフルエンザで死亡し、第二巻は未刊となったが――その中に熊楠の創見が記載されている。明治三五年熊楠は紀州の朝来《あつそ》の沼地で径一尺ばかりの水溜《たま》りを見たところ、その中にメダカが泳《およ》いでいて、よく見るとメダカの腹部に藻がつきさがってゆれていた。その淡水藻は滝などの急な流れのところに育生する特殊な藻であり、メダカに寄生しておれば、あたかも急流中にあると同じように絶えずゆれ動くことができるわけであった。この発見を一九〇八年（明治四一）の〝Nature〟に「魚に生えている藻」(An Alga growing on Fish) と題して発表したのを、ウエストが読んで、その著書中に載せたのである（宮武への書信による）。

海生蘚の発見

熊楠は、藻学の権威岡村金太郎に自分の研究を贈ったばかりでなく、明治四五年三月三〇日付で高木敏雄に送った書信（『全集』巻一一、三〇五ページ）には、

小生、本邦に海波を好む蘚《こけ》あるを幼年より知り、英国にて色々調査せしも見当らず、帰国後九年前、当国で人のあまり行かぬ荒き海浜で之をとり、秘し置きしに、同国人岡村周諦氏が斯学熱心の人なれば、「かかるものを知るか」と

問ひ合せしに「知らず」と答ふ。（略）因て自ら和歌山に之《ゆ》き、自蔵書をさがし、その記録を見出し写して送り、同人始めて気付きしなり。さて件《くだん》の、小生当国で見出せし海生蘚は、岡村氏之を分析験して、果《はた》して小生いふごとく海潮に生じ塩分を含む蘚に相違なきをたしかめ、新種として一昨年（注、明治四三年）公表せり。海潮に生ずる蘚は、これにて世界中に一つより二つになりたるなり。

とあり、このことを昭和四年五月に大毎紙に所載の「紀州田辺湾の生物」中には、「蘚学の元締岡村周諦博士（注、慶大教授、名著『生物学精義』の著者）に贈ると、全体の三分の一まで食塩を含有する新種と分り、ヂクラネルラ・サルスギノサと命名されて蘚学界をどよめかせた。これよりも仰天すべきは、神島に藻が蘚苔類に進化した実証に立つべき大珍品（注、前述の海藻の花のこと参照）有て、多年研究を累《かさ》ねてゐる」としるしている（『全集』巻五、一七四ページ）。

熊楠は、上述のように珍しい藻や蘚を発見して学界に貢献しているので、その採集品中には多数多種の珍品もあったことと推測されるが、その貴重な標本も、すでに長年月の経過のために今日では腐敗したり、散乱したりしていることと思われる。

『ネーチュア』への寄稿五〇回

理科方面の研究は、筆者にはよく理解できないが、英国第一の週刊科学誌『ネーチュア』に一八九三年から一九一四年までに五〇回も寄稿（帰朝後の寄稿は一三回）しており、そのうち最初の「東洋の星座」にしても、「拇印考」にしても、上記の魚に寄生する藻の発見報告にしても、世界の科学界に寄与したものが少なくないのであった。

文科面の業績

『ノーツ＝アンド＝キウリース』への寄稿三二三回

文科方面の海外での発表は、さらに多数で、『ノーツ＝アンド＝キウリース』誌には、一八九九年（明治三二）から一九三三年（昭和八）まで、――この雑誌の全盛期から衰退期までの三四年間にわたって――三二三回（在英中一六回、帰朝後三〇七回）の多種な論考・随筆を寄稿しているのである。もっとも両誌とも一つのテーマの論考を連載したものもあり（ことに『ノーツ＝アンド＝キウリース』には、連載ものが多い）、極く短いものもあり、回数と篇数とは一致しないのであるが、それにしても英国の有名誌に、文科と理科の両面にわたって、かくのごとく多数多種の発表をなし得たということは、空前無比の盛事といっても過言ではあるまい。柳田は、先ず第一に熊楠が海外で発表した論考・随筆を一とまとめにして集め、散逸せぬようにしておくことが必要

熊楠肖像

であると述べているが、その通りで、文科方面のものも、まだ自国で全く知られていない貴重な論考が相当数あることと思われる。在英中の執筆「漂泊ユダヤ人考」や「神跡考」については、すでに多少述べたので、帰朝後の執筆について述べたいので

あるが、現物の『ノーツ＝アンド＝キウリース』を手にすることができないので（近年、平凡社刊の『南方熊楠全集』に収録されたが）、間接的に、熊楠の自ら紹介、或いは翻訳したものについて、一―二の例をあげるにとどめる。

一九〇七年（明治四〇）に発表した「マル」（Maru）は、日本船になぜ何々丸というような丸号をつけるかについて解説したもので、昭和二年四月四日付の宮武への書信によると、デンマークの皇太子が来朝し、郵船会社社長白仁《しらに》武に、日本で船に丸の字をつける理由を聞かれたところ、返答ができずに困っていると、郵船会社の下級社員二―三名が「丸を船名とすることは、英国で既に南方が発表している」といったので、早速熊楠に問い合せ状が来た由がしるされ、

小生は二十年ほど前に、この事を英国より指名して問はれて、答文を出し、それを大正七年頃ロイド海事局の頭取イングル＝フイルド元帥が、海事に明るきヒル氏に嘱して撮要せしめ、ロイド＝リストに載せられ候て、それより

ヒル氏訳マルを The good ship と訳することになり申し候。天下晴れてのことなるに（御存知の通り、ロイド＝リストは世界中の船持ちは必ず読むとしたもの）、郵船会社にもたしかに読んだ人なく（幸に末員二―三ありたる外に）……。

と報じている。彼が『ノーツ＝アンド＝キウリース』に先ず英文で発表し、それから後に日本語に翻訳している論考も相当あり、たとえば長文の「鷲石考」は一九二三年（大正一二）に "The Eagle Stone" と題して連載発表したものを、大正一五年『続南方随筆』刊行の折に「鷲石考」として翻訳したのである。また英文で発表したものの内容を自ら引用した論考や書信もかなり見出されるのであるが、やはり全文がないとくわしく分らないから、同誌中の彼の論考・随筆の部分だけでも複写しておき、大図書館などには保存常備したいものである（近年、平凡社刊『南方熊楠全集』に収録された）。

外国語で書いた熊楠の論考中で「燕石考」は在英中に一三ヵ国語で書いた長文のものである由、それは『竹取物語』中の燕《つばめ》の子《こ》安貝《やすがい》とは何かを論じ、欧州・セイロン・アラビヤ・中国などの諸国の郎君子《スガイ》（上方ではガンガラ、古名シタタミ）に関する民間習俗を調査し、西鶴の小説中の熊野比丘尼が箱に入れて歩く熊野名産の郎君子《スガイ》のことなどにも論及したもののようであるが（柳田・宮武らへ送った書信による）、その原文が未発表なので、くわしく知ることはできない（この英文原稿は、平凡社刊『南方熊楠全集』で発表された）。

民俗学に対する貢献

熊楠の文科方面の業績として、最も重要なのは、この国の初期の民俗学に対する貢献であって、このことは柳田と往復した多数の書信や、柳田編集の雑誌『郷土研究』への寄稿などから十分推知し得る。後年、柳田は「自分だけでなく、我々の仲間はみんな日本民俗学最大の恩人として尊敬している」としるし、またその晩年八十六歳の時に、「自分が役人をやめて民俗学に専心するようになったのは、南方さんの影響であった」とも語ったという。益田勝実編『民俗の思想』（筑摩書房、『現代日本思想大系』三〇巻）に民俗学の「関係年譜」を附しているが、その年譜は熊楠の慶応三年の誕生をもって始まっていて、日本民俗学誕生の夜明けの鐘を、彼がついているといえよう。益田の南方と柳田の比較については必ずしも賛同し得ないにしても、両者の比較に着手したことは注目すべきである。熊楠が八歳年下の柳田に多くの影響を与え、その民俗学への開眼に寄与したことは事実であるが、熊楠自身もまた柳田から多くの便宜（たとえば『南方二書』の刊行、図書の借覧など）を与えられたばかりでなく、多くの学問的啓発を受けているのであって、この相互の授受・呼応と、両者の特徴の比較や歴史的な位置づけは、今後具体的・実証的な精密調査の上で総合的になされるべきで、この小稿で抽象的な概論を略説することは遠慮したい。

『南方閑話』刊行

大正年間に刊行されて、廃刊になった柳田の『郷土研究』、坪井・白鳥らの『民俗』、折口らの『土俗と伝説』、その他の民俗学関係の諸誌に熊楠が発表したものは、大正末年になって、次の三著中に編入されている。同一五年二月には、坂本書店から『南方閑話』（『閑話叢書』第一篇）が出版された。これは八章からなり、主として比較古説話の随筆的論考で、『土の鈴』や『土俗資料』などに発表したものを本山桂

『南方随筆』刊行

『続南方随筆』刊行

川が編集したものであり、その中で「人柱の話」などは特に名高い。ついで同年五月には岡茂雄の岡書院から『南方随筆』が出版された。『郷土研究』や『人類学雑誌』などへの発表を集めたもので、「今昔物語の研究」「西暦九世紀の支那書に載せたシンダレラ物語」など秀れた論考を収めている。この著は跋文を中山太郎が書き、熊楠を紹介したが、誤り伝えたところの多いものであったことは、すでに巻頭でしるしたとおりである。同一〇月には『続南方随筆』が、同じく岡書院から出版されている。これは短篇の論考・随筆が多いが、巻末の「鷲石考」は、この書のために『ノーツ＝アンド＝キウーリス』発表の〝The Eagle Stone〟を訳し、それに追考を加えたもので、その和・漢・洋にわたる博引傍証の論には驚くべきものがある。以上の三著は、矢つぎばやに出版されているが、これが熊楠の生前に刊行した著書のすべてである。昭和に入ってからも民俗学関係の雑誌はつぎつぎに刊行され、萩原正徳の『旅と伝説』、折口・金田一らの『民俗学』、岡書院の

『南方熊楠全集』刊行

『南方熊楠全集』その他

『ドルメン』などに多くの寄稿をしており、岡書院では既刊の三著に収められなかった『太陽』寄稿の干支《えと》の論考や、昭和に入ってから発表したものと、未発表の書きおろしの新稿を合せて『南方筆叢』という著書を刊行しようと計画していたが、それはついに実現にいたらなかった。

熊楠が没してから一〇年後の昭和二六年五月から翌年六月にかけて、渋沢敬三を中心とするミナカタ＝ソサエティの責任編集で『南方熊楠全集』一二巻が、乾元社から刊行された。この全集は、彼の業績中の人文科学方面の業績が主であるが、その全部ではない——もし真の全集に価するものを作ろうとすれば、なお十数巻の追加を必要とするであろうから——にせよ、代表的なものを知るに足りる好編集である。巻一・二が「十二支考」、巻三・四が論考、巻五・六・七が文集で、巻八から巻一二までが書簡集という編集であり、書簡集が一二巻中五巻も占めている全集は珍しく、柳田との交際期間は数年であったが、柳田への書信一六二通(一〇巻全部と一一巻の半分)も収められている。その他の人々への書信も彼の業績や履歴を知る上で重要なもので、その書信にも、学術的な価値をもつものが多い(その後、平凡社刊の全集〈昭和四六—五〇年〉には、新資料も多く収録された)。

「十二支考」

全集中で一番長く、まとまっている力作は『太陽』誌に発表の各年の干支《えと》に関する論考を集めた「十二支考」である。前記の通り関東大震災後に『太陽』の編集者が変り、大正一三年子《ね》年の「鼠に関する民俗と信念」の原稿は未発表におわったが、ここには編入されている。丑《うし》の伝説と民話については、宮武へ、牛の伝説と土俗は実におびただしく、グベルナチス伯が、動物志怪を著はし候ときも二冊の内、前一冊は全く牛に寄せた位に有レ之《これあり》、されば材料の少きにはこまらずして材料多過ぎるより、いづれを撰び取り、いづれを捨つべきかにほとほと困り居り候。

と報じており、日本の牛に関する伝説・民話を、宮武・中道等《ひとし》らへも尋ねて集めていたのであるが、遂に成稿にいたらず、「十二支考」といっても実際は十一支考で終ったのである。その未成稿で終った理由としては、『太陽』のような有力な発表機関を失い、原稿執筆の催促がなくなったこと、折から南方植物研究所の仕事が次第に忙しくなったこと、病児の看護に苦労したことなどがあげられるが、残念なことである。

「十二支考」は、岡への書信に「未・申・酉・戌・亥の分も尻《しり》きれとんぼ」とあって、熊楠としてはそれらの五篇にもなお書き足りないものがあったのであろうが、熊楠の主著といってもよく、ここでは博物学者としての彼と、民俗学者としての彼との二面が、この動物物語の中で握手しており、動物の形態・生態に対する観察と諸国の民間習俗・諸伝説とがおびただしく引用され、文理両面と和・漢・洋と仏典にわたる博覧多識が遺憾なく表われていて、他の追従しえぬ論考・随筆となっている。中央公論社の『中公新書』第一巻、桑原武夫編『日本の名著―近代の思想―』中に、桑原は「十二支考」を紹介して、「稀代の記憶力をもったうえに、十数ヶ国語に通じる語学力をそなえた、ものすごい読書家であった南方は、かれ自身が百科全書そのものであったといえる。その知識を総動員して書かれた『十二支考』はそれぞれの動物について、世界で最も豊富な文献といってよい。」と賛辞を呈し、また「南方の書くものによって、わたしたちは日本人の生活における文化的・感情的なものの根源にさかのぼることができる。しかも、それがわたしたちが思いこんでいるほど、わが国独自のものばかりでなく、日本がどのように世界につらなっているかを教えてくれるものである」と述べているのは、熊楠が民俗学者であるとともに民族学者であったからに他ならないのである。桑原は最後に、「ともかく面白い本である」と結んでいるが、昭和四一年刊行『小泉先生追悼録』(新文明社)によると小泉信三は、その門下生から「日本で一番面白い本は」と聞かれた時、言下に「十二支考」をあげたといい、また全集刊行の夏、別の門下に「読んで抱腹絶倒するとき、案を拍《たた》いて快をさけぶことあり、いづれにしても底の知れない人とは、この人のことと思ひます」と音信しているのは、この「十二支考」を読んでいる際のことと思われる。「十二支考」の面白さが分るのには必ずしも桑原・小泉ほどの学殖を要しないが、その漢文・漢語の多い文章は現在の大学生にはよほど努力しないと分らないであろうし、熊楠の思考には飛躍(一段も二段も先へ越えて移ってゆく)があり、本幹から次第に枝葉に進み、最後にまた本幹へもどる時には読者は枝葉の内に迷いこんで容易に復帰できないきらいもあり、また、意識してとんでもない脱線もあえてして笑わせるのであるから、その文章になれないと何をいっているのかつかみどころのない感がするであろう。

熊楠の日本文化や日本文学の紹介に関する業績として、在英中に大英博物館在庫の『日本書籍目録』の製作に従事したこと、同じく『支那書籍目録』の製作にも協力したこと、南ケンシントン美術館で、日本美術の解説に関与して有力な助言をしていること、帰国後に出版されたディキンスの『日本古文篇』は彼の修正・校正によるところが多いこと、またディキンスと『方丈記』を共訳したこと、文理両面にわたって英国の雑誌に日本と中国の文化を数多く紹介したことなどが挙げられるが、それらについてはすでに多少述べたので、ここには重複をさける。ただ一つだけ『方丈記』共訳を出版したときのことを宮武に、

ヂキンスと合力して、方丈記を訳し、ロンドンの皇立アジア協会雑誌へ出せり。従来日本人が洋人と協力して物を出す節は、必ず洋人を前に出す例なりしを、小生強剛に主張し、小生の名を前に出せる也。

と報じていることをあげよう。当時熊楠三十九歳、英国の前大学事務総長で七十に近い老大家に対等にこうしたことを主張し、またそれを実現させているのは、熊楠にしてはじめて言い得、またなし得たことである。なおこの共訳は、その後、日独教授交換の際、ドイツの某教授が、第一回の演説をなし、『方丈記』の翻訳六―七種を比較検討した上で、最も正確で欧人によく分るようにできていると批評し、その演説を大正一一年に刊行したといわれる（民俗学者岩田準一より熊楠への書信による）。

熊楠の文科方面の業績として民族学からいえば比較

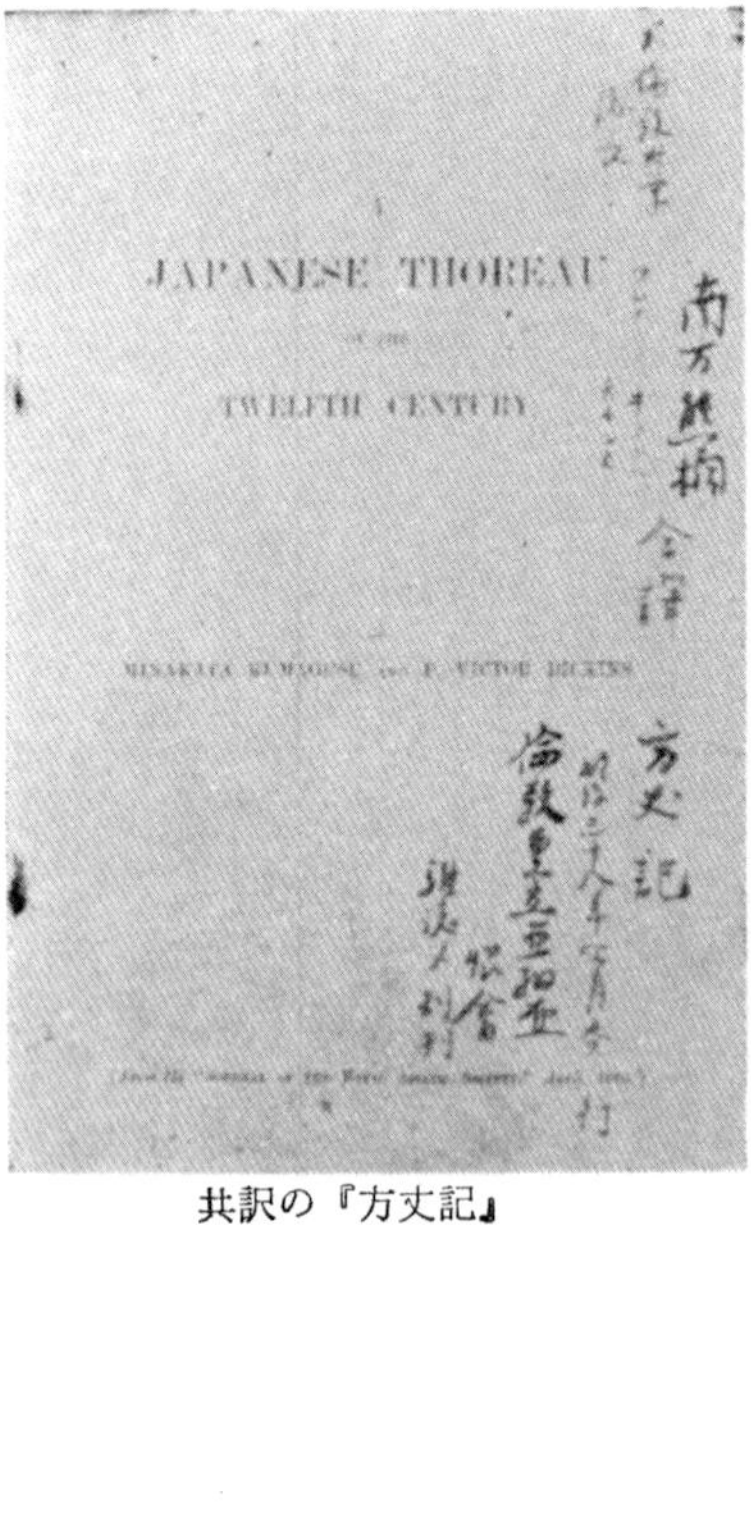

共訳の『方丈記』

説話学、文学からいえば比較文学の研究も重要な位置を占めている。『今昔物語集』の説話の原典に対する研究では、前述の通り芳賀の『攷証《こうしょう》今昔物語集』の不備を補って数多くの指摘をしているし、『宇治拾遺』その他の古説話や、近世に入ってからの説話・笑話の出典の指摘などにも注目すべきものが少なくない。

明治三九年一月号の『早稲田文学』に坪内逍遙は、ホーマーの『オデュッセー』から舞曲の「百合若《ゆりわか》」の説話を生じたことを述べているが、熊楠は大正七年の『太陽』に発表した「馬に関する民俗と伝説」中で、坪内のこの説を是認し、さらに小栗判官と照手姫の説話はアプレイウスの『金驢篇《デ＝アシノアウレオ》』の所々を摸《うつ》し入れた跡が少なくないことを、例証をあげて説いている。

その前年の『太陽』の「蛇に関する民俗と伝説」中では安珍・清姫の説話は、『別訳雑阿含経』巻二〇の阿那律尊者の説話から転用したものであろうかと述べている。

昭和三九年刊の角川文庫の鈴木棠三校注の近世初期の笑話集『醒睡笑《せいすいしょう》』上下二冊は、文庫本には珍しいほど学問的な内容をもった好著ではあるが、下巻の「うそつき」の話の原典は、その脚注にも補注にも記入されていないのに、熊楠はすでに四〇余年前の大正一三年五月の『日本及日本人』にその典拠が『琅邪《ろうや》代酔編《だいすいへん》』二四にあることを紹介している。西鶴その他の浮世草子中の中国種の説話を指摘したり江戸笑話の中国笑話からの影響まで早くから指摘したのである。

熊楠は在英中と帰国後に、大規模な比較説話学の論考を英国で発表しているので、その方面でも国際的な知名の士であり、彼は、

英国の弁護士でデカメロンの諸話の起因と類譚を著はしたエー＝コリングウッド＝リー氏が出板前に書を飛ばして、予が知つた丈《だけ》のことを洩《も》らしくれ、編入したいからといふて来たので、多少書き送つた（『全集』巻二、二一五ページ）。

としるしておるが、これは A. Collingwood Lee が "The Decameron, Its Sources and Analogues" を著す前に助力を願い、また彼の提供した資料をその著の中に取り入れていることについてしるしているのである。こうした国際的な比較説話学者であった彼が、日本文学のその方面の開拓にも貢献したことは当然というべきであろう。

比較文学が学問としてこの国で取りあつかわれるようになったのは、戦後のことで、敗戦後国粋主義の孤立の愚かさから目ざめ、外国の比較文学研究から影響されて始めて着手されたといってよく、熊楠の時代には比較文学は、まだ学問として行われていないような時期であったから、彼の論考も断片的であり、系統的ではないが、ともかく、将来発展さすべき多くの課題を示しており、この国の比較文学の先駆者（または比較文学的研究の先駆者）としての栄誉を荷うべき業績を残しているのである。ことに和・漢・洋と仏典中の諸説話の博捜は、彼の独壇場というべく、個人の力でこうしたことをなし得る人が、今後出得るかは疑問である。

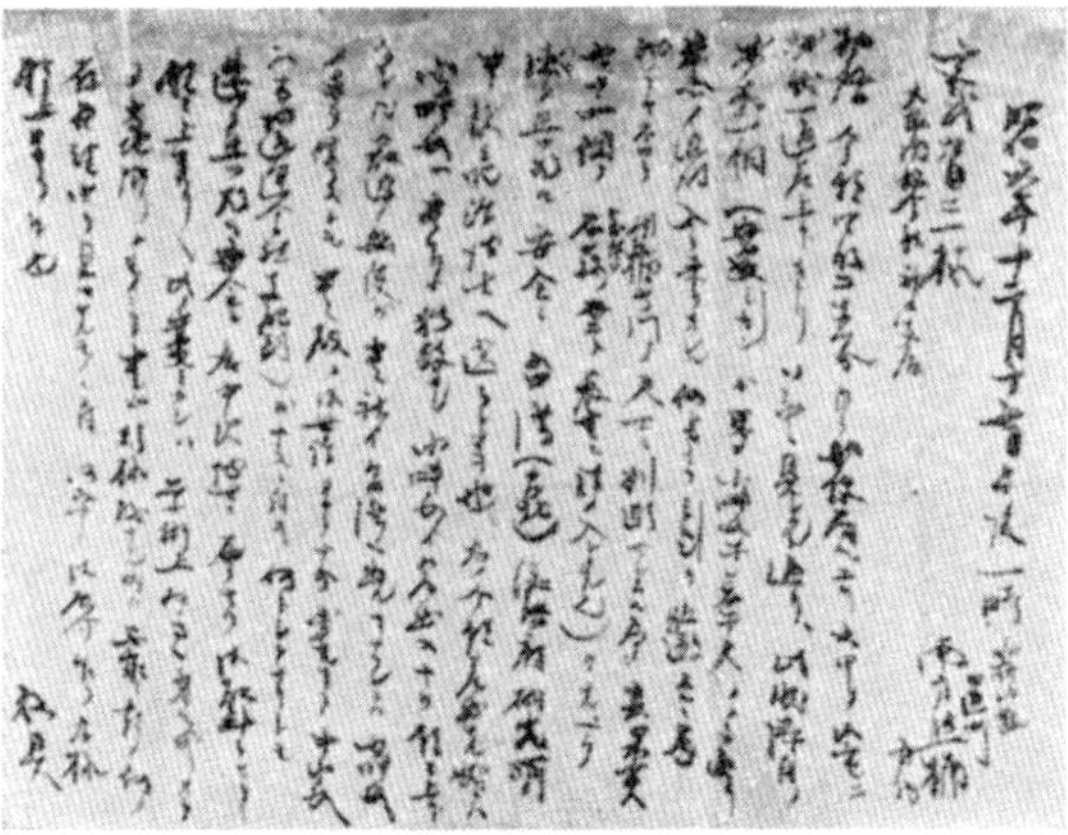

安藤ミカン送附の依頼状

神戸市大坂商船会社支店　十二月十七日午後出

宮武省三様

荷物一個ニ添付ス

和歌山県田辺町

再拝

中屋敷町三六　南方熊楠

（この書状は、南方翁の親交のあった柑橘類の専門家田中長三郎博士が、当時台湾に在ったので、安藤ミカンを送り、研究させようとした時のものである。）

昭和六年十二月十七日午後一時　和歌山県田辺町　南方熊楠再拝

宮武省三様　大坂商船会社神戸支店

拝啓　今朝四時二十五分自ラ郵便局ヘユキ六甲ノ御宅ニ拙状一通差上ゲオケリ。ソノ中ニ具シタル通リ、此状添付ノ木箱一個（安藤ミカンガ果シテ小畔氏等若干人ノイフ通リ米国ヨリ近時入リ来リオレル何トカイフミカンヲ駆逐スルニ足ル物ナリヤ否ヲ柑橘専門ノ人士ニ判断セシムル為メ其果実七十一個ヲ石蒜《ヒガンバナ》ノ葉デ厳重ニ詰メ入レタル也）ヲナルベク速《ハヤク》、且ツ尤モ安全ニ、台湾（台北）総督府研究所中沢亮治博士ヘ送ラレタキ也。右ノ今朝差出セル状ニハ、小畔氏ヘ貴下ヨリ転致サレ、小畔氏ヨリ差出スヤウ願ヒ上タレドモ、最近ノ船便ガ貴社ヨリ台湾ヘ出ル事ナランニハ、小畔氏ノ手ヲ借ラズトモ、貴殿ノ御世話ダケデ十分出来ル事ト中山氏（当地通運会社支配副）ガ申スニ付、何トシテナリトモ速ク、且ツ尤モ安全ニ右中沢博士ニ届クヤウ御取計《ハカ》ラヒヲ願ヒ上奉リ候。此安藤ミカンハ学術上何ノ事モ少シモ分リオラヌ当地限リノモノニテ、小生ガ斯様致サザル時ハ、国家ニ対シテ何ノ存在理由ヲ具セザルモノニ付、何卒御厄介乍《ナガ》ラ右様願上奉リ候也。　敬具熊楠は日本の古い文学書を、その民俗学の資料として使用するためにおびただしく読み、ことに庶民の説話・笑話や俳書の類を多読しているが、その民俗学的な解明が同時に日本文学の解明に寄与しているものも少なくないのであって、今後彼の方法とは逆に民俗学を利用して、この国の庶民文学を研究することに大きな指示を与えている。ここでは紙数の関係もあって、実例をあげることを省略せざるを得ないが……。

以上は、熊楠の業績についての概要を列記したにすぎず、意を尽し得ていないので、終りにせめて、彼を尊敬していた小泉信三の「在野無援の一私学者でこれだけの造詣《ぞうけい》と業績とがあつたことは、日本の学問の歴史に伝ふべきことである」の賛辞をあげて、結んでおくことにする。

一三　晩年と死後

筆者はこれまで熊楠の生涯を述べる際に、かなり多くの奇行についてしるした。それは彼自身の記録・談話や、信頼すべき側近者・知人・門人などから得た資料によったのであるが、一般の歴史が日常時のことはかえって忘れられ、珍奇なことだけが、後世に伝えられるとおりで、彼の場合もまた奇行がクローズ＝アップされすぎる傾向があった。それにしても後年になると、彼の奇行は次第に影を没してしまい、最晩年の彼は外出することも少なく、田辺に住む人でも、その顔を見知らぬ者が多くなったという。

大正の後期に南方植物研究所を設立したことは、良心的な彼に大きな責任を負わせ、それから後に生じた病児の三年数ヵ月の看護は、この世の意のごとくならぬことを痛感させ、その前後からあの大酒豪が全く断酒しているし、この一代の不幸事のあとで、一代の光栄とした進献と進講の慶事が生じている。熊楠はもはや社会への責任、家庭の拘束と、皇室の愛顧をこうむる身であり、それが自然弱年・壮年時のような自由奔放な行動を許さなくなり、その自戒と内省とが寄る年波とともに人としての彼をより深く大きく重厚にしていった。

熊楠には上述のように粘菌学では小畔《こあぜ》らのすぐれた高弟があったが、民俗学は彼にとって副次の学ともいうべきであったためか弟子をもたず、昭和一一年の大毎紙に「雑賀《さいか》貞次郎と宮武省三とが民俗学の方の高弟」という記事が出た時には、わざわざ宮武に書信を寄せて二人を自分の弟子と思うような不遜《ふそん》な気持ちはなく、あれは記者が勝手に書いた記事だからあしからずと弁解している。しかし事実上では二人とも師事していたのであるが、宮武は文通で教えを受け、熊楠に一度しか面会していないが、雑賀（独学で民俗学その他の著作をなし、また『田辺市誌』の編者としても名高い郷土研究家。昭和三九年没八二歳）は田辺の人なので絶えず側近にいて、彼の日常に接していたのである。昭和七年の元日に宮武が田辺に彼を訪問した際の記録には、「おあひするまでは、どんなにむつかしい先生かと想ふてゐたが、なんの〳〵肩の張らない、なつかしみのある大人であつた。単一観念狂で、専門外のことはなんにも知らない、また知ることを欲しない者の多いわが国で、先生のごときは実に尊ぶべき偉大な善知識であると景仰の念を高めた」とあり、雑賀は、彼の死後に「終始変らず御指導下され、いろ〳〵書物を下さったり、貸して下さった。この正直な、義理堅い、童心な、何のかけ引きもない先生を変人というのはおかしいと思ったほどである。」と追懐している。その雑賀の回想記によると、熊楠が年中はだかで生活していたというのも伝説にすぎず（もっともこれは熊楠自身がその書信中に〝年中はだかでいる〟と再々書いていることから生じたための誤伝であろうが）、ただ寒冷でも随分薄着であったことは、高野山に同行した楠本のしるすところである。

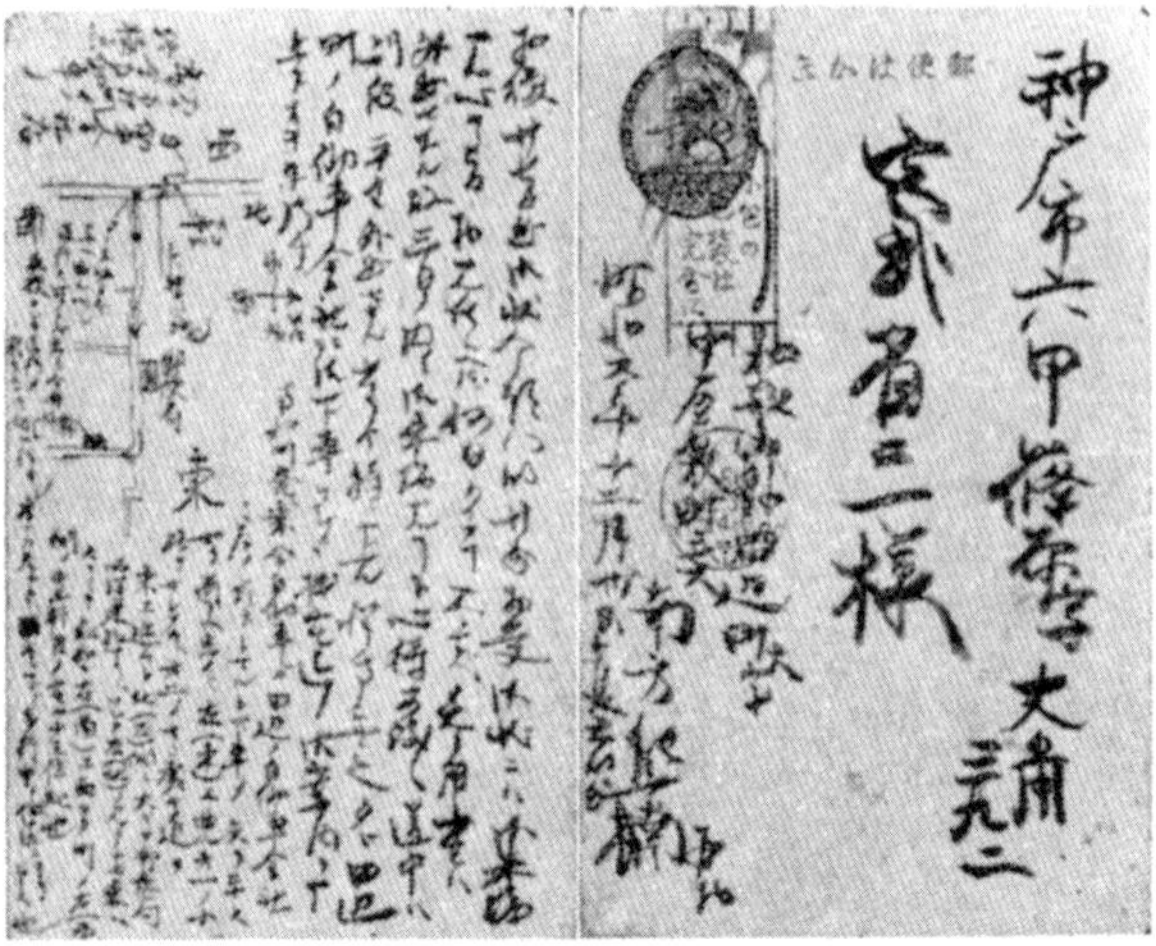

道案内のハガキ

神戸市六甲篠原字丈角三九二
宮武省三様
和歌山県田辺町大字中屋敷町三六
再拝
南方熊楠
昭和六年十二月卅日午後六時ニ出

南方翁は宮武にたびたび来遊をすすめられ、宮武はこの招待により昭和七年一月一日来訪して歓迎をうけたのであった。翁の旧宅はこの図の通りで、今日も田辺郵便局（本局）を目標にして行けばすぐに分る所にある。当時鉄道は南部《みなべ》までしか開通しておらず、南部町より一時間おきに田辺町へ乗合自動車があった（昭和六年南部まで開通、翌七年田辺まで開通）。

文中の今井教授とは北海道大学教授の今井三子氏で、六年一〇月の来訪の際、道を間違えたのである。

拝復廿七日出御状今朝八時廿分拝受、御状ニハ御来臨アルベキ旨拝見仕候ヘドモ、何日トイフ事見エズ、兎ニ角小生は外出セザル故、三日ノ内ニ御来臨アル事ト心得可致候。道中ハ別段平生外出セザル小生ヨリ、特ニ申上ル程ノ事無之、タダ田辺町の自動車会社ニテ御下車、ソレヨリ拙宅迄ノ御案内ヲ申上ゲオキ候。乃チ南部町発、乗合自動車ガ田辺ノ自動車会社店ノ前デトマルト下車シテ、矢デ示ス如ク南ヘ歩ミ左（東）エ曲ル、第一ノ小路ヲサシオキ、第二ノヤヤ広キ道ヲ東エ進ムト北（左）側ニ大キナ郵便局西洋建物アリ、ソレヲ左（北）ニ見テナホ東ヘススミテ最初ニ右（南）エ曲ツタ町ノ右（西）側ノ第三軒目ノ宅ガ小生ノ住所也。

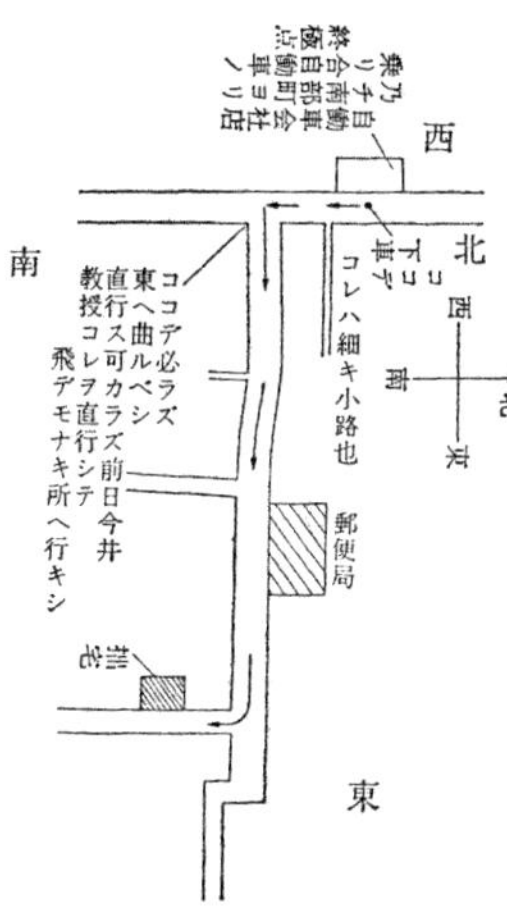

右トカ左トカハ貴下ノ歩行中ノ位置ニヨリ申ス也。

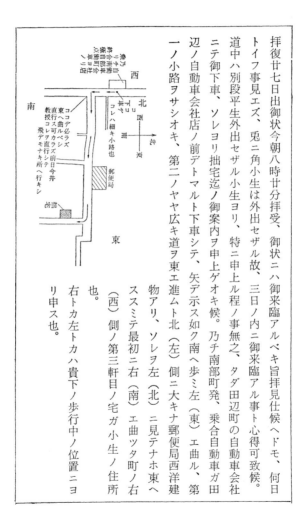

博物館設立に反対

熊楠の老年になってからの社会活動として、昭和八年の夏、大毎紙に、田辺中学校長と第一小学校長が、知事に瀬戸村社御船山社の境内に行幸博物館設立を請願している記事をとりあげて、斉明天皇行宮の地かとも推察される「神林の蓊鬱たる」聖域に、つまらぬ生物博物館を建てることを不可とし、知事に陳情して、「この博物館は生物学のものだから蟹《かに》の甲《こう》を外《はず》したり、蛇《へび》をアルコホルに漬《つ》けたり、蝶《ちょう》を針で留めたり、鳥の腹を抜いたりすること残酷無情、血を流し叫喚《きょうかん》せしむる事、さながらの活地獄《いきじごく》で、神社と丸で調和せず、大いに内外を不浄にする。此の理由に随ひ小生は、此の神社境内に博物館を開く事は聴許なきことを冀《こいねが》ふ」と申したて、ついにその一一月に設立を中止させたことがあげられる（『全集』巻五、二三六ページ）。これは地方新聞へ出した記事で、表面知事あての陳情書となってはいるが、実は世論にうったえて、白浜温泉土地株式会社が三万円位の行幸記念博物館を建て、観光客から収入を得んと企てたことに対する反対であったのである。

毛利県会議員の選挙事務長となる

同一〇年九月、熊楠は友人毛利清雅の県会議員立候補の際、その選挙事務長を依頼された。毛利は十八歳で田辺の高山寺（熊楠の墓のある真言新義の大寺）の徒弟となり、高野山大学に学び、明治二八年二十五歳の若さで高山寺住職となったが、還俗して新聞社長となり、明治四四年から県会議員に当選すること五回、六回目の昭和六年には落選したので、同一〇年九月にまた立候補したのである。熊楠と毛利とは、時には親しく、時には仲たがいをしているが、毛利が県会にあって熊楠の主張（たとえば神社合併反対の時など）を助けたことも多く、また南方植物研究所の設立にも尽力しておるので、熊楠としては選挙事務長などは好まぬところであったが、毛利が前回の落選に顧み、特に頼みこんだので引き受けたのである。その時のことを、

九月下旬、毛利氏の選挙事務長を頼まれ渋々《しぶしぶ》承諾をしたものの、両脚は不自由なり、何一つ奔走する事も成らず。さりとて事務長たる者が、何もせずに居ては相済まずと、葉書を千十八枚認めて、両郡の諸町村へ出した。一番え

らかったのは十月一日に夜九時頃から二日朝までに三百十二枚書いた(『全集』巻五、一九二ページ)。

としるしている。この熊楠の署名したハガキを受けた選挙権者で、それを大切に保存した人も多数あり、田辺公会堂での毛利の演説会には、熊楠が顔を見せると聞いて、公会堂は超満員になったそうで、結局毛利は当選している。

新庄村の合併反対

昭和一一年春から夏にかけて、和歌山県庁は田辺町へ新庄村を合併させようとして、村民にたびたび勧告したが、熊楠はこの合併にも反対している。彼は、九月九日の本紙(注、牟婁新報)に、当町と四村を合せば地面と戸数と人口が県下第二の大田辺市となるといふたが、それでどうなるといふのか。今日の東京はロンドンより百三十二万三千人、パリより二百八十二万九千人多いが、世界中誰一人東京をロンドン・パリより優等といふ者は無い。市政の紛乱・風儀の壊敗などは第一であらう(『全集』巻五、二一八ページ)。

としるしており、その反対の真意は比較的豊かな新庄村が、合併によって田辺町の借財を分担する不合理にあったようで、「自治の一群団をなす上は、無暗《むやみ》に他町村の威力を迎合屈服すべきにあらず」といい、「合併を行ふて得分あるは、他府県から浮き草根性で月給稼《かせ》ぎにくる官吏だけで、合併町民はそんな人々の栄達昇進の足踏《ふ》み台に使はるる」とも警告している。要するに中央政府から〃地方町村の自活を確立するように努力すべし〃との通達をうけた地方官が、その存任中に業績をあげんとして、村民を勧誘したのに対しての抗議で、この合併も結局実現にいたらずに終っている（西牟婁郡新庄村は昭和二九年に田辺市に合併し、現在は田辺市新庄町である）。

熊楠の一代の間には、神社合併反対運動を最大として、数多く官僚に抵抗しているが、この小書中では収録し得なかった事件も多く（たとえば、明治時代に田辺旧砲台跡の公園を個人に売却した際の反対。田辺町と湊・西ノ谷両村の合併の反対。大福院の隣りに映画館を建てることの反対など）、歴代の知事始め地方行政官にとって、この在野の学者は隠然いや顕然たる勢力をもつ手ごわい存在であった。彼はただ書斎の学究

次第に老衰加わる

ではなく、不合理なことには一歩も譲らず、常に庶民の福利を願い、固有の文化を守りぬこうとした正義の闘士で、彼の声望をもって世論に訴えるときは、官権の力もいかんともしがたいことも少なくなかったのである。

しかし昭和一二年になると七十一歳であり、次第に老衰の度も加わってゆき、この頃から戦争もはげしくなって非常時態となり、種々生活上の不便も生じてきて、往年のような対外活動の元気も失われている。その三月息熊弥の病状がやや良好で京都の岩倉村から九年ぶりで和歌山の海南に移って療養するようになったのは、熊楠の物心両面の生活によろこびを与えてはいるが、すでに十数年間も世間から隔離されていたことでもあり、その再起には希望がもてなかった。前年から頸筋《けいきん》に脂肪質のコブができたり、左手の関節を病んだりしていたが、この八月にはその首のコブが大きくなり、神経痛で手の自由もきかないことも多くなったり、両眼が混濁したりしている。一一月二八日付の山田栄太郎への書信には、

「毎日毎日手のとどく限り写生と記載に疲れおり、その他のことは記憶全く取りまとまらず候」とあり、また防空演習の灯火管制のために夜間の作業のできぬ不便もうったえている。しかし、すでに『日本菌譜』四、五〇〇〇枚を極彩色で作ったので、さらに五〇〇枚だけ娘と二人でこしらえて五、〇〇〇枚でしめくくりとしたいというほどの意欲をもっており、二日がかりで長文の手紙を書くだけの気力を失っていない。

義姉の亡霊

その心身の衰えと疲れのためか、義姉の亡霊の幻影を見るような不思議な心理現象を生じており（もっとも壮年時から熊野・那智などで幽霊や幻影を体験しているが）、この山田あての書信と、同一四年三月高野山の学僧水原堯栄へ送った書信によると、義姉の亡霊は何年にもわたって熊楠を悩ましていたことが分る。彼の父は向畑家から入婿に入り、母は西村氏の女なので、両親とも南方家の血統をひいた人ではなく、この夫婦には養育すべき南方家の娘（系図参照。父の先妻と前夫との間に生まれた娘）があったのであるが、次にしるす山田あての書信にあるような事情で行方不明になっていたのである。

その娘は継母たる小生らの生母との仲悪く、色々誘惑する者あつて、十六ー七歳の時泉州へ脱走し、その頃ちよつと名ありし博徒《ばくと》の妾《めかけ》ごときものとなる。明治五年小生六歳の時、拙父おひ〳〵身上をもちあげ、和歌山目ぬきの寄合町に宅を求めて普請成り、引き移り候を聞き込み、その博徒が小生の姉をつれて乱妨《らんぼう》に来り、恐喝《きようかつ》取財にかかりし所を、張り込み居たる捕亡吏《ほぼうり》(巡査)に捕はれ、禁獄され、その場にて姉はきびしくその博徒に打ちたたかれ、涙に沈むばかり歎き居りし体が、今この状を認むる内に、この半切り紙の上に現はるるごとく覚え候。小生はちと鈍感な生れにて言語は六歳の頃迄発し難かりし故、何の事とも知らず、ただあきるるばかりなりしが、自然大体の事情は子守り奉公の輩《はい》らなどの話しよりほぼ知るにおよび候。その姉の成り行きは一向知るに由なきも、(略)小生の生母の伯父が警察に出頭して願ひさげ(注、博徒のこと)、以後決して難題を持ち込まぬといふ事を誓言せしめた上、手切れ金を遣はし、博徒はまた小生の姉をつれて泉州へ還り、さんざん玩弄《がんろう》された上、娼《しよう》妓《ぎ》か何かに売り飛ばし、肺病位にかかりてはやくこの世を去つた事と存じ候。(略)そんな姉があつたといふ事は小生の外に知つた者なし。しかるに小生も死期が近くなりしにや、去年より毎夜〳〵その姉が小生の側《かたわ》らに現はるる。暦《こよみ》を閲《けみ》するに、六十五年間往生《おうじよう》せずに中有《ちゆうう》にさまよひ居るらしい(『全集』巻一二、三六三ページ)

熊楠は上記のような一家の秘事を報じて後、多くの同腹の兄弟姉妹中、現在では自分と常楠のみしか生存していないのに、「この二人が異腹の兄弟にも見られぬ程中よからず。これ右の異種異腹の姉の寃魂《えんこん》の所為と考え候」ともしるしている。同一四年三月水原への書信には、

小生只一度見たきりのその長姉が小生の眼に留まりしより既に六十七年を経

る。六十年めになりし頃より、夜間この書斎に静座するに折々、その長姉が泣き居りし面影をありありと見る。(略)近年脚が快方にならば一度和歌山へ上るから、何とぞ同市迄御下向、右に申す異母姉の為めに、せめては戒名を付けやり下され度く候(『全集』巻一二、二六六ページ)。

と依頼している。上記で七年にわたって姉の亡霊に悩まされていることが分るが、その後のことは、記録したものを見ないので不明である。ただこの姉の亡霊かどうか知らぬが、最晩年になると離れの書斎でひとりでいると亡霊になやまされるといって、母屋《おもや》の方へ居《きょ》を移したとも伝えられている。

絶えざる努力

こうした心身ともに健康を失っているが、少しでも小康を得れば休みなく菌の写生や解説をなし、長文の手紙を書いたり、時には原稿にも筆をとっている(たとえば「太田君の進軍中に見た支那習俗を読む」のような)のであって、その過労はまた衰弱を加えてゆくのであった。第三者から見れば、この老体の病気の身を、もっと気楽に養生したらと、いたましく、悲惨にも思われるが、読書と執筆とが習性となっている熊楠には、それ以外に楽しみも生きる道もなかったのであって、まさに「斃《たお》れて後やむ」という文字通りの努力が続けられている。それは所詮は真の学者や芸術家の宿命ともいうべきものであろうが……。この晩年に、彼の唯一の慰めとなったのは娘文枝の協力であって、父に似て眉目秀でた愛娘《まなむすめ》は、たえずその側近にあって菌の写生の手つだいをしたり、墨をすって父の労をいたわったりして、まめまめしく孝養を尽したのである。

戦争が衰弱を加える

田辺のような農村にとりかこまれている地方でも戦局の拡大につれて食糧事情は悪化し、配給米も外米となると老衰している彼は腹痛・下痢をおこしたり、肝臓を悪くしたり、膀胱を患ったりしている。そして多年にわたって部屋にこもり、写生や読書や執筆を事としていた肉体は、肩も腰も筋肉が硬化してゆくのであった。

知友相ついで死す

昭和一三年一二月には、数十年来の友人毛利が、和歌山から田辺に息春夫の入営を見送るために帰ろうとして、和歌山駅で脳溢血を起して卒倒し、六十八歳で死亡しており、一五年一〇月には多年彼に随伴していた川島草堂が御坊の旅館で六十一歳で死亡している。さらに一番彼を失望落胆させたのは、青年の日から「小生第一の後見職」（明治二〇年杉村への書信。『全集』巻八、三〇七ページ）といい、その田辺定住も、結婚も、彼の健康管理も、すべて世話になった親友喜多幅が、一六年三月彼とほぼ同年の七十六歳で死亡したことであった。

病勢さらに進む

この喜多幅の没した年の暮に、彼もまた世を去るのであるが、八月初旬には大便秘をおこし腸出血をしており、やや回復した中旬の一三・一四・一五日と南紀に大暴風雨がおそい、彼は大風雨中をはだかで、培養中の菌類の取りかたづけをしたところ、それが障り発熱して病床につき、「取とめたる思案の力もなく白痴《はくち》同然なり」（中山への九月一三日のハガキ）というような状態になっている。しかしまた多少回復す

ると、いつものように長文の書信をしたため、九月二二日には、中山に、

近来外国の書籍輸入杜絶せしため、小生は出版界の大物として大もての様子に有《これあり》レ之、これは大戦始まる以前の外国物が多く拙方に送られあり。殊に今回の爆撃灰滅のために今後本邦に購入の望み絶えたる大冊多量の物を小生年来潜心種々参照して稽考《けいこう》を加へ控へ置たるものの少なからず。又帰朝後買入れ輸入せし分も少なからざる故、なにか事起る毎に、社員を特派して聞合さるる事諸大新聞に多く、随分毎度美服盛粧して進物などを持ち病臥の小生に遭んと求めらるること屢々《しばしば》なるより、妻や娘は差し当り返事に困り居り候様子、小生はもはや七十五歳に相成り、この上金銭を拵《こしら》へる望みなど無《これなく》レ之、ただく\生物学上の自分攻究の成績を幾分なりとも生存中に出板して賛助諸君の篤志に答へ度候。(略)近年老眼明かならざる故、娘が専ら小生代りに写生を勉め、粘菌類は前年進献の連署四名合著として小畔氏小閑ある毎《ごと》に、写生

を勤めくれ居り候。右の次第とて自分はただ静座修養する傍《かたわ》ら、娘と小畔氏の写生を鑑別補注するのみ。（略）

と報じている。

戦争に対する憂慮

熊楠は元来少年の日から愛国の志士であったから、この大戦争を病床で、どんなに憂慮していたか想像に難くなく、一〇月一日付の宮武への長文の書信中には、大政翼賛会で山本有三が、仮名という字は偽字という字に聞えて、中国人に軽侮されるから、これを改めて何とかいう字にしたいといったのに対して、

北涼朝（梁）に訳されたる涅槃経《ねはんぎょう》に仮名てふ成語あり。それより三十年ばかり前に訳されたる妙法蓮華経の方便品には仮名字てふ成語あり。この二経は日本へ仏教が入らぬ内に漢訳されたものなれば、仮名てふ成語は早く支那に在ったこと明かなり。近日又々この事をむし返し大いに翼賛会を笑ひやらんと存ずるが足が自在ならず、高い架《たな》にある参考書をとり得ぬ故一日〳〵と延引し居

り候。

と報じ、翼賛会等の行動にも留意・批判している。前記の中山への書信中にも故孫文との親交を偲び、日中親善をたえず念願としていた事が記されていて、骨肉相食《は》むがごとき中国との戦争を、いかに悲しみ歎いていたかも想像できるのである。

その一二月に入るとさらに衰弱が加わり、三日付の田中敬忠への書信には、田中がハガキで三足の烏《からす》についてたずねたのに答えるため、午前一時から夜明けまでかかって長文の返事を書き、

吾輩これだけの事を調べ上げるに、一昨日午後より只今迄かかり、時間をつぶす事およそ三十時余、その間寒気烈しき為に卒倒して、したたか後頭を打ち、又手脚の皮膚に亀裂《きれつ》を生ぜり（『全集』巻一二、四〇五ページ）。

とあり、病体で無理をしながらも調査している様が分り、同月一〇日の上松へ安藤ミカンを送ることを報じたハガキの初めには、

小生は過日厠中《かわや》にて後頭部を打ち、又一夜に五回も闇中に偃《ふ》し倒れ、今に大病……、本日厳寒中に珍らしき菌を入手、先刻より図記せんとすれども事成らず、……手不自由故十分筆を運び得ず候(『全集』巻一二、四三〇ページ)。

とあって、もはや珍しい菌の写生もできなくなったのである。

熊楠の直接の死因は萎縮腎《いしゆくじん》で、この病気には六十八歳の時にもかかったが、一旦回復して小康を得ていたものの、また悪化して黄疸《おうだん》さえ発するにいたった。元来友人喜多幅以外からは治療を受けないのであったが、その友はすでになく、病勢が重くなるにつれて家人のすすめで同町の鈴木・中村の両医師の診療を受けてはいたが、もはや手のほどこす術もないほど進んでおり、その死は時間の問題となった。

熊楠自身もそれを覚悟しており、一六日には『今昔物語』の扉《とびら》に、

昭和十六年十二月十六日、神田神保町一誠堂に於て求む。娘文枝に之を与ふ。

と一字一字丁寧に心をこめて書いている。筆者は初め『今昔物語集』をこの期におよんで贈った理由を、この物語が彼の愛読書であり、折口信夫《しのぶ》をして「今昔物語は難解な本で、この注釈は紀州の南方熊楠さんくらゐしか出来る人はないだらう」(『折口信夫全集』第二十二巻、二五三ページ)といわしめたほど精通していた書なので、今生《こんじょう》の形見に贈ったのかと解していたが、後にその真意は、「今後の戦局は予想できず、空襲その他の戦災で家を失い、地を移らなくてはならなくなるような事態を生じたとき、この一冊さえ持っていて、南方の娘であることが分かれば、たれかがまた支援してくれることもあろう」との顧慮のあったことを聞き、父としての深い慈愛のこもった遺書であることを知り得た。

戦勝を祈る

その月の八日には周知の通り日米戦争が起り、真珠湾の攻撃などがあったので、戦局の拡大は死の床の彼をたえず憂慮させたことと思われ、一八日には数十年来南方家に出入して信頼されている野口利太郎（陶器商、古谷石の製作者、昭和五二年没、九一歳）に代筆させて、東京の上松へ山本五十六大将に安藤ミカンを贈るように依頼している。この贈り物は、「その甘度は米国のグレープ〃フルーツに勝り、吉相のよきものにつき」との意を寓して戦勝を願っていたのである（上松は山本と同郷で、中学時代の先輩であり、熊楠はかねて上松が山本と親交のあるのを知っていたからである）。

一九日にはもう筆もとれないので鉛筆書きで、小畔に安藤ミカンを送るハガキを書いているが、これが絶筆であったといわれる。

二八日の朝は、いくらか気分がよかったが、その夜いちじるしい病変が現われたので、文枝が「お医者さんをお呼びしましょうか」と問うと、彼は、

もういい。この部屋の天井に美しい紫の花が咲いている。医者が来れば、この花が消えるから呼ばないでくれ。

と答えたそうで、この詩のような言葉——進講を承った光栄の日、紫の樗の花の咲いていたのを、臨終の脳裡にふと想ったような言葉——を最後として深い眠り

におち入り、二九日午前六時三〇分、幸と不幸との入り交じった多事な七十五年の生涯を終った。

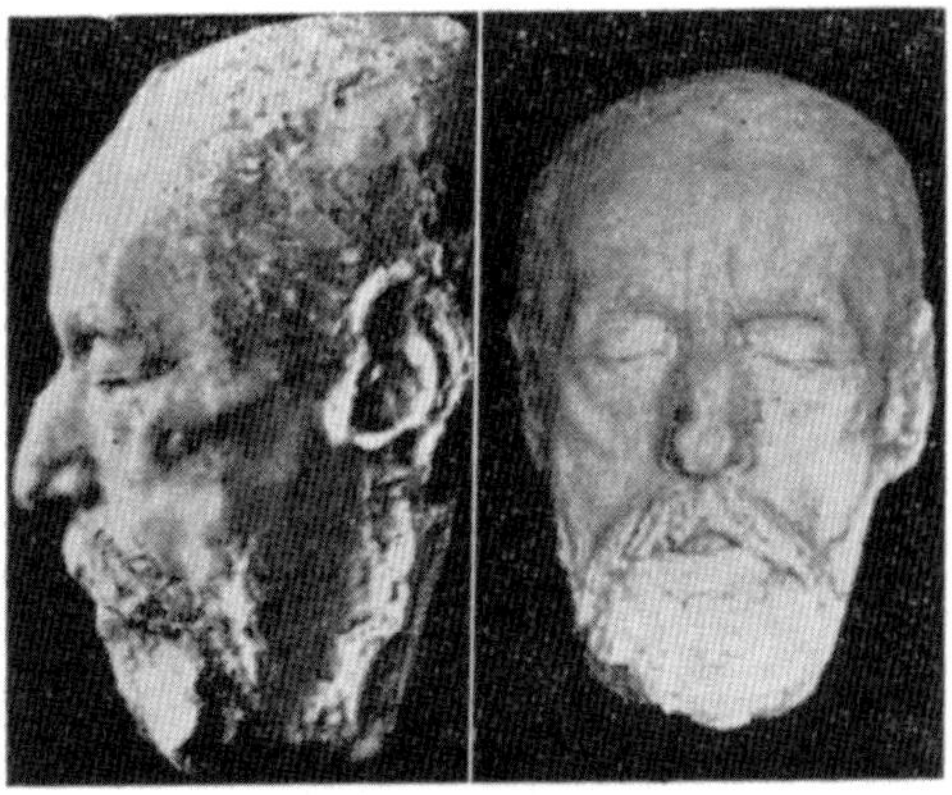

デス＝マスク（木村伊兵衛撮）

南方熊楠墓（高山寺）

デス＝マスクと解剖

同夜彫刻家保田竜門によってデス＝マスクをとることになったが、戦争中ですでに石膏がなく、歯科医から分けてもらって型をとったと聞く。そのほりの深い顔は、ギリシャの古哲を思わせるようで、芸術的な香気がただよい、独自の道を生きぬいた、この人の風貌をよく表わしている。

翌三〇日午後には大阪帝大医学部森上助教授が学生数名と到り、庭前に古い縁台を持ち出してその上に遺体を横たえ、折から寒風が樹木を吹きならす青天の下で頭脳の解剖を行なった由で、その脳髄は、常人よりやや大きい程度だが、側頭葉の上のみぞ（視覚性発語中枢）の発育が特に優れていたという。

墓所

翌々三一日には田辺の稲成村糸田の真言宗高山寺で葬送され、遺骨は高山寺境内の墓地と和歌山市延命院の南方家の墓地とに分骨して納められていると聞く。法名は智荘厳院鍐覚顕真居士である（稲成村は現田辺市稲成町 昭和二五年田辺市に合併）。

今高山寺のその墓へ参れば、内助の功のあった妻松枝（恵鏡院慈光妙遍大姉、昭和三〇年一一月六日没）と、天才の子に生まれながら、不幸な生涯を送った息熊弥（春堂慈覚居士、昭和三五年二月一八日没）がともに葬られている。この墓地は小高い丘の上にあり、そこから彼の保護してやまなかった神島も眼下に展望され、そしてはるか湾の彼方の白浜の臨海には、つぎにしるす南方熊楠記念館が、その死後二四年にして落成開館されている。

死後の展覧会と全集

熊楠が残した多くの文献・遺品、多年採集の標本類は死後田辺市中屋敷町の旧宅に保存されていたが、昭和二六年五月から東京・名古屋・大阪・和歌山・神戸・田辺などで、その一部が陳列公開されたことがある。また同年五月から翌二七年六月にかけて『南方熊楠全集』一二巻が刊行されて、その多方面で多彩な業績は世人を驚かせたが、やがて歳月の波は人々の記憶からうすれさせてゆくのであった。

昭和三七年五月、両陛下南紀行幸啓の際、白浜の古賀乃井旅館の屋上より神島を望見され、天皇は三三年前雨中で熊楠とお逢いになった日を追懐されて、

雨にけぶる神島を見て紀伊の国の生みし南方熊楠を思ふ

と詠まれ、この御製を翌三八年一月の初めに御発表になった。この御製に感激した和歌山県知事小野真次を会長とする南方熊楠記念館設立発起会の人々が、一般からも支援を求めて記念館を建築し、ここに熊楠の遺品を陳列し、その業績を公開して、この国の文化の向上に寄与しようと尽力した。

こうして記念館は田辺湾頭の史蹟で紀州藩の番所のあった白浜臨海の番所山上に建築されることになった。ここは白浜第一の景勝の地で、臨海パークに入って坂道をのぼってゆくと自然にその門に達する所に位している。門を入ると正面に御製の碑があり、その右手に近代的な鉄筋コンクリート二階建の記念館がある。

この記念館の設立は、学究としての陛下の御温情によるところが多く、この御製の碑は重要な意味をもっている。設立発起人顧問の小泉信三のすすめで、平和の愛好者であった参議院議員野村吉三郎（元海軍大将、駐米大使）が、御製を謹書した（この時すでに野村は病床にあって、これが絶筆となったと伝えられるが、謹厚典雅な筆蹟である）。碑は大きな御影石の台に、丸亀産の自然石を組合せ、その上に建てられた約二・一メートルの福島産の黒御影石に御製を彫刻した堂々たるもので、その除幕式は記念館の工事完成に先だち、行幸後二周年の三九年五月に挙行されたと聞く。この御製の碑と、神島の熊楠自詠自筆の行幸記念の歌碑とは、相呼応して、天皇と在野の学者との学問を通じての敬愛の至情が、敷島の道によって表わされていて、日本の数多くの詩碑のうちでも特筆すべきものである。

南方熊楠記念館正面

記念館は三八年三月義宮（現常陸宮）の白浜御旅行の際にお鍬《くわ》入れを願い、その翌三九年一月には天皇より熊楠がかつて献上した変形菌（粘菌）標本のカラー引伸し写真を賜わっており、同五月に起工して四〇年三月末に落成、四月一日から開館された。一階には文献・資料の一部を蔵め、館長室・事務室などがあり、二階に冷暖房の施設のある展示室がある。屋上は展望台で田辺湾内外の好風をほしいままに望見することができる。展示室は六室に分かれ、幼少年期から晩年にいたるまでの多数の写真とともに重要な業績が陳列されており、この巨人一代の履歴と業績の大概を知るに足りる。白浜は観光客と浴客の町であるが、ここは遊客のおとずれも少なく全く別天地の観をなし、美しい自然の中に学問の殿堂がしずまっている（記念館は、ある特殊事情で多年閉館されていたが、昭和五七年四月一日再び開館され、一般に公開されている。木曜休館）。

略系図

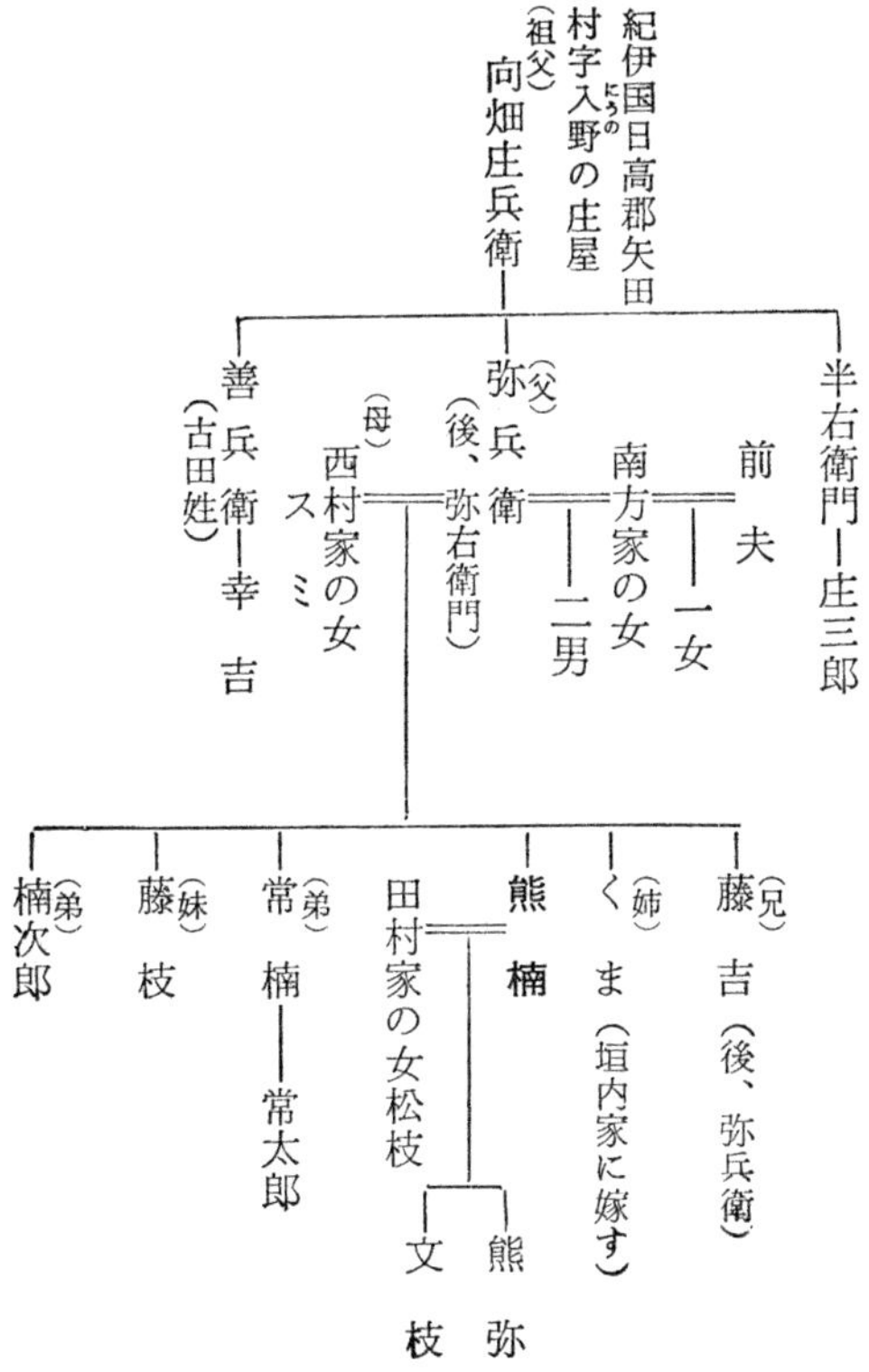
紀伊国日高郡矢田村字入野《にうの》の庄屋
(祖父)
向畑庄兵衛
半右衛門
庄三郎
(父)
弥兵衛
(後、弥右衛門)
前夫
南方家の女
一女
二男
(母)
西村家の女
スミ
善兵衛
(古田姓)
幸吉
(兄)
藤吉
(後、弥兵衛)
(姉)
くま
(垣内家に嫁す)
熊楠
田村家の女松枝
熊弥
文枝
(弟)
常楠
常太郎
(妹)
藤枝
(弟)
楠次郎

父弥兵衛が入聟となった先妻との間にできた二子は幼少で死に、熊楠は知らず。南方家の女と前夫との子の義姉は家出して行方不明。兄藤吉は熊楠より七歳年上、大正一三年呉にて没。六十五歳。姉くまは熊楠より三歳年上。大正の末急死。弟常楠は熊楠より三歳年下。昭和二九年没。八十五歳。妹藤枝は明治二〇年熊楠外遊中没。十六歳。末弟楠次郎は常楠より七歳年下。西村家の養子となり、大正一〇年没。熊楠が昭和一六年死去の際には、弟常楠のみ生存。

略年譜

年次	西暦	年齢	事蹟	参考事項
慶応三	一八六七	一	四月一五日、和歌山城下橋町の金物商南方弥兵衛の次男として生れる。母は西村惣兵衛の次女スミ	二月、明治天皇践祚〇一一月、大政奉還〇一二月、王政復古
明治二	一八六九	三		四月、東京遷都
四	一八七一	五		八月、廃藩置県
五	一八七二	六	父弥兵衛、和歌山の目ぬきの寄合町に宅を求め、普請成り移転する	
六	一八七三	七	雄小学校に入学	
八	一八七五	九		七月、柳田国男生れる
九	一八七六	一〇	鍾秀学校に入学	
一〇	一八七七	一一		西南の役（二月～九月）
一一	一八七八	一二	小学校初級時代から『節用集』などの書物を借りて筆写自習する。学校の課外に毎夜遠藤徳太郎より漢学の素読を受ける	
一二	一八七九	一三	和歌山中学校創立され、入学	

明治一四	一八八一	一五	明治九年十歳の頃から『和漢三才図会』を筆写し始め、この年写し終る。『本草綱目』『大和本草』なども筆写する	
一五	一八八二	一六	両親・弟常楠らと高野山へ登り、名宝展を見る	
一六	一八八三	一七	和歌山中学校卒業。上京して神田の共立学校に入学○この頃、米国のカーチスと英国のバークレーの菌類調査が六〇〇〇点あるを聞き、日本の菌類七〇〇〇点を採集しようとの志を立てる	
一七	一八八四	一八	前年より共立学校において英語を高橋是清に学ぶ○七月、大学予備門に入学	
一八	一八八五	一九	上野の図書館などへ通い和漢洋の書を読み自学○四月、鎌倉・江ノ島へ行く○七月、日光へ行く○東海散士の『佳人之奇遇』を読み感激する○一二月、試験に落第	
一九	一八八六	二〇	二月、大学予備門退学。郷里和歌山におり、四月、親友羽山繁太郎のすすめで日高郡に遊ぶ。その後繁太郎と鉛山《かなやま》温泉（現在白浜温泉の一部湯崎鉛山の古称）に遊ぶ○外国遊学の志に燃え、一〇月、和歌山の松寿亭での送別会を受けて後上京し、神田錦町にて渡航準備をする○一二月二二日、横浜港より渡米の途につく	二月、坪井正五郎らの民俗研究社より『人類学雑誌』創刊される
二〇	一八八七	二一	一月七日、サンフランシスコに着く○パシフィック＝ビジネス＝カレッジに入学○八月、ミシガン州のランシング州立農業学校に転入○一一月一二日、アナーバに行き、翌年三月二六日帰る	二月、折口信夫生れる

二一	一八八八	二二	一〇月、同農業学校退学〇ミシガン州アナーバに移り、独学にて動植物を採集調査し、また図書館に通い自習	
二二	一八八九	二三	一月一日、和歌山の父弥右衛門（弥兵衛改め）は、長男弥兵衛（藤吉改め）と熊楠・常楠・楠次郎の四子に財産分配の計算書をしるす〇一〇月、スイスの博物学者コンラード＝ゲスネルの伝記を読み、「日本のゲスネルとならん」と誓う	二月、帝国憲法発布
二四	一八九一	二五	四月末、アナーバより南下し、五月、フロリダ州ジャクソンヴィル市に移住〇この数年来、各地で動植物の採集調査をしているが、シカゴの弁護士でフロリダの地衣採集家のカルキンス（元大佐）と相知り、学益を受ける〇八月一八日、キイウェストに向い、西インド諸島をめぐり、種々の生物を採集〇九月、キューバ島で地衣の新種グァレクタ＝クバナを発見	
二五	一八九二	二六	一月九日、フロリダ州のジャクソンヴィルに帰る。広東人江聖聡の店に寄宿して採集品の整理を行う〇七月五日、市中に黒人の暴動起り、兵隊鎮撫に出動するを観戦〇九月一四日、ニューヨーク発渡英。同二六日、ロンドンに着き、父が八月一四日に死亡したのを知る	
二六	一八九三	二七	週刊科学誌『ネーチュア』（Nature）所載の質疑に応じ、「極東の星座」を寄稿してその名を知られる。以後同誌にたびたび	鳥居竜蔵ら土俗学会設立

明治二七	一八九四	二八	寄稿し、後年その三〇周年記念号には、特別寄稿家として諸外国の名士とともに、日本では伊藤篤太郎と熊楠とが挙げられるにいたる○大英博物館で、考古学・民俗学部長サー=W=フランクスの知を得て、同副部長C=H=リードを助け仏像・仏具の名を定める仕事を手つだう○土宜法竜がロンドンに滞在中、三泊同宿。以後たびたび文通し、その交際は法竜の晩年まで続く ロンドン大学事務総長F=V=ディキンスと親交を結び、その日本文化・日本文学の研究に助力参与する○日清戦争のために日本政府に一ポンド寄附	八月、日清戦争開始
二八	一八九五	二九	大英博物館考古学・民俗学部長リードを助け、また東洋図書部長サー=R=ダグラスを助ける。考古学・人類学・宗教学などを自学しつつ、同館の図書目録の編集に従事する○同館在職中稀書を手写して、その抜書は、後には五三冊四万八〇〇〇枚に及ぶ	一月、雑誌『太陽』創刊○四月、下関講和条約調印○三国干渉
二九	一八九六	三〇	二月二七日、母スミ死去。四月その報を受く	八月、渋沢敬三生れる
三〇	一八九七	三一	三月一六日、ダグラス部長の事務所で孫文に初対面し、以後親交を結ぶ○四月七日、富士艦に招待される○六月末日、孫文の英国より去るを見送る○一一月八日、大英博物館閲覧室にて白人をなぐり追放され、一二月一四日復館の通知を受く	
三一	一八九八	三二	たびたび乱暴な言動を行ったので、一二月七日付で大英博物館	

			を追放される	
三二	一八九九	三三	大英博物館の分館ナチュラルヒストリー館（生物・地質・鉱物の研究所）で勉学○三月一七日、サウス＝ケンシントン美術館（ヴィクトリア及びアルバート博物館）にて一二日間、日本書の翻訳等に雇われ、その後も同館で浮世絵などの調査に従う○週刊誌『ノーツ＝アンド＝キウリース』(Notes and Queries)に初めて寄稿し、以後特別寄稿者として多数の論考・随筆を発表	
三三	一九〇〇	三四	前年より高橋某と浮世絵を売って生活○ロンドン大学事務総長ディキンスは、ケンブリッジあるいはオックスフォード大学に日本学の講座を新設し、熊楠に講義を担当させようと計画したが、実現にいたらず、ついに帰国の意を決する○大英博物館のジョージ＝モレイは帰国後は日本隠花植物（菌・藻等）の目録を完成するようにすすめる○九月一日、ロンドンを発して、一〇月一五日、神戸に帰着○一六日、和泉国谷川村理智院に仮寓。一八日、和歌山市の常楠の家へ帰ったが、その後和歌浦愛宕山円珠院に移り、隠花植物の研究に着手○一二月一二日、孫文より来信	七月、柳田国男東大卒業。官吏となる
三四	一九〇一	三五	和歌浦の御坊山に入り採集調査○二月、孫文、和歌山市へ来り、	

			一四日、弟常楠の宅にて会談、夜料亭にて歓迎。一五日、午後駅頭に見送る○六月、孫文は、ハワイ、マウイ島にて自ら採集の地衣パルメリアを横浜より送り来る○一〇月末、勝浦に行き採集○一二月以降、那智山・妙法山の生物を調査。以後長期にわたり熊野那智附近の採集を行う	
明治三五	一九〇二	三六	一月一五日、那智一ノ滝の下にて小畔四郎と初対面○三月、和歌山市へ帰る○五月、田辺へ来り、中学の同窓生喜多幅武三郎や亡父の知人多屋寿平次（林業家）を訪ねて宿る○六月一日、初めて田辺湾内神島に渡る。湯崎・椿その他田辺附近を巡り、一〇月、田辺へ帰り石工佐武友吉方に滞留○一二月初めより三七年九月まで、那智山・妙法山の生物調査を行う	
三六	一九〇三	三七	ロンドン大学事務総長ディキンスの『日本古文篇』（Japanes Texts）、オックスフォード大学より刊行。熊楠の助力によるところが多い	
三七	一九〇四	三八	一〇月、田辺に帰り借宅	二月、日露戦争開始
三八	一九〇五	三九	那智滞在中に成稿のディキンスとの共訳『方丈記』を『英国王立アジア協会雑誌』の四月号に発表	一月、旅順開城○三月、奉天占領○九月、ポーツマス条約調印
三九	一九〇六	四〇	七月、田辺町の氏神県社闘鶏神社の社司田村宗造の四女松枝	

四〇	一九〇七	四一	(二八歳)と結婚○一一月・一二月、日高の川又にて生物調査。このころよりアメリカ農務省興産局技師スウィングルよりたびたび文通あり	
四一	一九〇八	四二	六月、長男熊弥生れる○神社合祀反対運動を起し、以後五-六年この運動に情熱を傾けているが、その間も多くの和漢洋の書を読み、その抄写を怠らなかった○三七年七月より、『東洋学芸雑誌』に発表し、この年も同誌にたびたび寄稿	
四二	一九〇九	四三	六月刊の『早稲田文学』に寄稿○六月、栗栖川の水上、熊野川で採集○三五年以来、英国粘菌学の大家アーサー=リスターに指導と査定を受け、七月死後はその女グリエルマ=リスターと学問上の親交を結ぶ○九月刊の『人類学雑誌』に「涅歯《でつし》について」を発表。以後同誌にたびたび寄稿○一一月、川湯・蓑尾谷・瀞・玉置山・萩・湯の峰などで採集○一二月二日、田辺へ帰る	三月、柳田の『後狩詞記』刊○八月、柳田遠野を訪う
四三	一九一〇	四四	夏、陸軍大学教授で道教の研究家の妻木直良来訪○夏、田辺附近の各地で採集○九月、アメリカ興産局のスウィングル博士より翻訳を依頼され、また渡米を求めらる 五月、オランダの週刊誌『フラーヘン=エン=メデデーリンヘン』(Vragen en Mededeelingen)に『沙石集』中の笑話を訳した随考を発表○八月、神社合祀反対のために乱暴し、家宅侵入罪	五月、柳田の『石神問答』刊○六月には『遠野物語』刊○八月、日

			で一八日間未決にて入監	韓併合条約調印
明治四四	一九一一	四五	大蔵経の抄写索引を作り始め、大正二年に終る○三月、河東碧梧桐来訪○三月より柳田国男と文通始まり、以後多数の長文の書信を送る○一〇月、長女文枝生れる	
四五 大正元	一九一二	四六	一月号の『太陽』誌に「猫一疋の致富物語」所載○『日本及日本人』に四月より四回にわたり「神社合併反対意見」を発表。以後同誌にもたびたび寄稿	五月、坪井正五郎ら日本民俗学会創立○七月、明治天皇崩ず
二	一九一三	四七	三月、同町の米国女宣教師の家に寄宿する親友故羽山繁太郎の末妹が妻に話しかけ、それより羽山家との交渉再び始まる○四月より『郷土研究』にほとんど毎号寄稿○五月より『民俗』にも寄稿○一二月末、柳田国男来訪	三月、柳田国男、高木敏雄と月刊誌『郷土研究』を創刊。高木は一年後に編集をやめる○五月、坪井正五郎・白鳥庫吉らの日本民俗学会が『民俗』を創刊
三	一九一四	四八	『太陽』に「虎に関する民俗と伝説」を発表し、以来大正一二年まで一〇年間各年の干支の動物について長文の論考を発表する○四月以来、和歌山城の堀を埋め立てる案に反対。この案は一〇月に廃案となる	四月、柳田、貴族院書記官長に任ぜられる○七月、第一次世界大戦始まる
四	一九一五	四九	五月五日、スウイングル、田中長三郎の案内で南方の宅を訪れ、	五月、『民俗』は五冊目

			ともに神島に遊ぶ。米国への招きをことわる	を刊行して廃刊
五	一九一六	五〇	二月一五日、和歌山へ行き、同月一九日、帰宅。帰途の汽船中にて感冒にかかり、肺炎となり九〇日にわたって病む〇田辺町中屋敷町三六番地に敷地三八〇坪の宅を求め、ここに終生住む〇『太陽』『郷土研究』『人類学雑誌』『考古学雑誌』などに寄稿を続ける	
六	一九一七	五一	六月二日、大正五年初めより文通していた六鵜保来訪。六鵜・川島草堂を伴いて神島に渡る〇八月、自宅の柿の木で粘菌新属ミナカテルラ＝ロンギフィラを発見	三月、『郷土研究』休刊
七	一九一八	五二	三月三日、本山彦一来訪〇八月、米騒動生じ、その見舞いに和歌山の常楠宅を訪う〇『土俗と伝説』にも寄稿	八月、折口信夫ら『土俗と伝説』創刊〇この年、喜田貞吉『民俗と歴史』創刊〇一一月、世界大戦終る
八	一九一九	五三	『土俗と伝説』『人類学雑誌』などに執筆〇四月、田中長三郎来訪〇五月、平瀬作五郎来訪	一二月、柳田、貴族院書記官長辞任
九	一九二〇	五四	八月三日、ロンドン在留時代、富士艦勤務の少尉であった斎藤少将来訪〇八月二三日、小畔らと高野へ菌類採集に行き、土宜管長に二七年目に会う	五月、土宜法竜高野山管長に就任

大正一〇	一九二一	五五	二月・三月、『現代』に寄稿○春、隣家の野中某の建築が、研究用の植物園を害することを怒って争い、これが植物研究所設立の因となる○五月二七日、侯爵徳川頼倫、男爵三浦英太郎と来訪○六月、田中長三郎稿の「南方植物研究所」の設立趣意書成る○一一月一日より二八日まで、画家楠本秀男と高野山にて菌類を採集図録し、二九日和歌山に泊り、翌日に帰宅○英国菌学会長リスター、南方発見の粘菌に「ミナカテルラ」属をたてる	一月、『現代』創刊○五月、柳田、国際連盟委任統治委員会の委員となってジュネーヴへ出発。一二月、帰朝○渋沢敬三、自宅にアチック＝ミューゼアムをつくる
一一	一九二二	五六	三月二六日、研究所の資金募集のため田辺を発し、途中和歌山へより二八日東京に着き、五ヵ月にわたり滞在○七月中旬より八月初旬にかけて、上松蓊《しげる》らと四人で日光へ行き採集調査○八月一五日、田辺へ帰る	五月、柳田ジュネーヴに赴く
一二	一九二三	五七	英国のリスター姉妹より、関東地方震災見舞の小切手を熊楠あてに贈り来る	一月、土宜法竜没（七〇歳）○九月一日、関東大震災○一二月、柳田、国際連盟委員会を辞し、民俗学に専心しようと決意する
一三	一九二四	五八	三月、兄弥兵衛、呉にて死亡○三月末、かねて抄写中の『アラ	

一四	一九二五	五九	ピアン＝ナイト』の索引を作り終る○日本郵船会社より棉神の調査の依頼をうけ、同社の矢吹義夫に一一月二九日その答申をなし、翌年二月長文の履歴書と称する自伝を書き送る 三月一五日、熊弥高知にて発病○『変態心理』誌などにたびたび寄稿○リスター女史、英国ブリティッシュ＝ミューゼアムの博物誌の粘菌年報に、ミナカテルラ＝ロンギフィラ発表	五月、徳川頼倫没○一一月、柳田ら隔月雑誌『民族』創刊
昭和元 一五	一九二六	六〇	二月、『南方閑話』刊○五月、『南方随筆』刊○一一月、『続南方随筆』刊○一一月一〇日、小畔、東宮御所に出頭し、粘菌三七属九〇点を進献（進献者小畔、品種撰定者熊楠）	一二月、大正天皇崩ず
二	一九二七	六一	一月出版の世界菌学界の権威イタリーのブレサドラ大僧正生誕八〇年記念出版に、名誉賛助員となる	
三	一九二八	六二	五月、熊弥洛北岩倉の病院に入院○九月上旬、小畔、東大の渡辺篤と来泊。川又国有林に行き菌類採集○一〇月一一日、上松、平沼大三郎と田辺に来り、一五日、平沼は帰京。一六日、上松と川又官林へ行き、一九日、妹尾官林へ行く。二一日、上松は帰り、熊楠は妹尾国有林斫伐事務所にて越年。その間一一月二二日より一二月七日までは、腰筋の急性リウマチスにて悩んだが、多数の菌類を図録し得た	一月、萩原正徳『旅と伝説』創刊。以後戦争で用紙統制まで一六年間続刊
四	一九二九	六三	予定の菌類図録三二〇種を終り、一月五日妹尾を発し、帰途塩	四月、『民族』廃刊○七

			屋村の旧家山田家の歓迎を受け二泊、八日帰宅○三月五日、服部広太郎博士来訪○四月二五日、進講の件拝承の旨、服部へ返信○六月一日、天皇南紀行幸に際し、田辺湾内神島にて迎え、のちお召艦長門艦上にて進講。粘菌標品一一〇種等進献○六月八日、神戸にて小畔、粘菌標品一五〇種進献○『民俗学』に寄稿し、以後同誌にたびたび寄稿	月、折口信夫・金田一京助ら民俗学会設立。『民俗学』創刊
昭和五	一九三〇	六四	六月一日、天皇前年神島御上陸お野立ちの地点に、熊楠の自詠自筆の和歌を刻した行幸記念碑の除幕式を行う○六月、河東碧梧桐一九年ぶりに来訪○八月、雑誌『談奇』の主幹酒井潔来り、酒井はその際の訪問記を九月に発表○年末、神島の史蹟天然記念物指定の請願調査報告を作る	
六	一九三一	六五	このころ上海在の旧友中井秀弥に依頼して『二十四史』その他多数の漢籍を購入	九月、満州事変おこる
七	一九三二	六六	一月一日、宮武省三来訪○一一月八日、小畔来り、夜神戸の宅へ帰る○一一月一四日、小畔、大阪にて侍従武官を経て粘菌三〇種献上	四月、『ドルメン』創刊○五月、犬養首相暗殺さる（五・一五事件）
八	一九三三	六七	一月、丹毒にかかり、二月上旬快癒。その間『古今図書集成』一万巻の内、職方典一一四四巻を通覧して抄写○二月より五月まで眼疾○一〇月、李王垠白浜に宿り、二時間にわたり聴講○こ	三月、国際連盟脱退

			の年七月、村社御船山社内に行幸記念博物館を設けようとする案に反対。一一月、設立中止○雑誌『本草』にたびたび寄稿	
九	一九三四	六八	三月中、萎縮腎、流感などで病む○五月より『ドルメン』に連載	
一〇	一九三五	六九	『ドルメン』一月号に寄稿○一月中不快○五月三日、脇水鉄五郎博士来訪、神島調査○八月五日、ロンドンにて旧知の中島資朋中将来訪。同日三好学博士来訪。三好中島を案内し神島に行く○八月二五日、久邇宮多嘉王・同妃・二若王に神島にて約一時間半講話○九月、友人毛利清雅の県会議員選挙の事務長を依頼されて助力。毛利当選	前年、白鳥庫吉ら日本民族学会を設立し、一月、『民族学研究』創刊○八月、『ドルメン』休刊○八月、『日本民俗』創刊○九月、守随一ら『民間伝承』創刊。民間伝承の会設立
一一	一九三六	七〇	一月一五日、神島は文部省より天然記念物に指定される○春より新庄村の田辺町への合併に反対する。この合併は成立しなかった	二月、二・二六事件
一二	一九三七	七一	三月末、熊弥病状良好にて洛北岩倉の病院より海南に移り療養○八月、首の肉頸筋に大きなコブを生じ、神経痛にもなやむ。次第に老衰し種々の故障を生じてくるが、勉学し、抄写と菌類の調査を怠らなかった○このころより戦争の防火演習、灯火管	四月、防空法公布○七月、日中戦争始まる○一二月、南京陥落

昭和一三	一九三八	七二	制などにて夜間の仕事がはかどらなくなる 七月二八日夜、自宅の竹林中にて菌採集中腰部に負傷し、その後健康勝れず。左手も不自由となる	四月、国家総動員法公布○一二月、毛利清雅没（六八歳）
一五	一九四〇	七四	外米のため腹痛下痢。肩および腰の筋肉硬化	九月、日独伊三国軍事同盟○一〇月、大政翼賛会発会○一〇月、川島草堂没（六一歳）
一六	一九四一	七五	八月初旬、大便秘結、腸出血○一二月萎縮腎に黄疸を併発し、二九日午前六時三〇分没。三一日、田辺郊外稲成村の真言宗高山寺墓地に埋骨。戒名は智荘厳院鑁覚顕真居士	三月、喜多幅武三郎没（七六歳）○一二月八日、太平洋戦争開始（日本軍真珠湾攻撃）
二六	一九五一	死後一〇	五月、『南方熊楠全集』発刊。翌年六月までに一二巻刊行	○四月、小畔四郎没（七七歳）
四〇	一九六五	死後二四	四月一日、和歌山県白浜町臨海の番所山臨海パーク内に南方熊楠記念館開館	

主要参考文献

熊楠の著作

『南方閑話』　大正一五年二月　坂本書店

『南方随筆』　同　一五年五月　岡書院

『続南方随筆』　同　一五年一一月　同

『南方熊楠全集』全一二巻　昭和二六年五月—二七年六月　乾元社

＊同全集の月報一二部中には伝記上の好資料が多い

『南方熊楠随筆集』(益田勝美編)　同　四三年一〇月　筑摩書房

『南方熊楠全集』全一二巻　同　四六年二月—五〇年八月　平凡社

『十二支考』全三巻(飯倉照平校訂)　同　四七年八月—四八年九月　同

『南方熊楠書簡抄——宮武省三宛——』　同　六三年一月　吉川弘文館

○単行本の伝記

中山太郎『学界の偉人南方熊楠』 昭和一八年一月 冨山房
平野威馬雄『博物学者南方熊楠の生涯』 同一九年七月 牧書房
佐藤春夫『近代神仙譚』 同二七年三月 乾元社
笠井清『南方熊楠―人と学問―』『南方熊楠―親しき人々―』 同五五年五月 同五七年一月 吉川弘文館
同『南方熊楠外伝』 同六一年一〇月 同

○その他

河東碧梧桐「続一日一信」三月一二日の訪問記（『日本及日本人』明治四四年六月一五日号） 政教社
土宜法竜『木母堂全集』 大正一三年 六大新報社
＊六二六ページ～六三〇ページに、ロンドン在住の熊楠より法竜に送った書信所収
酒井潔「南方訪問記」（雑誌『談奇』） 昭和五年九月
南方常楠他八名「南方先生を偲ぶ座談会」（紀伊新報主催、田辺市吉田屋にて、『紀伊新報』に一六回連載） 同一七年一月一七日より
雑賀貞次郎「南方先生を語る」（『旅と伝説』一五巻一七二号） 同一七年四月 東京三元社

宮武省三「南方先生と八犬伝のこと」（『旅と伝説』一五巻一七三号）　同　一七年　五月　同
南方熊楠「太田君の進軍中に見た支那習俗を読む」（遺稿）（『旅と伝説』一五巻一七八号）　同　一七年一〇月　同
雑賀貞次郎『田辺市誌』中の南方熊楠　同　二七年　五月　田辺市誌編集会
同「南方先生と神島」（『田辺文化財』第一号）　同　三二年一一月　田辺市教育委員会
宮本常一『日本民俗学大系』巻七（人物伝）　同　三四年　三月　平凡社
桑原武夫編『日本の名著』（近代の思想）　同　三七年一一月　中央公論社
*「十二支考」の紹介
益田勝実編『民族の思想』（『現代日本思想大系』三〇）　同　三九年　一月　筑摩書房
*南方と柳田の比較の記事など
柳田国男『定本柳田国男集』第二三巻　同　三九年　二月　同
*「南方熊楠先生」他一篇所収
同『定本柳田国男集』別巻三　同　三九年　九月　同
*『故郷七十年』中の「南方熊楠先生」

柳田国男『定本柳田国男集』別巻四　昭和三九年一〇月　筑摩書房
＊柳田より南方への書信二六通所収

杉村武「紀伊白浜の天皇陛下」（『文芸春秋』四一巻二号）　同　三九年　二月　文芸春秋

信時潔「南方熊楠翁――高野の一と月――」（『心』特集号）　同　三九年一一月　平凡社

笠井清「南方熊楠と比較文学」（『日本文学』一四三号）　同　四〇年　四月　未来社

同「南方熊楠と二人の高弟」（『近畿民俗』三八号）　同　四〇年　九月　近畿民俗学会

同「南方熊楠の愛読書について」（『甲南大学文学会論集』二八号）　同　四〇年一一月　甲南大学

同「南方と福沢・小泉」（『小泉信三先生追悼録』）　同　四一年　九月　新文明社

同「南方熊楠と日本文学」（『甲南大学文学会論集』三二号）　同　四一年一二月　甲南大学

同「南方熊楠と柳田国男」（『近畿民俗』四三号）　同　四二年　八月　近畿民俗学会

同「南方熊楠と私」（『近畿民俗』四五号、四六号）　同　四三年　八月
同　四三年一二月　同

同「『南方熊楠』補記」（『日本文学』一八三号）　同　四三年　九月　未来社

同「『南方熊楠』補正」（『日本歴史』二四五号）　同　四三年一〇月　吉川弘文館

同　「福沢諭吉と南方熊楠」（『日本歴史』二九二号）　同　四七年　九月　同

同　「孫文と南方熊楠」（『甲南大学紀要』文学編六、九号）　同　四七年　三月　甲南大学
同　四八年　三月

同　「南方熊楠と柳田国男」「同補遺」（『文学』四二巻一号、一一号）　同　四九年　一月　岩波書店
同　四九年一一月

同　「南紀の碧梧桐」「同補遺」（『甲南大学紀要』文学編一三号、二五号）　同　四九年　五月　甲南大学
同　五二年　三月

飯倉照平編　『南方熊楠――人と思想――』　同　四九年　九月　平凡社

同　『柳田国男・南方熊楠往復書簡集』　同　五一年　三月　同

笠井　清　碧梧桐の『南方先生』（翻刻と注解）（『くちくまの』三一号）　同　五一年一二月　南紀文化財研究会

＊『くちくまの』の本号は、南方熊楠の特集号であり、田辺の南方ゆかりの方々の寄稿には、採るべき資料も多い

同　「南方熊楠」（『日本昔話事典』）　同　五二年一二月　弘文堂

同　「南方熊楠」（『世界伝記大事典』巻五）　同　五三年　七月　ほるぷ出版

岡本文枝　「父南方熊楠を語る」（『展望』二三五号）　同　五三年　七月　筑摩書房

＊記憶や表記の誤りもあるが、現在唯一の直系の方の談話なので、参照すべき資料である

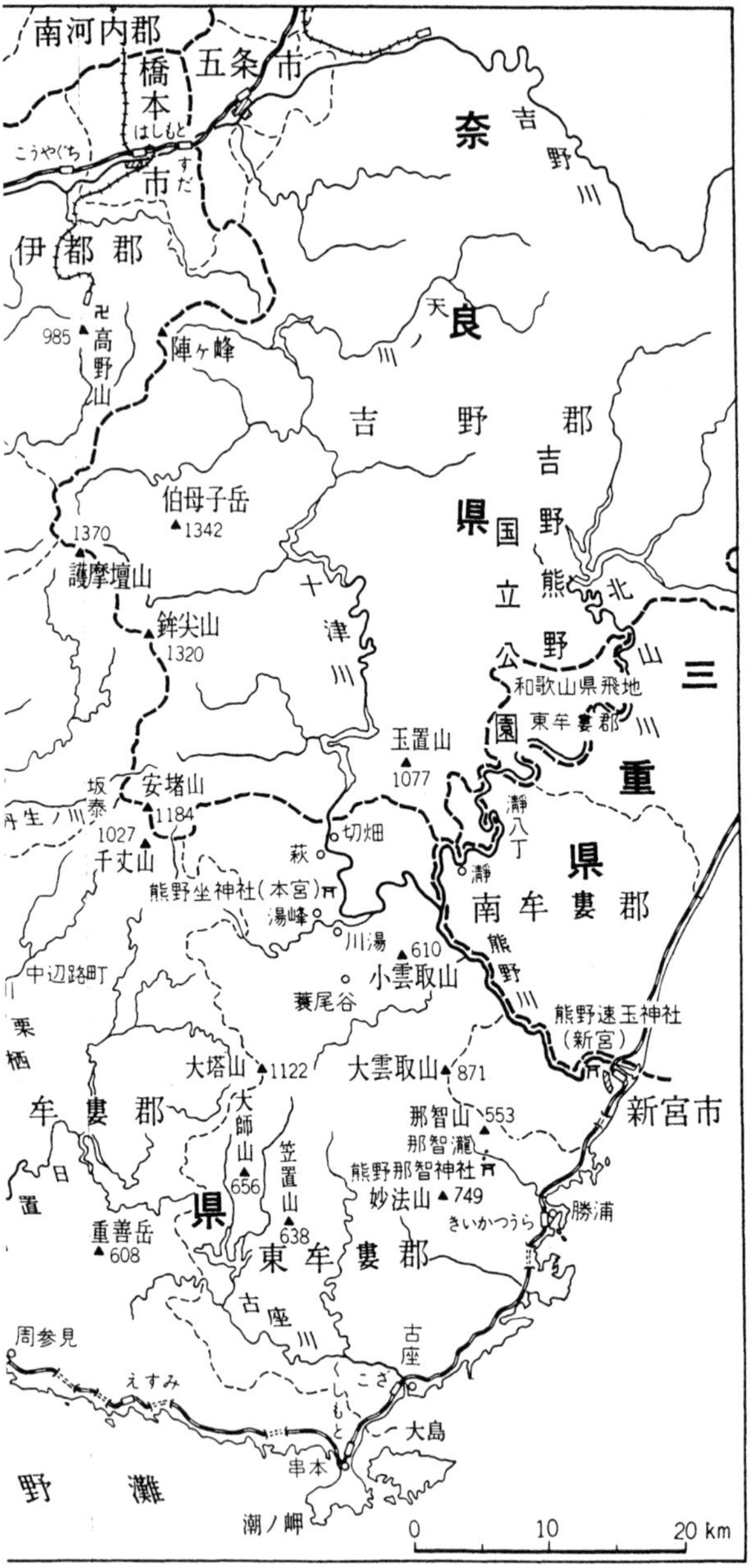

南河内郡
橋本
はしもと
五条市
市
こうやぐち
すだ
伊都郡
奈良県
吉野川
天川
高野山
985
陣ヶ峰
吉野郡
伯母子岳
1342
1370
護摩壇山
吉野熊野国立公園
十津川
北山川
三重県
鉾尖山
1320
和歌山県飛地
東牟婁郡
玉置山
1077
坂泰
安堵山
1184
丹生ノ川
1027
千丈山
切畑
萩
瀞八丁
瀞
熊野坐神社(本宮)
湯峰
川湯
610
小雲取山
蕎尾谷
南牟婁郡
熊野川
中辺路町
栗栖
熊野速玉神社
(新宮)
大塔山
1122
大雲取山
871
新宮市
牟婁郡
大師山
656
笠置山
638
那智山
553
那智瀧
熊野那智神社
妙法山
749
勝浦
きいかつうら
日置
重善岳
608
県
東牟婁郡
古座川
古座
こざ
周参見
えすみ
くしもと
大島
串本
潮ノ岬
野
灘
0
10
20 km

南方熊楠関係和歌山県地図

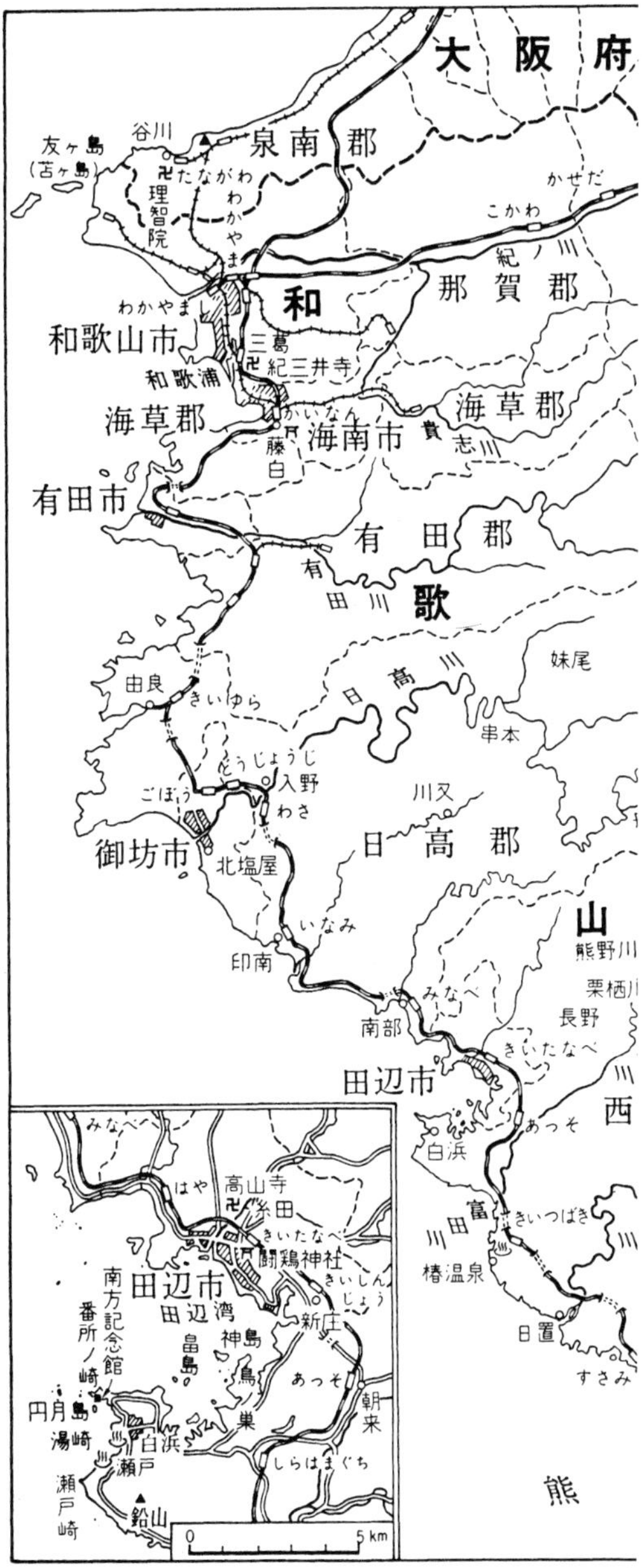

著者略歴

一九〇六年生れ
一九三二年京城大学法文学部国語国文学科卒業
京城大学予科教授、神戸大学教授、甲南大学教授等を歴任
一九九五年没

主要著書
西鶴と外国文学　椀久一世の物語　俳文芸と背景　南方熊楠—人と学問—　南方熊楠—親しき人々—　南方熊楠外伝　南方熊楠書簡抄

人物叢書　新装版

南方熊楠

一九六七年(昭和四十二)九月二十五日　第一版第一刷発行
一九八五年(昭和六十)九月　一日　新装版第一刷発行
二〇〇八年(平成二十)十月　十日　新装版第九刷発行

著　者　笠《かさ》井《い》　清《きよし》
編集者　日本歴史学会
代表者　平野邦雄
発行者　前田求恭

発行所　株式会社　吉川弘文館
東京都文京区本郷七丁目二番八号
郵便番号一一三—〇〇三三
電話〇三—三八一三—九一五一〈代表〉
振替口座〇〇一〇〇—五—二四四
http://www.yoshikawa-k.co.jp/
印刷＝株式会社 平文社
製本＝ナショナル製本協同組合

『人物叢書』（新装版）刊行のことば

人物叢書は、個人が埋没された歴史書が盛行した時代に、「歴史を動かすものは人間である。個人の伝記が明らかにされないで、歴史の叙述は完全であり得ない」という信念のもとに、専門学者に執筆を依頼し、日本歴史学会が編集し、吉川弘文館が刊行した一大伝記集である。

幸いに読書界の支持を得て、百冊刊行の折には菊池寛賞を授けられる栄誉に浴した。

しかし発行以来すでに四半世紀を経過し、長期品切れ本が増加し、読書界の要望にそい得ない状態にもなったので、この際既刊本の体裁を一新して再編成し、定期的に配本できるような方策をとることにした。既刊本は一八四冊であるが、まだ未刊である重要人物の伝記についても鋭意刊行を進める方針であり、その体裁も新形式をとることとした。

こうして刊行当初の精神に思いを致し、人物叢書を蘇らせようとするのが、今回の企図である。大方のご支援を得ることができれば幸せである。

昭和六十年五月

日本歴史学会

代表者　坂本太郎

〈オンデマンド版〉
南方熊楠

人物叢書　新装版

2021年（令和3）10月1日　発行

著　者　笠《かさ》井《い》　清《きよし》

編集者　日本歴史学会
代表者　藤田　覚

発行者　吉川道郎

発行所　株式会社　吉川弘文館
〒113-0033　東京都文京区本郷7丁目2番8号
TEL　03-3813-9151〈代表〉
URL　http://www.yoshikawa-k.co.jp/
印刷・製本　大日本印刷株式会社

笠井　清（1906～1995）

ISBN978-4-642-75014-1